세/계/중/재/법/규/총/서

1

세계중재법규
제2권

법무부
MINISTRY OF JUSTICE

   2010년 7,000억 원 상당이던 한국 기업의 국제 중재 분쟁금액이 2013년에는 18조 5,000억 원 상당으로 증가하였습니다.

   FTA 등으로 국제분쟁이 증가하는 상황에서 중재는 '각국 법원의 자국 기업 편들기'를 피할 수 있는 효율적인 분쟁해결 수단이기 때문에, 국제거래에서 중재의 활용도는 계속 높아질 것으로 예상됩니다.

   그런데 이와 같이 국제 중재계약이 늘어나고 있지만, 우리 기업 및 로펌이 중재지를 선정함에 있어서, 외국의 중재법규를 파악하고, 장·단점을 비교하기에는 어려움이 많은 상황입니다.

   이에 법무부는 국제 계약을 하는 기업 및 로펌에 도움을 주고, 중재 활성화에도 기여하기 위해 미국, 중국, 영국, 프랑스, 싱가포르 등 18개 국제 중재 중심지 중재법규와 UNCITRAL 모델법 등을 번역·감수하였습니다.

   책자가 나오기까지 바쁜 일정에도 감수에 힘써주신 성균관대 오원석, 숭실대 허해관 교수님께 감사의 마음을 전합니다.

   아무쪼록 「세계 중재법규 총서」시리즈가 우리 기업들의 이익보호에 기여하고, 우리나라가 아시아의 중재허브로 발전하는 데 도움이 될 수 있기를 기대해 봅니다.

2014. 12.

법무부 법무실장 **정 인 창**

　종래 국제거래에서 발생하는 분쟁은 중재로써 해결하도록 국제적으로 권장되고 있는데, 이는 중재가 소송에 비하여 많은 장점이 있고 무엇보다도 중재판정은 1958년 뉴욕협약에 의하여 그 체약국인 153개국 사이에서 국제적 승인과 집행이 널리 보장되기 때문입니다. 근래에는 우리나라 기업도 국제중재를 이용하여 분쟁을 해결하는 사례가 점증하고 있습니다.

　중재법은 중재절차를 규율하는 법률을 말하는데, 중재지가 있는 국가의 중재법이 그 중재절차에 적용됩니다. 이러한 중재법은 중재절차의 골격을 제공하면서 그와 함께 그 골격 내에서 각 절차의 세부적 사항들을 규정합니다. 예컨대 중재법은 중재의 제기와 중재판정부의 구성, 임시적 처분, 변론의 진행, 중재판정의 요건과 효력, 중재판정의 취소 기타 그에 대한 불복, 중재판정의 국내적 또는 국제적 승인과 집행에 관하여 규정하면서 아울러 그러한 각 절차의 세부적 사항을 규정합니다. 물론 각국의 중재법은 중재절차에서 당사자자치를 널리 허용하므로, 당사자들은 예컨대 중재인의 수나 그 선정방법, 중재에 사용할 언어, 변론진행의 일정 · 장소 · 방법 등에 관하여 합의로 정할 수 있습니다.

　한편 다른 법률분야와 비교되는 특징의 하나로 중재법은 범세계적으로 통일되어 있습니다. 그 이유로는 여러 가지가 있겠지만 특히 UNCITRAL이 1985년에 제정한 국제상사중재에 관한 모델법(Model Law on International Commercial Arbitration)을 들지 않을 수 없습니다. 이 모델법은 근 40개국에 이르는 국가에서 국내법으로 전부 또는 일부 수용되었다고 보고되고 있습니다. 우리나라도 이를 수용하여 1999년에 중재법을 전면적으로 개정한 바 있습니다. 이 모델법은 중재합의의 서면요건을 완화하고 임시적 처분에 관한 규정을 보강하기 위하여 2006년에 개정되었고, 그 후 이 개정법은 서구의 중재법분야 선진국들을 포함한 많은 국가에서 수용되고 있습니다. 그러한 국제적 추세에 발맞추어 우리 법무부도 2013년 3월에 법무자문위원회 중재법 개정 특별분과위원회를 발족하여 2년여에 걸쳐 운영하는 등 중재법 개정을 위하여 많은 노력을 기울이고 있는데, 참으로 바람직한 일이라 하겠습니다.

이러한 배경에서 현재 중재법의 비교법적 연구는 학문적으로나 실무상으로 매우 중요한데, 우리 법무부가 이와 같이 세계중재법규집을 발간하는 것도 이러한 이유 때문이라고 생각됩니다. 특히 이번 법규집에서는 뉴욕협약과 UNCITRAL 개정 모델중재법 외에도 비교법적 연구에 중요한 미국, 영국, 독일, 프랑스 및 일본의 중재법을 한 권으로 묶어 제공할 뿐만 아니라 그 밖에 중국이나 러시아 중재법이나 캐나다, 호주, 이탈리아 중재법과 같이 그 동안 크게 관심을 받지 못하였던 국가의 중재법까지 방대하게 포함시키고 있어 학계와 실무에 큰 도움이 될 것으로 보입니다. 아무쪼록 이 법규집이 널리 활용되어 이와 같은 목적을 달성하고, 우리 중재법의 개정작업에 일조할 수 있기를 염원합니다.

2014. 12.

감수자 일동

CONTENTS

UNITED STATES

세 | 계 | 중 | 재 | 법 | 령

The 2012 Florida Statutes

미국 플로리다 중재법

01

The 2012 Florida Statutes

TITLE XXXIX   COMMERCIAL RELATIONS

CHAPTER 682   **ARBITRATION ACT**

682.01   Florida arbitration code.—

Sections 682.01-682.22 may be cited as the "Florida Arbitration Code."

682.02   Arbitration agreements made valid, irrevocable, and enforceable; scope.—

Two or more parties may agree in writing to submit to arbitration any controversy existing between them at the time of the agreement, or they may include in a written contract a provision for the settlement by arbitration of any controversy thereafter arising between them relating to such contract or the failure or refusal to perform the whole or any part thereof. This section also applies to written interlocal agreements under ss. 163.01 and 373.713 in which two or more parties agree to submit to arbitration any controversy between them concerning water use permit applications and other matters, regardless of whether or not the water management district with jurisdiction over the subject application is a party to the interlocal agreement or a participant in the arbitration. Such agreement or provision shall be valid, enforceable, and irrevocable without regard to the justiciable character of the controversy; provided that this act shall not apply to any such agreement or provision to arbitrate in which it is stipulated that this law shall not apply or to any arbitration or award thereunder.

682.03   Proceedings to compel and to stay arbitration.—

(1) A party to an agreement or provision for arbitration subject to this law claiming the neglect or refusal of another party thereto to comply therewith may make application to the court for an order directing the parties to proceed with arbitration in accordance with the terms thereof. If the court is satisfied that no substantial issue exists as to the making of the agreement or provision, it shall grant the application. If the court shall find that a substantial issue is raised as to the making of the agreement or provision, it shall summarily hear and determine the issue and, according to its determination, shall grant or deny the application.

미국 플로리다 중재법

2012년 플로리다 법전
제39편 상사관계

제682장 중재법

제682.01조 플로리다중재법

제682.01조 내지 제682.22조는 "플로리다중재법"으로 인용될 수 있다.

제682.02조 중재합의의 유효, 취소불능 및 강제; 중재합의의 범위

둘 이상의 당사자는 중재합의시에 자신들 사이에 존재하는 분쟁을 중재에 회부하기로 서면으로 합의하거나 당해 계약이나 그 계약의 전부 또는 일부의 불이행 또는 이행거절과 관련하여 자신들 사이에서 발생하는 사후의 분쟁을 중재에 의하여 해결하기로 하는 조항을 서면계약서에 포함시킬 수 있다. 본조는 둘 이상의 당사자가 물 사용허가신청 및 그 밖의 문제와 관련하여 자신들 사이에 분쟁을 중재에 회부하기로 합의한 제166.01조 및 제373.713조에 의한 지방간 서면합의에도 적용되고, 이때 신청 대상에 관하여 관할을 갖는 물 관리지역이 그러한 지방간 합의의 당사자인지 또는 중재절차에 참여하는 자인지를 불문한다. 그러한 합의나 조항은 분쟁이 재판할 수 있는 성질의 것인지를 불문하고 유효하고 강제할 수 있으며 취소할 수 없으나, 다만 그러한 중재합의나 중재조항에서 이 법이 중재절차 내지 중재판정에 적용되지 아니한다고 명시하는 때에는 이 법은 그러한 중재절차 또는 중재판정에 적용되지 아니한다.

제682.03조 강제중재절차 및 중재절차정지

(1) 이 법이 적용되는 중재합의 또는 중재조항의 일방 당사자는 그러한 중재합의나 중재조항에 따라 상대방 당사자의 불이행 또는 이행거절을 주장하여 그러한 중재합의 또는 중재조항의 조건과 일치하게 중재절차를 진행하도록 당사자들에게 명하는 명령을 법원에 신청을 할 수 있다. 법원은 중재합의 또는 중재조항의 성립에 관하여 중요한 쟁점이 존재하지 않는다고 판단하는 때에는 그 신청을 인용하여야 한다. 법원이 중재합의 또는 중재조항의 성립에 관하여 중요한 문제가 제기된다고 판단하는 때에는 그 쟁점에 관하여 약식으로 심리하여 결정하여야 하며, 그 결정에 따라 당해 신청을 인용 또는 기각하여야 한다.

(2) If an issue referable to arbitration under an agreement or provision for arbitration subject to this law becomes involved in an action or proceeding pending in a court having jurisdiction to hear an application under subsection (1), such application shall be made in said court. Otherwise and subject to s. 682.19, such application may be made in any court of competent jurisdiction.

(3) Any action or proceeding involving an issue subject to arbitration under this law shall be stayed if an order for arbitration or an application therefor has been made under this section or, if the issue is severable, the stay may be with respect thereto only. When the application is made in such action or proceeding, the order for arbitration shall include such stay.

(4) On application the court may stay an arbitration proceeding commenced or about to be commenced, if it shall find that no agreement or provision for arbitration subject to this law exists between the party making the application and the party causing the arbitration to be had. The court shall summarily hear and determine the issue of the making of the agreement or provision and, according to its determination, shall grant or deny the application.

(5) An order for arbitration shall not be refused on the ground that the claim in issue lacks merit or bona fides or because any fault or grounds for the claim sought to be arbitrated have not been shown.

682.04   Appointment of arbitrators by court.—

If an agreement or provision for arbitration subject to this law provides a method for the appointment of arbitrators or an umpire, this method shall be followed. In the absence thereof, or if the agreed method fails or for any reason cannot be followed, or if an arbitrator or umpire who has been appointed fails to act and his or her successor has not been duly appointed, the court, on application of a party to such agreement or provision shall appoint one or more arbitrators or an umpire. An arbitrator or umpire so appointed shall have like powers as if named or provided for in the agreement or provision.

682.05   Majority action by arbitrators.—

The powers of the arbitrators may be exercised by a majority of their number unless otherwise provided in the agreement or provision for arbitration.

682.06   Hearing.—

Unless otherwise provided by the agreement or provision for arbitration:

(1) (a) The arbitrators shall appoint a time and place for the hearing and cause notification to the parties to be served personally or by registered or certified mail not less than 5 days before the hearing. Appearance at the hearing waives a party's right to such notice. The arbitrators may adjourn their hearing from time to time upon their own motion and shall do so upon the request of any party to the arbitration for good cause shown, provided

(2) 이 법의 적용을 받는 중재합의 또는 중재조항에 따라 중재에 회부될 수 있는 쟁점이 제 1항에 의한 신청에 관한 재판에 대하여 관할을 가진 법원에 계속 중인 소송이나 절차와 관련이 있는 경우에 그 신청은 그 법원에서 이루어져야 한다. 그 밖의 특별히 정한 경우 및 제682.19조의 적용을 받는 경우에 그 신청은 관할을 갖는 어느 법원에도 할 수 있다.

(3) 이 법에 의한 중재의 대상인 쟁점과 관련된 소송이나 절차는 중재를 명하는 명령이 내려지거나 그러한 중재명령을 구하는 신청이 본조에 따라 이루어진 경우에는 정지되어야 하고, 그 쟁점이 분리가능한 경우에는 중재의 대상인 쟁점에 한하여 정지될 수 있다. 그 신청이 그러한 소송이나 절차 내에서 이루어진 경우에 중재를 명하는 명령에 그 정지가 포함되어야 한다.

(4) 신청시 법원은 이 법의 적용을 받는 중재합의나 중재조항이 그러한 신청을 하는 당사자와 중재를 초래한 당사자 사이에 존재하지 않는다고 판단하는 때에는 개시되었거나 개시될 중재절차를 정지할 수 있다. 법원은 중재합의 또는 중재조항의 성립에 관한 쟁점에 대하여 약식으로 심리하고 결정하여야 하며, 이 결정에 따라 당해 신청을 인용하거나 기각하여야 한다.

(5) 문제의 청구가 그 본안이 부족하거나 선의로 된 것이 아니라는 이유 또는 중재에 회부시키고자 하는 청구에 관한 어떠한 과책이나 그러한 청구의 근거가 증명되지 않았음을 이유로 중재명령이 거부되어서는 아니된다.

제682.04조 법원에 의한 중재인의 선정

이 법에 따른 중재합의 또는 중재조항에서 중재인이나 심판관의 선정방법을 정하고 있는 때에는 그러한 방법에 따라야 한다. 그러한 방법이 없는 경우, 또는 그러한 합의된 방법이 작동하지 않거나 어떠한 이유로 준수될 수 없는 경우, 또는 선정된 중재인이나 심판관이 그 직을 수행하지 아니하고 그의 후임이 정히 선정되지 아니하는 경우에, 법원은 그러한 중재합의나 중재조항의 일방 당사자의 신청에 의하여 일인 또는 둘 이상의 중재인 또는 일인의 심판관을 선정한다. 이렇게 선정된 중재인 또는 심판관은 중재합의 및 중재조항에 따라 지명되었거나 그에 정한 것과 같은 권한을 행사한다.

제682.05조 중재인에 의한 다수결

중재인의 권한은 중재합의 또는 중재조항에서 달리 정함이 없는 한 다수결로 행사된다.

제682.06조 심리

중재합의 또는 중재조항에서 달리 정함이 없는 한

(1) (a) 중재인은 심리의 시간 및 장소를 지정하고 그 통지서를 늦어도 심리기일 5일 전에 당사자에게 직접 또는 등록 또는 인증되는 우편으로 당사자에게 송달하여야 한다. 심리에 출석하는 것은 그러한 통지에 관한 당사자의 권리를 포기하는 것으로 본다.

that no adjournment or postponement of their hearing shall extend beyond the date fixed in the agreement or provision for making the award unless the parties consent to a later date. An umpire authorized to hear and decide the cause upon failure of the arbitrators to agree upon an award shall, in the course of his or her jurisdiction, have like powers and be subject to like limitations thereon.

(b) The arbitrators, or umpire in the course of his or her jurisdiction, may hear and decide the controversy upon the evidence produced notwithstanding the failure or refusal of a party duly notified of the time and place of the hearing to appear. The court on application may direct the arbitrators, or the umpire in the course of his or her jurisdiction, to proceed promptly with the hearing and making of the award.

(2) The parties are entitled to be heard, to present evidence material to the controversy and to cross-examine witnesses appearing at the hearing.

(3) The hearing shall be conducted by all of the arbitrators but a majority may determine any question and render a final award. An umpire authorized to hear and decide the cause upon the failure of the arbitrators to agree upon an award shall sit with the arbitrators throughout their hearing but shall not be counted as a part of their quorum or in the making of their award. If, during the course of the hearing, an arbitrator for any reason ceases to act, the remaining arbitrator, arbitrators or umpire appointed to act as neutrals may continue with the hearing and determination of the controversy.

682.07   Representation by attorney.—

A party has the right to be represented by an attorney at any arbitration proceeding or hearing under this law. A waiver thereof prior to the proceeding or hearing is ineffective.

682.08   Witnesses, subpoenas, depositions.—

(1) Arbitrators, or an umpire authorized to hear and decide the cause upon failure of the arbitrators to agree upon an award, in the course of her or his jurisdiction, may issue subpoenas for the attendance of witnesses and for the production of books, records, documents and other evidence, and shall have the power to administer oaths. Subpoenas so issued shall be served, and upon application to the court by a party to the arbitration or the arbitrators, or the umpire, enforced in the manner provided by law for the service and enforcement of subpoenas in a civil action.

중재인은 직권으로 수시로 심리를 연기할 수 있고, 정당한 사유가 증명된 경우에는 중재 당사자의 요구에 따라 심리를 연기하여야 한다. 다만 그러한 연기는 중재합의나 중재조항에서 중재판정에 관하여 정한 시한을 초과할 수 없되, 당사자들이 중재판정에 관한 시한을 연장하는 데 동의하는 때에는 그러하지 아니하다. 중재판정에 관하여 중재인들이 합의하지 못하는 경우에 원인을 심리하고 결정할 권한을 가진 심판관은 그 권한을 행사함에 있어서 중재인과 동일한 권한을 가지며 그와 동일한 제한을 받는다.

(b) 중재인 또는 그의 권한을 행사하는 심판관은 심리의 시간 및 장소에 관하여 정당하게 통지를 받은 일방 당사자의 출석 불이행 또는 거절에도 불구하고 제출된 증거를 기초로 분쟁에 대하여 심리하고 결정할 수 있다. 신청시 법원은 중재인 또는 그의 권한을 행사하는 심판인에게 신속하게 심리를 진행하고 중재판정을 내리도록 명령할 수 있다.

(2) 당사자는 변론하고, 분쟁에 중요한 증거를 제출하고, 심리에서 출석한 증인을 반대신문할 권리가 있다.

(3) 심리는 모든 중재인에 의해 수행되어야 하지만 중재인 과반수는 특정한 쟁점에 관하여 결정하고 종국판정을 내릴 수 있다. 중재판정에 관하여 중재인들이 합의하지 못하는 경우에 원인을 심리하고 결정할 권한을 가진 심판관은 심리 중에 중재인과 함께 배석하지만 다수결을 위한 정족수의 일부로 산입되지 아니하고 중재판정을 내리는 중재인 수에 산입되지 아니한다. 심리 중에 어떠한 사유로 중재인이 그 직을 수행할 수 없게 된 경우에, 나머지 중재인 또는 중립인으로서 행동하도록 선정된 심판관은 계속하여 분쟁에 관하여 심리하고 결정할 수 있다.

제682.07조 변호사의 대리권

이 법에 의한 중재절차 또는 심리에서 당사자는 변호사에게 대리권을 수여할 권리가 있다. 중재절차 또는 심리 전에 이러한 권리의 포기는 효력이 없다.

제682.08조 증인, 증인소환장, 증언녹취록

(1) 중재인 또는 중재판정에 관하여 중재인들이 합의하지 못하는 경우에 원인을 심리하고 결정할 권한을 가지고 그의 권한을 행사하는 심판관은 증인의 출석 및 장부·기록·서류·기타 증거의 제출을 위한 영장을 발부할 수 있으며, 선서하게 할 수 있는 권한을 갖는다. 이렇게 발부된 영장은 송달되어야 하며, 중재의 당사자 또는 중재인, 심판관이 법원에 신청하는 때에 민사소송에서 증인소환장의 송달 및 집행에 관한 법률에 규정된 방법으로 집행되어야 한다.

(2) On application of a party to the arbitration and for use as evidence, the arbitrators, or the umpire in the course of her or his jurisdiction, may permit a deposition to be taken, in the manner and upon the terms designated by them or her or him of a witness who cannot be subpoenaed or is unable to attend the hearing.

(3) All provisions of law compelling a person under subpoena to testify are applicable.

(4) Fees for attendance as a witness shall be the same as for a witness in the circuit court.

682.09   Award.—

(1) The award shall be in writing and shall be signed by the arbitrators joining in the award or by the umpire in the course of his or her jurisdiction. They or he or she shall deliver a copy to each party to the arbitration either personally or by registered or certified mail, or as provided in the agreement or provision.

(2) An award shall be made within the time fixed therefor by the agreement or provision for arbitration or, if not so fixed, within such time as the court may order on application of a party to the arbitration. The parties may, by written agreement, extend the time either before or after the expiration thereof. Any objection that an award was not made within the time required is waived unless the objecting party notifies the arbitrators or umpire in writing of his or her objection prior to the delivery of the award to him or her.

682.10   Change of award by arbitrators or umpire.—

On application of a party to the arbitration, or if an application to the court is pending under s. 682.12, s. 682.13 or s. 682.14, on submission to the arbitrators, or to the umpire in the case of an umpire's award, by the court under such conditions as the court may order, the arbitrators or umpire may modify or correct the award upon the grounds stated in s. 682.14(1)(a) and (c) or for the purpose of clarifying the award. The application shall be made within 20 days after delivery of the award to the applicant. Written notice thereof shall be given forthwith to the other party to the arbitration, stating that he or she must serve his or her objections thereto, if any, within 10 days from the notice. The award so modified or corrected is subject to the provisions of ss. 682.12-682.14.

682.11   Fees and expenses of arbitration.—

Unless otherwise provided in the agreement or provision for arbitration, the arbitrators' and umpire's expenses and fees, together with other expenses, not including counsel fees, incurred in the conduct of the arbitration, shall be paid as provided in the award.

682.12   Confirmation of an award.—

Upon application of a party to the arbitration, the court shall confirm an award, unless within the time limits hereinafter imposed grounds are urged for vacating or modifying or correcting

(2) 중재 당사자의 신청에 따라 증거로서 사용하기 위하여, 중재인 또는 그의 권한을 행사하는 심판관은 소환할 수 없거나 심리에 출석할 수 없는 증인에 대하여 중재인 또는 심판관이 지정한 방법 및 조건에 따라 증언녹취를 하는 것을 허가할 수 있다.

(3) 증인소환장에 의해 증언하도록 강제하는 모든 법률규정이 적용된다.

(4) 증인의 출석비용은 연방순회법원에서 출석하는 증인에 관한 것과 같다.

제682.09조　중재판정

(1) 중재판정은 서면으로 하여야 하며 중재판정에 참여하는 중재인 또는 그의 권한을 행사하는 심판관에 의해 서명되어야 한다. 중재인들 또는 심판관은 중재판정의 1부를 각각 직접 또는 등록 또는 인증되는 우편으로 또는 중재합의나 중재조항에 규정된 바에 따라 중재의 각 당사자에게 송달하여야 한다.

(2) 중재판정은 중재합의나 중재조항에서 정한 기간 내에 내려져야 하고, 그러한 정함이 없는 때에는 중재 당사자의 신청에 따라 법원이 명하는 기간 내에 내려져야 한다. 당사자는 서면합의로 그러한 기간의 만료 전이나 후에 그 기간을 연장할 수 있다. 중재판정이 그렇게 요구된 기간 내에 내려지지 않았다는 이의를 제기할 권리는 그러한 이의를 제기하는 당사자가 중재판정문이 그에게 송달되기 전에 중재인 또는 심판관에게 그의 이의제기 사실을 서면으로 통지하지 않는 때에는 포기된 것으로 한다.

제682.10조　중재인 또는 심판관이 내린 중재판정의 변경

중재 당사자의 신청에 따라, 또는 제682.12조, 제682.13조 내지 제682.14조에 의한 신청이 법원에 계속되어 그 법원이 스스로 명할 수 있는 일정한 조건을 붙여 중재인 또는 심판관(심판관의 중재판정의 경우)에게 회부하는 경우에 그 중재인 또는 심판관은 제682.14조 제1항 제a호 및 제c호에 열거된 사유에 근거하거나 중재판정을 명확하게 하기 위하여 중재판정을 변경하거나 정정할 수 있다. 그러한 신청은 그 신청인에게 중재판정문이 송달된 후 20일 내에 이루어져야 한다. 이의가 있는 때에는 통지받은 날로부터 10일 내에 이의를 제기를 하여야 함을 기재하는 그에 관한 서면통지가 중재의 상대방 당사자에게 이루어져야 한다. 변경 또는 정정된 중재판정은 제682.12조 내지 제682.14조의 규정의 적용을 받는다.

제682.11조　중재에 관한 보수 및 경비

중재합의나 중재조항에서 달리 정함이 없는 한, 중재의 진행 중에 발생하는 변호사비용을 제외한 중재인과 심판관의 경비와 보수는 중재판정에서 정하는 바에 따라 지급된다.

제682.12조　중재판정의 확인

중재 당사자의 신청이 있으면 법원은 중재판정을 확인하여야 하되, 다만 본조 이하에서 부과하는 기한 내에 중재판정의 취소, 변경 또는 정정에 관한 사유가 주장되는 경우에는 그

the award, in which case the court shall proceed as provided in ss. 682.13 and 682.14.

682.13   Vacating an award.—

(1) Upon application of a party, the court shall vacate an award when:

(a) The award was procured by corruption, fraud or other undue means.

(b) There was evident partiality by an arbitrator appointed as a neutral or corruption in any of the arbitrators or umpire or misconduct prejudicing the rights of any party.

(c) The arbitrators or the umpire in the course of her or his jurisdiction exceeded their powers.

(d) The arbitrators or the umpire in the course of her or his jurisdiction refused to postpone the hearing upon sufficient cause being shown therefor or refused to hear evidence material to the controversy or otherwise so conducted the hearing, contrary to the provisions of s. 682.06, as to prejudice substantially the rights of a party.

(e) There was no agreement or provision for arbitration subject to this law, unless the matter was determined in proceedings under s. 682.03 and unless the party participated in the arbitration hearing without raising the objection.

But the fact that the relief was such that it could not or would not be granted by a court of law or equity is not ground for vacating or refusing to confirm the award.

(2) An application under this section shall be made within 90 days after delivery of a copy of the award to the applicant, except that, if predicated upon corruption, fraud or other undue means, it shall be made within 90 days after such grounds are known or should have been known.

(3) In vacating the award on grounds other than those stated in paragraph (1)(e), the court may order a rehearing before new arbitrators chosen as provided in the agreement or provision for arbitration or by the court in accordance with s. 682.04, or, if the award is vacated on grounds set forth in paragraphs (1)(c) and (d), the court may order a rehearing before the arbitrators or umpire who made the award or their successors appointed in accordance with s. 682.04. The time within which the agreement or provision for arbitration requires the award to be made is applicable to the rehearing and commences from the date of the order therefor.

(4) If the application to vacate is denied and no motion to modify or correct the award is pending, the court shall confirm the award.

682.14   Modification or correction of award.—

(1) Upon application made within 90 days after delivery of a copy of the award to the applicant, the court shall modify or correct the award when:

러하지 아니하고, 이러한 경우에 법원은 제682.13조 및 제682.14조에 규정된 바에 따라 절차를 진행하여야 한다.

제682.13조 중재판정의 취소

(1) 중재 당사자의 신청에 따라 다음의 경우에 법원은 중재판정을 취소하여야 한다.

  (a) 중재판정이 부패, 사기 또는 부정한 수단에 의해 획득된 경우

  (b) 중립자로서 선정된 중재인의 명백한 편파적 행위가 있거나 중재인이나 심판관의 부패가 있는 경우, 또는 당사자의 권리를 침해하는 부정행위가 있는 경우

  (c) 중재인이나 자신의 권한을 행사하는 심판관이 그의 권한을 유월하는 경우

  (d) 중재인 또는 자신의 권한을 행사하는 심판관이 충분한 이유가 제시되었음에도 불구하고 심리의 연기를 거부하거나 분쟁에 관하여 중요한 증거를 심리하기를 거부하거나 기타 제682.06조의 규정에 반하여 심리를 진행하여 당사자의 권리를 실질적으로 침해한 경우

  (e) 이 법의 적용을 받는 중재합의나 중재조항이 없는 경우. 다만 이 문제가 제682.03조에 따라 당해 절차 내에서 결정된 경우에는 그러하지 아니하고 또한 중재 당사자가 이의제기 없이 중재심리에 참여한 경우에는 그러하지 아니하다.

    그러나 구제수단이 보통법 또는 형평법 법원에 의해 허용될 수 없거나 허용되지 않을 것이라는 사실은 중재판정을 취소하거나 중재판정의 확인을 거부하는 사유가 되지 아니한다.

(2) 본조에 따른 신청은 중재판정이 그 신청인에게 교부된 후 90일 내에 이루어져야 한다. 다만 그 신청이 부패, 사기 기타 부정한 수단에 기초하는 때에는 그러한 사유가 있음을 알거나 알았어야 한 때로부터 후 90일 내에 이루어져야 한다.

(3) 제1항 제e호에 규정된 사유 외의 사유로 중재판정을 취소하는 경우에, 법원은 중재합의나 중재조항에서 정하는 방법에 따라 선정되거나 제682.04조에 따라 법원에 의해 선정된 새로운 중재인으로 하여금 재심리를 하도록 명할 수 있다. 중재판정이 제1항 제c호 및 제d호에 규정된 사유로 취소되는 경우에는 법원은 중재판정을 내린 중재인이나 심판관 또는 제682.04조에 따라 선정되는 그 승계인으로 하여금 재심리를 하도록 명할 수 있다. 중재합의나 중재조항에서 요구하는 중재판정의 시한은 재심리에도 적용되며 그러한 재심리 명령이 있는 날로부터 기산한다.

(4) 취소신청이 기각되고 중재판정의 변경 또는 정정을 위한 계류 중이 신청이 없는 경우에 법원은 중재판정을 확인하여야 한다.

제682.14조 중재판정의 변경 또는 정정

(1) 다음의 경우에 중재판정이 법원은 신청인에게 교부된 후 90일 내에 신청이 있는 때에는 중재판정을 변경 또는 정정하여야 한다.

(a) There is an evident miscalculation of figures or an evident mistake in the description of any person, thing or property referred to in the award.

(b) The arbitrators or umpire have awarded upon a matter not submitted to them or him or her and the award may be corrected without affecting the merits of the decision upon the issues submitted.

(c) The award is imperfect as a matter of form, not affecting the merits of the controversy.

(2) If the application is granted, the court shall modify and correct the award so as to effect its intent and shall confirm the award as so modified and corrected. Otherwise, the court shall confirm the award as made.

(3) An application to modify or correct an award may be joined in the alternative with an application to vacate the award.

682.15 Judgment or decree on award.—

Upon the granting of an order confirming, modifying or correcting an award, judgment or decree shall be entered in conformity therewith and be enforced as any other judgment or decree. Costs of the application and of the proceedings subsequent thereto, and disbursements may be awarded by the court.

682.16 Judgment roll, docketing.—

(1) On entry of judgment or decree, the clerk shall prepare the judgment roll consisting, to the extent filed, of the following:

(a) The agreement or provision for arbitration and each written extension of the time within which to make the award;

(b) The award;

(c) A copy of the order confirming, modifying or correcting the award; and

(d) A copy of the judgment or decree.

(2) The judgment or decree may be docketed as if rendered in a civil action.

682.17 Application to court.—

Except as otherwise provided, an application to the court under this law shall be by motion and shall be heard in the manner and upon the notice provided by law or rule of court for the making and hearing of motions. Unless the parties have agreed otherwise, notice of an initial application for an order shall be served in the manner provided by law for the service of a summons in an action.

682.18 Court; definition; jurisdiction.—

(1) The term "court" means any court of competent jurisdiction of this state. The making of an agreement or provision for arbitration subject to this law and providing for arbitration in

(a) 숫자에 관한 명백하고 중대한 계산실수 또는 중재판정에 기재된 인물, 사항 또는 재산에 관한 기술에 명백하고 중대한 오류가 있는 경우

(b) 중재인이나 심판관이 중재에 회부되지 아니한 사항에 관하여 중재판정을 내렸고 그 중재판정이 중재에 회부된 사항에 관한 본안의 결정에 영향을 미치지 아니하고 정정될 수 있는 경우

(c) 중재판정이 분쟁의 본안에 영향을 미치지 않는 형식적 사항에 있어서 불완전한 경우

(2) 그러한 신청이 인용되는 경우에, 법원은 중재판정의 의도를 살리기 위하여 중재판정을 변경하고 정정하여야 하며, 그렇게 변경되고 정정된 중재판정을 확인하여야 한다. 그 밖의 경우에, 법원은 내려진 대로 중재판정을 확인하여야 한다.

(3) 중재판정의 변경 또는 정정을 구하는 신청은 중재판정의 취소를 구하는 신청의 예비적 신청으로 제기될 수 있다.

제682.15조 중재판정에 관한 판결

중재판정의 확인, 변경 또는 정정하는 명령을 승인한 때에는 판결은 이와 일치되게 등록되며 다른 판결과 같이 집행되어야 한다. 그 이후 신청 및 절차 비용과 지급금은 법원이 부담할 수 있다.

제682.16조 판결 기록서, 사건기록의 등록

(1) 판결 등록시 법원사무관은 제출되는 한 다음의 사항을 포함하는 판결기록서를 준비하여야 한다.

(a) 중재합의 또는 중재규정, 중재판정을 내리기 위한 기한의 연장에 관한 각각의 서면

(b) 중재판정

(c) 중재판정의 확인, 변경 또는 정정 명령서

(d) 판결서 또는 명령서

(2) 해당 판결은 민사소송에서 내려진 것과 같이 사건기록에 등록되어야 한다.

제682.17조 법원에 대한 신청

특별한 규정이 있는 경우를 제외하고, 이 법에 따른 법원에 대한 신청은 제출에 의하여야 하며 신청의 제출 및 심리에 관한 법원의 법규에 규정된 방식 및 통지에 따라 심리되어야 한다. 당사자가 다르게 합의하지 않는 한, 명령을 위한 최초 신청의 통지는 소송절차에서 소환장의 송달에 관한 법에 규정된 방법으로 송달되어야 한다.

제682.18조 법원; 정의규정; 관할

(1) "법원"은 플로리다주에서 관할권을 가진 법원을 의미한다. 이 법의 적용을 받는 중재합의 또는 중재조항의 성립 및 플로리다주에서의 중재절차의 주재는 플로리다주 내외를

this state shall, whether made within or outside this state, confer jurisdiction on the court to enforce the agreement or provision under this law, to enter judgment on an award duly rendered in an arbitration thereunder and to vacate, modify or correct an award rendered thereunder for such cause and in the manner provided in this law.

(2) Any judgment entered upon an award by a court of competent jurisdiction of any state, territory, the Commonwealth of Puerto Rico or foreign country shall be enforceable by application as provided in s. 682.17 and regardless of the time when said award may have been made.

682.19 Venue.—

Any application under this law may be made to the court of the county in which the other party to the agreement or provision for arbitration resides or has a place of business, or, if she or he has no residence or place of business in this state, then to the court of any county. All applications under this law subsequent to an initial application shall be made to the court hearing the initial application unless it shall order otherwise.

682.20 Appeals.—

(1) An appeal may be taken from:

(a) An order denying an application to compel arbitration made under s. 682.03.

(b) An order granting an application to stay arbitration made under s. 682.03(2)-(4).

(c) An order confirming or denying confirmation of an award.

(d) An order modifying or correcting an award.

(e) An order vacating an award without directing a rehearing.

(f) A judgment or decree entered pursuant to the provisions of this law.

(2) The appeal shall be taken in the manner and to the same extent as from orders or judgments in a civil action.

682.21 Law not retroactive.—

This law applies only to agreements and provisions for arbitration made subsequent to the taking effect of this law.

682.22 Severability.—

If any provision of this chapter or the application thereof to any person or circumstance is held invalid, that invalidity shall not affect other provisions or applications of this chapter. In any action or proceeding in any state or territory of the United States, the Commonwealth of Puerto Rico, or any foreign country, this chapter and any agreement or provision to arbitrate made thereunder shall be classified as substantive within the meaning of that term in the conflict of laws; provided, however, that such substantive classification shall never be intended to derogate the public policy of such other jurisdiction.

불문하고 이 법에 의한 중재합의 또는 중재조항을 강제하고 그에 따라 중재절차에서 정당하게 내려진 중재판정에 관한 판결을 등록하며, 이 법에 규정된 사유 및 방식에 따라 내려진 중재판정을 취소 · 변경 · 정정할 법원에 관할권을 부여하여야 한다.

(2) 다른 주, 준주, 푸에르토리코 또는 외국의 관할법원이 내린 중재판정에 관하여 등록된 판결은 제682.17조에 규정된 신청에 의해 집행되어야 하며 이 때 중재판정이 내려진 시기는 불문한다.

제682.19조 재판적

이 법에 의한 신청은 중재합의 또는 중재조항의 다른 당사자가 거주하거나 영업소를 둔 카운티의 관할법원에 대하여 할 수 있다. 다만 그 사람이 당해 주에 주소나 영업소가 없는 경우에는 어떠한 카운티의 관할법원에 대하여도 할 수 있다. 최초 신청이 있은 후 이 법에 의한 모든 신청은, 최초 신청을 심리하고 있는 법원이 다르게 명령을 하지 않는 한 그 법원에 대하여 하여야 한다.

제682.20조 상소

(1) 다음과 같은 경우에 상소할 수 있다.

(a) 이 법 제682.03조에 기하여 내려진 강제중재 신청을 거부하는 명령

(b) 이 법 제682.03조 제2항 내지 제4항에 기하여 내려진 중재절차 정지신청을 인용하는 명령

(c) 중재판정을 확인하는 명령 또는 중재판정 확인을 기각하는 명령

(d) 중재판정 변경 또는 정정의 명령

(e) 재심리를 명하지 않는 중재판정 취소의 명령

(f) 이 법의 규정에 따라 등록된 판결

(2) 민사소송절차에서 내려진 명령 또는 판결과 같은 방법으로 그리고 같은 정도로 상소가 되어야 한다.

제682.21조 불소급

이 법은 이 법이 시행된 이후에 이루어진 중재합의 및 중재조항에만 적용된다.

제682.22조 분할가능성

어떤 사람이나 어떤 상황에 대한 이 장의 규정 또는 이 장에서의 신청이 무효로 판정된 경우, 그 무효는 이 장의 다른 조항이나 신청에 영향을 미쳐서는 아니된다. 미국, 푸에르토리코 공화국 또는 그 밖의 국가의 주 또는 준주에서의 소송이나 절차에서 이 장 및 이 장에 의하여 이루어진 중재합의와 중재조항은 저촉법상의 의미 내에서 실질적인 것으로 성질결정되어야 한다. 단 이러한 실질적 성질결정이 그 다른 관할의 공서를 무시해서는 아니된다.

CHAPTER 684   INTERNATIONAL COMMERCIAL ARBITRATION

684.0001   Short title.—

This chapter may be cited as the "Florida International Commercial Arbitration Act."

684.0002   Scope of application.—

(1) This chapter applies to international commercial arbitration, subject to any agreement in force between the United States of America and any other country or countries.

(2) This chapter, except ss. 684.0009, 684.001, 684.0026, 684.0027, 684.0028, 684.0047, and 684.0048, applies only if the place of arbitration is in this state.

(3) An arbitration is international if:

    (a) The parties to an arbitration agreement have, at the time of the conclusion of that agreement, their places of business in different countries;

    (b) One of the following places is situated outside the country in which the parties have their places of business:

        1. The place of arbitration if determined in, or pursuant to, the arbitration agreement; or

        2. Any place where a substantial part of the obligations of the commercial relationship are to be performed or the place with which the subject matter of the dispute is most closely connected; or

    (c) The parties have expressly agreed that the subject matter of the arbitration agreement relates to more than one country.

(4) For the purposes of subsection (3):

    (a) If a party has more than one place of business, the place of business is that which has the closest relationship to the arbitration agreement.

    (b) If a party does not have a place of business, reference shall be made to his or her habitual residence.

(5) This chapter does not affect any law that may prohibit a matter from being resolved by arbitration or that specifies the manner in which a specific matter may be submitted or resolved by arbitration.

684.0003   Definitions and rules of interpretation.—

(1) As used in this chapter, the term:

    (a) "Arbitral tribunal" means a sole arbitrator or panel of arbitrators.

    (b) "Arbitration" means any arbitration, whether or not administered by a permanent arbitral institution.

    (c) "Arbitration agreement" means an agreement by the parties to submit to arbitration all or certain disputes that have arisen or may arise between them in respect of a defined legal

제684장 국제상사중재

제684.0001조 약칭

이 장은 "플로리다 국제상사중재법"이라 약칭한다.

제684.0002조 적용범위

(1) 이 장은 미국과 타국 간에 유효한 모든 협정의 제한 하에 국제상사중재에 적용한다.

(2) 이 장은 제684.0009조, 제684.001조, 제684.0026조, 제684.0027조, 제684.0028조, 제684.0047조 및 제684.0048조를 제외하고 중재지가 해당국의 영역 내에 있는 경우에 한하여 적용한다.

(3) 중재는 다음의 경우에 국제적이다.

   (a) 중재합의의 당사자가 중재합의를 체결할 당시 상이한 국가에 영업소를 두고 있는 경우

   (b) 다음 장소 중 어느 한 장소가 당사자의 영업소 소재지국 외에 있는 경우

      1. 중재합의에서 결정되어 있거나 또는 그에 따라 결정되는 중재지

      2. 상사적 의무의 실질적인 부분이 이행되어야 할 장소 또는 분쟁의 본안과 가장 밀접하게 연결되어 있는 장소

   (c) 중재합의의 대상이 2개국 이상과 관련되어 있다고 당사자들이 명시적으로 합의한 경우

(4) 제3항의 적용상

   (a) 일방당사자가 2개 이상의 영업소를 두고 있는 경우에는 중재합의와 가장 밀접한 관계가 있는 영업소를 영업소로 한다.

   (b) 일방당사자가 영업소를 두고 있지 아니하는 경우에는 상거소를 참조한다.

(5) 이 법은 해당국가의 법령에 의하면 특정 분쟁이 중재에 회부될 수 없거나 이 법 이외의 규정에 따라서만 중재에 회부되어야 하는 경우에 해당 국가의 다른 법령에 영향을 주지 아니한다.

제684.0003조 용어정의와 해석원칙

(1) 이 법의 적용상

   (a) "중재판정부"라 함은 단독중재인 또는 수인의 중재인단을 말한다.

   (b) "중재"라 함은 상설중재기관에 의하여 관리되는지를 불문하고 모든 중재를 말한다.

   (c) "중재합의"는 계약적 관계인지를 불문하고 일정한 법률관계에 관하여 발생하거나 발생할 수 있는 모든 또는 특정한 분쟁을 중재에 회부하기로 하는 당사자들의 합의를 말한다.

relationship, whether contractual or not.

(d) "Court" means a circuit court of this state.

(2) A provision of this chapter, except s. 684.0038, which leaves the parties free to determine a certain issue, includes the right of the parties to authorize a third party, including an institution, to make that determination.

(3) A provision of this chapter which refers to the fact that the parties have agreed or that they may agree to a procedure refers to an agreement of the parties. The agreement includes any arbitration rules referenced in that agreement.

(4) A provision of this chapter, other than in s. 684.0036(1) or s. 684.0043(2)(a), which refers to a claim also applies to a counterclaim, and a provision that refers to a defense also applies to a defense to such counterclaim.

684.0004 International origin and general principles.—

(1) This chapter shall be interpreted with regard to its international origin and to the need to promote uniformity in its application and the observance of good faith.

(2) Questions concerning matters governed by this chapter which are not expressly settled pursuant to it shall be settled in conformity with the general principles on which this chapter is based.

684.0005 Receipt of written communications.—

(1) Unless otherwise agreed by the parties, a written communication is deemed to be received if it is delivered to the addressee personally or if it is delivered to the addressee's place of business, habitual residence, or mailing address. If one of these locations cannot be found after a reasonable inquiry, the written communication is deemed to be received if it is sent to the addressee's last known place of business, habitual residence, or mailing address by registered letter or any other means that provides a record of the attempt to deliver it. The communication is deemed to be received on the day it is delivered.

(2) This section does not apply to communications in court proceedings.

684.0006 Waiver of right to object.—

A party waives its right to object if the party proceeds with the arbitration and fails to object without undue delay or within a provided time limit to:

(1) Noncompliance of any provision of this chapter from which the parties may derogate and have not derogated; or

(2) Noncompliance of any requirement under the arbitration agreement.

684.0007 Extent of court intervention.—

In matters governed by this chapter, a court may not intervene except to the extent authorized by this chapter.

(d) "법원"이라 함은 이 주의 사법기관을 말한다.

(2) 제684.0038조를 제외하고, 당사자로 하여금 일정한 사항을 자유로이 결정하도록 허용하고 있는 이 법의 규정은 그 당사자가 제3자(기관을 포함한다)에게 그러한 결정을 내릴 수 있도록 수권하는 것을 허용한다.

(3) 이 장의 규정에 사용된 당사자가 절차에 관하여 합의하였거나 합의할 수 있다는 문구는 당사자간의 합의를 지칭한다. 그러한 합의는 그 합의 속에 인용된 모든 중재규칙을 포함한다.

(4) 제684.0036조 제1항 및 제684.0043조 제2항 제a호를 제외하고 청구에 관한 이 장의 규정은 반대청구에도 적용된다. 방어에 관한 규정은 그러한 반대청구에 대한 방어에도 적용된다.

제684.0004조　국제적 기원 및 일반원칙

(1) 이 장을 해석할 때에는 이 장의 국제적 기원, 그 적용의 통일을 촉진할 필요성과 신의의 준수를 고려하여야 한다.

(2) 이 장이 규율하는 사항으로서 이 장의 규정으로 명확히 해결할 수 없는 문제는 이 법이 기초하는 일반원칙에 따라 해결하여야 한다.

제684.0005조　서면통지의 수령

(1) 당사자 간에 달리 합의가 없는 한, 모든 서면통지는 수신인에게 직접 교부되거나 수신인의 영업소, 상거소 또는 우편주소지에 전달된 경우에는 수령된 것으로 본다. 또한 그러한 장소들이 합리적인 조사로 발견될 수 없는 경우에는 등기우편 또는 전달하고자 시도한 기록을 제공하는 그 밖의 다른 수단에 의하여 수신인의 최후의 영업소, 상거소, 또는 우편주소지로 발송된 경우에는 서면통지가 수령된 것으로 본다.

(2) 본조는 법원절차상의 통지에는 적용되지 아니한다.

제684.0006조　이의제기권의 포기

당사자는 당자자가 그 시한 내에 다음의 불이행에 대하여 이의를 제기하지 아니하고 중재절차를 계속한 경우에는 이의제기권을 포기한 것으로 본다.

(1) 당사자들이 그 효력을 배제할 수 있음에도 배제하지 아니한 이 장의 규정의 위반

(2) 중재합의에서 정한 사항의 위반

제684.0007조　법원 관여의 범위

이 장이 적용되는 문제에 관하여 법원은 이 장에 의하여 허용된 경우를 제외하고 관여하여서는 아니 된다.

684.0008   Court for certain functions of arbitration assistance and supervision.—

The functions referenced in ss. 684.0012(3) and (4), 684.0014(3), 684.0015, 684.0017(3), and 684.0046(2) shall be performed by the circuit court in the county in which the seat of the arbitration is located.

684.0009   Arbitration agreement and substantive claim before court.—

(1) A court before which an action is brought in a matter that is the subject of an arbitration agreement shall, if a party so requests not later than when submitting its first statement on the substance of the dispute, refer the parties to arbitration unless it finds that the agreement is null and void, inoperative, or incapable of being performed.

(2) If an action described in subsection (1) has been brought, arbitral proceedings may nevertheless be commenced or continued, and an award may be made, while the issue is pending before the court.

684.0010   Arbitration agreement and interim measures by a court.—

It is not incompatible with an arbitration agreement for a party to request from a court, before or during arbitral proceedings, an interim measure of protection and for a court to grant such a measure.

684.0011   Number of arbitrators.—

(1) The parties may determine the number of arbitrators.

(2) If the parties fail to determine the number of arbitrators, the number of arbitrators shall be three.

684.0012   Appointment of arbitrators.—

(1) A person is not precluded by reason of his or her nationality from acting as an arbitrator, unless otherwise agreed by the parties.

(2) The parties may agree on a procedure of appointing the arbitrator or arbitrators, subject to subsections (4) and (5).

(3) Failing such agreement:

    (a) In an arbitration having three arbitrators, each party shall appoint one arbitrator, and the two arbitrators thus appointed shall appoint the third arbitrator. If a party fails to appoint the arbitrator within 30 days after receipt of a request to do so from the other party, or if the two arbitrators fail to agree on the third arbitrator within 30 days after their appointment, the appointment shall be made, upon request of a party, by the court specified in s. 684.0008.

    (b) In an arbitration having a single arbitrator, if the parties are unable to agree on the arbitrator, the arbitrator shall be appointed, upon request of a party, by the court specified

제684.0008조　중재 지원 및 감독 기능을 수행하는 법원

제684.0012조 제3항 및 제4항, 제684.0014조 제3항, 제684.0015조, 제684.0017조 제3항, 제684.0046조 제2항에서 정하는 기능은 중재지가 속한 카운티에서 순회법원이 수행한다.

제684.0009조　중재합의와 법원에 제소

(1) 중재합의의 대상이 된 사건이 법원에 제소된 경우에, 일방당사자가 그 분쟁의 본안에 관한 제1차 준비서면을 제출하기 이전에 이에 관한 항변을 제기하면, 법원은 그 중재합의가 무효이거나, 실효하였거나, 또는 이행불능의 상태에 있는 것으로 판단되지 아니하는 한 당사자들을 중재에 회부하여야 한다.

(2) 제1항에서 언급한 소송이 제기된 경우에도 중재절차는 개시되거나 계속될 수 있으며 사건이 법원에 계속 중인 경우에도 중재판정이 행해질 수 있다.

제684.0010조　중재합의와 법원의 보전처분

일방당사자가 중재절차 전이나 진행 중에 법원에 보전처분을 신청하거나 법원이 이러한 조치를 허여하는 것은 중재합의에 반하지 아니한다.

제684.0011조　중재인의 수

(1) 당사자는 중재인의 수를 자유로이 정할 수 있다.

(2) 별도의 결정이 없는 경우에는 중재인의 수는 3인으로 한다.

제684.0012조　중재인 선정

(1) 당사자가 달리 합의하지 않는 한 누구라도 자신의 국적을 이유로 중재인으로서 활동하는데 배제되지 아니한다.

(2) 본조 제4항과 제5항의 제한 하에 당사자는 중재인의 선정절차를 자유로이 합의할 수 있다.

(3) 그러한 합의가 없는 경우에

　(a) 3인 중재에서 각 당사자는 1인의 중재인을 선정하고 이에 따라 선정된 2인의 중재인이 제3의 중재인을 선정한다. 일방당사자가 상대방으로부터 중재인 선정을 요구받은 후 30일 이내에 중재인을 선정하지 않거나 2인의 중재인이 그 선정된 후 30일 이내에 제3의 중재인을 선정하지 못하였을 경우에는 일방당사자의 요청에 따라 제684.0008조에서 정하는 법원이 중재인을 선정한다.

　(b) 단독중재의 경우에 당사자가 중재인 선정을 합의하지 못한 때에는 일방당사자의 요청이 있으면 제684.0008조에서 정하는 법원이 중재인을 선정한다.

in s. 684.0008.

(4) If, under an appointment procedure agreed upon by the parties:

(a) A party fails to act as required under such procedure;

(b) The parties, or two arbitrators, are unable to reach an agreement under such procedure; or

(c) A third party, including an institution, fails to perform any function entrusted to it under such procedure, any party may request the court specified in s. 684.0008 to take the necessary measure, unless the agreement on the appointment procedure provides other means for securing the appointment.

(5) A decision on a matter entrusted by subsection (3) or subsection (4) to the court specified in s. 684.0008 is not appealable. The court, in appointing an arbitrator, shall have due regard to any qualifications required by the arbitrator by the agreement of the parties and to such considerations that are likely to secure the appointment of an independent and impartial arbitrator. In the case of the appointment of a sole or third arbitrator, the court shall take into account the advisability of appointing an arbitrator of a nationality other than those of the parties.

684.0013   Grounds for challenge.—

(1) When a person is approached in connection with a possible appointment as an arbitrator, the person must disclose any circumstances likely to give rise to justifiable doubts as to the person's impartiality or independence. An arbitrator, from the time of appointment and throughout the arbitral proceedings, shall disclose any such circumstances to the parties without delay, unless they have already been informed of them by him or her.

(2) An arbitrator may be challenged only if circumstances exist that give rise to justifiable doubts as to the arbitrator's impartiality or independence, or if the arbitrator does not possess qualifications agreed to by the parties. A party may challenge an arbitrator appointed by it, or in whose appointment the party participated, only for reasons of which the party became aware after the appointment was made.

684.0014   Challenge procedure.—

(1) The parties may agree on a procedure for challenging an arbitrator, subject to subsection (3).

(2) Failing such agreement, a party who intends to challenge an arbitrator shall, within 15 days after becoming aware of the constitution of the arbitral tribunal or after becoming aware of any circumstance described in s. 684.0013(2), send a written statement of the reasons for the challenge to the arbitral tribunal. Unless the challenged arbitrator withdraws from his or her office or the other party agrees to the challenge, the arbitral tribunal shall decide on the challenge.

(4) 만약 당사자가 합의한 중재인 선정절차가 존재하는 경우

    (a) 일방당사자가 그 절차에서 요구하는 대로 이행하지 아니하거나,

    (b) 양당사자나 2인의 중재인이 그 절차에서 기대되는 합의에 이를 수 없거나,

    (c) 제3자(기관을 포함한다)가 그 절차에서 위임된 기능을 수행할 수 없는 때에 당사자는 선정절차 합의 내용 속에 그 선정을 보전하는 그 밖의 다른 조치가 없는 한 제684.0008조에서 정하는 법원이나 기타 기관에 필요한 처분을 취할 것을 요청할 수 있다.

(5) 본조 제3항과 제4항에 따라 제6조에 규정된 법원이나 기타 기관에 위임된 사항에 관한 결정에 대하여는 항고할 수 없다. 중재인을 선정할 때 법원이나 기타 기관은 당사자들의 합의에서 요구하는 중재인의 자격을 고려하여야 하며 또한 독립적이며 공정한 중재인의 선정을 보장하는데 적절한지도 고려하여야 한다. 단독중재인이나 제3의 중재인의 경우에는 당사자들의 국적 이외의 국적을 가진 중재인을 선정하는 것이 바람직한지 여부도 고려하여야 한다.

제684.0013조 중재인 기피사유

(1) 중재인으로 직무수행의 요청을 받은 자는 그 자신의 공정성이나 독립성에 관하여 당연시되는 의심을 야기할 수 있는 모든 사정을 고지하여야 한다. 중재인은 중재인으로 선정된 때로부터 그리고 중재절차의 종료시까지 그러한 사정을 당사자에게 지체 없이 고지하여야 한다. 다만, 중재인이 그러한 사정을 이미 통지한 당사자에게 대하여는 그러하지 아니하다.

(2) 중재인은 그 자신의 공정성이나 독립성에 관하여 당연시되는 의심을 야기할 수 있는 사정이 존재하거나 또는 당사자가 합의한 자격을 갖추지 못한 때에 한해 기피될 수 있다. 당사자는 자신이 선정하였거나 그 선정절차에 참여한 중재인에 대하여 선정 후에 비로소 알게 된 사유에 의해서만 기피할 수 있다.

제684.0014조 기피절차

(1) 본조 제3항의 제한 하에서 당사자들은 중재인 기피절차를 자유로이 합의할 수 있다.

(2) 제1항의 합의가 없는 경우에 중재인을 기피하고자 하는 당사자는 중재판정부가 구성된 후 또는 제684.0013조 제2항의 사정을 알게 된 후 15일 이내에 중재인기피사유를 진술한 서면을 중재판정부에 송부하여야 한다. 기피당한 중재인이 그 직무로부터 사퇴하지 아니하거나, 상대방당사자가 그 기피신청에 동의하지 아니하는 한 중재판정부는 그 기피신청에 관하여 결정하여야 한다.

(3) If a challenge under any procedure agreed upon by the parties or pursuant to subsection (2) is not successful, the challenging party may request, within 30 days after having received notice of the decision rejecting the challenge, the court specified in s. 684.0008 to decide on the challenge. The decision of the court is not appealable. While such a request is pending, the arbitral tribunal, including the challenged arbitrator, may continue the arbitral proceedings and make an award.

684.0015 Failure or impossibility to act.—

(1) If an arbitrator becomes de jure or de facto unable to perform his or her functions or for other reasons fails to act without undue delay, his or her mandate terminates if he or she withdraws from office or if the parties agree on the termination. Otherwise, if a controversy remains concerning any of these grounds, any party may request the court specified in s. 684.0008 to decide on the termination of the mandate. The decision of the court is not appealable.

(2) If, under this section or s. 684.0014(2), an arbitrator withdraws from his or her office or a party agrees to the termination of the mandate of an arbitrator, such actions do not imply the acceptance of the validity of any ground described in this section or in s. 684.0013(2).

684.0016 Appointment of substitute arbitrator.—

If the mandate of an arbitrator terminates pursuant to s. 684.0014 or s. 684.0015 or because of his or her withdrawal from office for any other reason or because of the revocation of the mandate by agreement of the parties or in any other case of termination of the mandate, a substitute arbitrator shall be appointed pursuant to the rules that applied to the appointment of the arbitrator being replaced.

684.0017 Competence of arbitral tribunal to rule on its jurisdiction.—

(1) The arbitral tribunal may rule on its own jurisdiction, including any objections with respect to the existence or validity of the arbitration agreement. For that purpose, an arbitration clause that forms part of a contract shall be treated as an agreement independent of the other terms of the contract. A decision by the arbitral tribunal that the contract is not valid does not entail ipso jure the invalidity of the arbitration clause.

(2) A plea that the arbitral tribunal does not have jurisdiction must be raised not later than the submission of the statement of defense. A party is not precluded from raising such a plea by the fact that the party appointed, or participated in the appointment of, an arbitrator. A plea that the arbitral tribunal is exceeding the scope of its authority must be raised as soon as the matter alleged to be beyond the scope of its authority is raised during the arbitral proceedings. The arbitral tribunal may, in either case, admit a later plea if it considers the delay justified.

(3) 당사자가 합의한 절차나 본조 제2항의 절차에 따라 기피신청이 받아들여지지 아니하면, 기피신청한 당사자는 그 기피거절 결정의 통지를 받은 후 30일 이내에 제684.0008조에서 정한 법원에 기피에 대한 결정을 신청할 수 있다. 그 결정에 대하여는 항고할 수 없으며 그러한 신청이 계속 중인 경우에도 기피신청의 대상이 된 중재인을 포함한 중재판정부는 중재절차를 속행하여 판정을 내릴 수 있다.

제684.0015조   불이행 또는 이행불능

(1) 중재인이 법률상 또는 사실상 자신의 직무를 이행할 수 없거나, 다른 사유로 인하여 적정기간에 직무를 수행하지 아니하는 경우에 그가 자진하여 사임하거나 당사자의 합의에 의하여 중재인의 직무권한은 종료된다. 이러한 사유에 관하여 다툼이 있는 경우에 각 당사자는 제684.0008조에서 정하는 법원에 대하여 중재인의 권한종료에 관하여 결정할 것을 요청할 수 있으며 그 결정에 대하여는 항고할 수 없다.

(2) 본조나 제684.0014조 제2항에 따라 중재인이 자진하여 사임하거나 당사자가 중재인의 권한종료에 합의하더라도 이러한 사실이 본조나 제684.0014조 제2항에서 정하는 기피 사유의 유효성을 인정하는 것을 의미하지는 아니한다.

제684.0016조   보궐중재인의 선정

제684.0014조나 제684.0015조에 따라 또는 기타 사유로 인하여 중재인이 자진하여 사임하거나 또는 당사자의 합의로 중재인의 권한이 취소되었거나 기타 사유로 인하여 중재인의 권한이 종료되는 경우에 보궐중재인은 대체되는 중재인의 선정에 적용되었던 규칙에 따라 선정된다.

제684.0017조   자신의 관할에 관한 중재판정부의 결정권한

(1) 중재판정부는 중재합의의 존부 또는 유효성에 관한 이의를 포함하여 자신의 관할을 결정할 권한을 가진다. 그러한 규정의 적용상 계약의 일부를 이루는 중재조항은 그 계약의 다른 조항과는 독립된 합의로 취급하여야 한다. 중재판정부에 의한 계약무효의 결정은 법률상 당연히 중재조항의 부존재 내지 무효를 의미하는 것은 아니다.

(2) 중재판정부가 관할권을 가지고 있지 않다는 항변은 늦어도 답변서를 제출할 때까지 제기되어야 한다. 당사자의 이러한 항변은 자신이 중재인을 선정하였거나 또는 중재인의 선정에 참여하였다는 사실 때문에 배제되지 아니한다. 중재판정부가 그 직무권한의 범위를 벗어났다는 항변은 그러한 권한유월이 주장되는 사항이 중재절차 진행중에 제출된 즉시 제기되어야 한다. 중재판정부는 시기에 늦게 제출된 항변에 대해서도 그 지연이 정당하다고 인정하는 경우에는 이를 허용할 수 있다.

(3) The arbitral tribunal may rule on a plea referenced in subsection (2) as a preliminary question or in an award on the merits. If the arbitral tribunal rules as a preliminary question that it has jurisdiction, any party may request, within 30 days after receiving notice of that ruling, that the court specified in s. 684.0008 decide the matter. The decision of the court is not appealable. While such a request is pending, the arbitral tribunal may continue the arbitral proceedings and make an award.

684.0018 Power of arbitral tribunal to order interim measures.—

Unless otherwise agreed by the parties, the arbitral tribunal may, at the request of a party, grant interim measures. An interim measure is any temporary measure, whether in the form of an award or in another form, by which, at any time before the issuance of the award by which the dispute is finally decided, the arbitral tribunal orders a party to:

(1) Maintain or restore the status quo pending determination of the dispute;

(2) Take action to prevent, or refrain from taking action that is likely to cause, current or imminent harm or prejudice to the arbitral process;

(3) Provide a means of preserving assets out of which a subsequent award may be satisfied; or

(4) Preserve evidence that may be relevant and material to the resolution of the dispute.

684.0019 Conditions for granting interim measures.—

(1) The party requesting an interim measure under s. 684.0018 must satisfy the arbitral tribunal that:

  (a) Harm not adequately reparable by an award of damages is likely to result if the measure is not ordered, and such harm substantially outweighs the harm that is likely to result to the party against whom the measure is directed if the measure is granted; and

  (b) A reasonable possibility exists that the requesting party will succeed on the merits of the claim. The determination on this possibility does not affect the discretion of the arbitral tribunal in making any subsequent determination.

(2) With regard to a request for an interim measure under s. 684.0018, the requirements in subsection (1) apply only to the extent the arbitral tribunal considers appropriate.

684.0020 Applications for preliminary orders and conditions for granting preliminary orders.—

(1) Unless otherwise agreed by the parties, a party may, without notice to any other party, make a request for an interim measure together with an application for a preliminary order prohibiting a party from frustrating the purpose of the interim measure requested.

(2) The arbitral tribunal may grant a preliminary order if it considers that prior disclosure of the request for the interim measure to the party against whom it is directed risks frustrating the purpose of the measure.

(3) 중재판정부는 본조 제2항의 항변에 관하여 선결문제로서 또는 본안에 관한 중재판정에서 결정할 수 있다. 중재판정부가 선결문제로서 자신의 관할권이 있음을 결정하는 경우에 당사자는 당해 결정의 통지를 받은 후 30일 이내에 제684.0008조에 명시된 법원에 대하여 당해 사항을 결정해 줄 것을 신청할 수 있으며 그 결정에 대하여는 항고할 수 없다. 이러한 신청이 계속 중인 경우에도 중재판정부는 중재절차를 속행하여 중재판정을 내릴 수 있다.

제684.0018조   임시적 처분 명령을 할 중재판정부의 권한

당사자 간에 다른 합의가 없는 경우에, 중재판정부는 어느 한쪽 당사자의 신청에 따라 임시적 처분을 내릴 수 있다. 임시적 처분이란 중재판정부가 중재판정의 형식 또는 기타의 방식으로 중재판정이 내려지기 전 어느 한쪽 당사자에게 다음 각호의 내용을 이행하도록 명하는 잠정적 조치를 말한다.

(1) 분쟁이 종결되기 전까지 현상(現狀)의 유지 또는 복원
(2) 중재절차를 훼손하는 행위를 방지하거나 금지토록 하는 조치
(3) 중재판정의 이행에 필요한 자산을 보전할 수 있는 수단의 제공
(4) 분쟁의 해결과 밀접한 관련이 있는 증거의 보전

제684.0019조   임시적 처분의 허용조건

(1) 제684.0018조에 따른 임시적 처분을 신청하는 당사자는 중재판정부에 다음의 각호를 입증하여야 한다.
 (a) 임시적 처분이 거부될 경우 손해배상을 명하는 중재판정부만으로는 회복할 수 없는 손해가 발생할 가능성이 있고 그러한 손해는 임시적 처분이 내려짐으로써 상대방 당사자가 입을 손해보다 크다는 점
 (b) 임시적 처분을 신청하는 당사자가 본 안에서 승소할 가능성이 높다는 점. 다만, 그러한 가능성에 대한 판단은, 중재판정부가 추후 다른 판단을 할 수 있는 재량에 영향을 미치지 아니한다.
(2) 제684.0018조에 따른 임시적 처분의 신청과 관련하여, 동조 제1항의 요건은 중재판정부가 적절하다고 판단하는 범위 내에서만 적용된다.

제684.0020조   예비적 명령의 신청 및 허용 요건

(1) 당사자 간에 다른 합의가 없는 경우에, 어느 한쪽 당사자는 상대방 당사자에 대한 통지 없이 임시적 처분의 신청과 함께, 당사자가 그러한 임시적 처분의 목적을 훼손시키지 못하도록 하는 예비적 명령을 신청할 수 있다.
(2) 임시적 처분 신청의 사실을 처분의 상대방 당사자에게 사전에 공개하면 그 목적이 훼손될 것이라 판단하는 경우 중재판정부는 예비적 명령을 내릴 수 있다.

(3) The conditions described in s. 684.0019 apply to any preliminary order if the harm assessed under s. 684.0019(1)(a) is the harm likely to result from the order being granted or not granted.

684.0021   Specific regime for preliminary orders.—

(1) Immediately after the arbitral tribunal makes a determination in respect of an application for a preliminary order, the arbitral tribunal shall give notice to all parties of the request for the interim measure, the application for the preliminary order, the preliminary order, if any, and all other communications. The notice shall include a description of the content of any oral communication between any party and the arbitral tribunal in relation to any such request or application.

(2) At the same time, the arbitral tribunal shall give an opportunity to any party against whom a preliminary order is directed to present its case at the earliest practicable time.

(3) The arbitral tribunal must decide promptly on any objection to the preliminary order.

(4) A preliminary order expires 20 days after the date on which it was issued by the arbitral tribunal. However, the arbitral tribunal may issue an interim measure adopting or modifying the preliminary order after the party against whom the preliminary order is directed is given notice and an opportunity to present its case.

(5) A preliminary order is binding on the parties but is not enforceable by a court. Such a preliminary order does not constitute an award.

684.0022   Modification, suspension, or termination; interim measure or preliminary order.—

The arbitral tribunal may modify, suspend, or terminate an interim measure or a preliminary order it has granted upon application of any party or, in exceptional circumstances and upon prior notice to the parties, on the arbitral tribunal's own initiative.

684.0023   Provision of security.—

(1) The arbitral tribunal may require the party requesting an interim measure to provide appropriate security in connection with the measure.

(2) The arbitral tribunal shall require the party applying for a preliminary order to provide security in connection with the order unless the arbitral tribunal considers it inappropriate or unnecessary to do so.

684.0024   Disclosure.—

(1) The arbitral tribunal may require any party promptly to disclose any material change in the circumstances on the basis of which the interim measure was requested or granted.

(2) The party applying for a preliminary order shall disclose to the arbitral tribunal all

(3) 제684.0019조에서 규정된 손해가 예비적 명령의 허용 여부에 따라 발생하는 손해인 경우, 제684.0019조 제1항 제a호에 규정된 조건은 모든 예비적 명령에 적용된다.

제684.0021조 예비적 명령에 관한 특별규정

(1) 중재판정부는 예비적 명령 신청에 관한 결정을 내린 후 즉시, 모든 당사자에게 임시적 처분 또는 예비적 명령의 신청 사실, 예비적 명령을 허용하는 경우 그 내용 그리고 이와 관련하여 당사자와 중재판정부 사이에 있었던 구두대화 내용을 포함한 모든 통신 내용을 고지하여야 한다.

(2) 이와 동시에 중재판정부는 예비적 명령의 상대방 당사자에게 가능한 조속한 시일 내에 자신의 입장을 진술할 기회를 부여하여야 한다.

(3) 중재판정부는 예비적 명령에 대한 이의에 관하여 즉시 결정하여야 한다.

(4) 예비적 명령은 중재판정부가 명령을 내린 날로부터 20일이 경과하면 효력이 상실한다. 그러나 중재판정부는 예비적 명령의 상대방 당사자가 통지를 수령하고 자신의 입장을 진술할 기회를 부여 받은 뒤에는 예비적 명령을 인용하거나 또는 수정하는 임시적 처분을 내릴 수 있다.

(5) 예비적 명령은 당사자들을 구속하나, 법원에 의한 집행의 대상이 되지 아니한다. 이러한 예비적 명령은 중재판정에 해당하지 아니한다.

제684.0022조 수정, 중지, 종료; 임시적 처분 또는 예비적 명령

중재판정부는 일방당사자의 신청에 따라 또는 예외적인 경우 당사자들에게 사전 고지한 후 이미 내린 임시적 처분 또는 예비적 명령을 직권으로 수정, 중지 또는 종료할 수 있다.

제684.0023조 담보 규정

(1) 중재판정부는 임시적 처분을 신청하는 당사자에게 적절한 담보를 제공하도록 요구할 수 있다.

(2) 중재판정부는 예비적 명령의 신청인에게 당해 명령과 관련하여 담보를 제공하도록 요구할 수 있다. 다만, 중재판정부가 적절하지 않다거나 필요하지 않다고 판단하는 경우에는 그러하지 아니하다.

제684.0024조 공개

(1) 중재판정부는 당사자에게 임시적 처분의 신청 및 허용의 기초가 된 사정에 중대한 변경이 발생한 경우, 즉시 이를 공개하도록 요구할 수 있다.

(2) 예비적 명령의 신청인은 중재판정부가 이를 허용 또는 유지할지 여부를 판단하는데 관련되는 모든 사정을 중재판정부에게 공개하여야 하며 이러한 공개 의무는 예비적 명령의 상대방 당사자가 자신의 입장을 진술할 기회를 부여 받을 때까지 지속된다. 그 이후

circumstances that are likely to be relevant to the arbitral tribunal's determination whether to grant or maintain the order, and such obligation continues until the party against whom the order has been requested has had an opportunity to present its case. Thereafter, subsection (1) applies.

684.0025   Costs and damages.—

The party requesting an interim measure or applying for a preliminary order is liable for any costs and damages caused by the measure or the order to any party if the arbitral tribunal later determines that the measure or the order should not have been granted. The arbitral tribunal may award such costs and damages at any point during the proceedings.

684.0026   Recognition and enforcement.—

(1) An interim measure issued by an arbitral tribunal shall be recognized as binding and, unless otherwise provided by the arbitral tribunal, enforced upon application to the competent court, irrespective of the country in which it was issued, subject to s. 684.0019(1).

(2) The party who is seeking or has obtained recognition or enforcement of an interim measure shall promptly inform the court of the termination, suspension, or modification of the interim measure.

(3) The court where recognition or enforcement is sought may, if it considers it proper, order the requesting party to provide appropriate security if the arbitral tribunal has not already made a determination with respect to security or if such a decision is necessary to protect the rights of third parties.

684.0027   Grounds for refusing recognition or enforcement.—

(1) Recognition or enforcement of an interim measure may be refused only:

   (a) At the request of the party against whom it is invoked if the court is satisfied that:

      1. Such refusal is warranted on the grounds set forth in s. 684.0048(1)(a)1., 2., 3., or 4.;

      2. The arbitral tribunal's decision with respect to the provision of security in connection with the interim measure issued by the arbitral tribunal has not been complied with; or

      3. The interim measure was terminated or suspended by the arbitral tribunal or, if so empowered, by the court of the state or country in which the arbitration takes place or under the law of which that interim measure was granted; or

   (b) If the court finds that:

      1. The interim measure is incompatible with the powers conferred upon the court, unless the court decides to reformulate the interim measure to the extent necessary to adapt it to its own powers and procedures for the purpose of enforcing that interim measure and without modifying its substance; or

에는 본조 제1항이 적용된다.

제684.0025조　비용과 손해배상

중재판정부가 추후에 해당 임시적 처분과 예비적 명령을 같은 상황이라면 내려지지 않았
어야 할 것이라고 판단하는 경우에는 임시적 처분 또는 예비적 명령을 신청한 당사자는 다
른 당사자들이 그러한 임시적 처분 또는 예비적 명령으로 인하여 입은 제반 비용과 손해를
배상하여야 한다. 중재판정부는 그러한 비용 및 손해에 대하여 중재절차의 어느 단계에서
든 판정을 내릴 수 있다.

제684.0026조　승인 및 집행

(1) 중재판정부가 내린 임시적 처분은 구속력 있는 것으로 승인되어야 하며 중재판정부가
　　달리 정하지 않은 경우, 제684.0019조 제1항의 규정에 벗어나지 않는 한 그 처분이 어
　　떤 국가에서 내려졌느냐에 관계없이 관할법원에 신청하면 집행하여야 한다.

(2) 임시적 처분의 승인 또는 집행을 구하거나 이를 허락 받은 당사자는 그 처분의 종료, 정
　　지 또는 수정 사항을 즉시 관할 법원에 고지하여야 한다.

(3) 임시적 처분의 승인 및 집행을 요청 받은 국가의 관할 법원은 적절하다고 판단하는 경
　　우, 중재판정부가 담보의 제공과 관련한 결정을 내리지 않았거나 또는 제3자의 권리 보
　　호를 위해 필요한 경우에는 신청 당사자에게 적절한 담보를 제공하도록 명할 수 있다.

제684.0027조　승인 또는 집행거부사유

(1) 임시적 처분의 승인 또는 집행은 다음의 사유에 한하여 거부될 수 있다.

　(a) 임시적 처분의 상대방 당사자의 신청에 따라 법원이 다음 각목을 인정하는 경우

　　　1. 이러한 거부가 제684.0048조 제1항 제a호 제1목 내지 제4목을 근거로 한 경우

　　　2. 중재판정부가 임시적 처분과 관련하여 담보제공을 결정하였으나 이행되지 않은
　　　　경우

　　　3. 임시적 처분이 중재판정부에 의하여 종료 또는 중지되었거나, 중재지 법원 또는
　　　　임시적 처분의 근거가 된 법률에 의하여 종료 또는 중지된 경우

　(b) 법원이 다음 사실을 인정하는 경우

　　　1. 법원이 임시적 처분의 실질적 내용을 수정하지는 않더라도, 당해 법원에 부여된
　　　　권한 또는 임시적 처분의 집행에 관한 절차에 맞게 임시적 처분의 형식을 조정
　　　　하지 않는 한, 그 처분이 법원의 권한을 벗어난다는 점 또는,

2. Any of the grounds set forth in s. 684.0048(1)(b)1. or 2. apply to the recognition and enforcement of the interim measure.

(2) A determination made by the court on any ground in subsection (1) is effective only for the purposes of the application to recognize and enforce the interim measure. The court may not in making that determination undertake a review of the substance of the interim measure.

684.0028   Court-ordered interim measures.—

A court has the same power of issuing an interim measure in relation to arbitration proceedings, irrespective of whether the arbitration proceedings are held in this state, as it has in relation to the proceedings in courts. The court shall exercise such power in accordance with its own procedures and in consideration of the specific features of international arbitration.

684.0029   Equal treatment of parties.—

The parties shall be treated with equality, and each party shall be given a full opportunity of presenting its case.

684.0030   Determination of rules of procedure.—

Subject to the provisions of this chapter, the parties may agree on the procedure to be followed by the arbitral tribunal in conducting the proceedings. Failing such agreement, the arbitral tribunal may, subject to the provisions of this chapter, conduct the arbitration in such manner as it considers appropriate. The power conferred upon the arbitral tribunal includes the power to determine the admissibility, relevance, materiality, and weight of evidence.

684.0031   Place of arbitration.—

(1) The parties may agree on the place of arbitration. Failing such agreement, the place of arbitration shall be determined by the arbitral tribunal having regard to the circumstances of the case, including the convenience of the parties.

(2) Notwithstanding subsection (1), the arbitral tribunal may, unless otherwise agreed by the parties, meet at any place it considers appropriate for consultation among its members, for hearing witnesses, experts, or the parties, or for inspection of goods, other property, or documents.

684.0032   Commencement of arbitral proceedings.—

Unless otherwise agreed by the parties, the arbitral proceedings in respect of a particular dispute commence on the date on which a request for that dispute to be referred to an arbitration is received by the respondent.

684.0033   Language.—

(1) The parties may agree on the language or languages to be used in the arbitral proceedings.

2. 제684.0048조 제1항 제b호 제1목 내지 제2목의 사유가 임시적 처분의 승인 및 집행에 적용된다는 점

(2) 본조 제1항의 사유에 근거하여 법원이 내린 결정은, 임시적 처분의 승인 및 집행 신청의 목적 내에서만 유효하다. 임시적 처분의 승인 및 집행의 신청을 받은 법원은 그 임시 처분의 내용에 관한 실질심사를 할 수 없다.

제684.0028조   법원이 내리는 임시적 처분

법원은 중재지가 해당국 내에 있는지 여부와 관계없이, 중재절차와 관련하여 소송절차에서와 같은 임시적 처분 권한이 있다. 법원은 국제중재의 특수성을 고려하여 내부 규칙에 따라 그러한 권한을 행사하여야 한다.

제684.0029조   당사자의 동등한 대우

양당사자는 동등한 대우를 받아야 하며 각 당사자는 충분한 변론의 기회를 제공받아야 한다.

제684.0030조   중재절차규칙의 결정

이 장의 규정에 따라 당사자는 중재판정부가 중재절차를 진행할 때 지켜야할 절차규칙에 관하여 자유로이 합의할 수 있다. 이러한 합의가 없는 경우에 중재판정부는 이 장의 규정의 제한 하에, 스스로 적절하다고 여기는 방식으로 중재를 진행할 수 있다. 중재판정부의 권한에는 증거의 채택여부, 관련성, 중요성 및 그 경중을 결정할 권한이 포함된다.

제684.0031조   중재지

(1) 당사자는 중재지에 관하여 자유로이 합의할 수 있다. 그러한 합의가 없는 경우는 중재지는 중재판정부가 당사자의 편의 등을 포함한 당해 사건의 사정을 고려하여 결정한다.

(2) 본조 제1항의 규정에도 불구하고 당사자의 별도 합의가 없는 한 중재판정부는 그 구성원간의 협의를 위해서나 증인, 감정인 또는 당사자의 심문을 위하여 또는 물품, 기타 재산 또는 문서의 조사를 위하여 중재판정부가 적당하다고 여기는 장소에서 회합 할 수 있다.

제684.0032조   중재절차의 개시

당사자간에 달리 합의하지 않는 한 특정한 분쟁에 관한 중재절차의 진행은 당해 분쟁을 중재에 부탁할 것을 요구한 서면이 피신청인에 의하여 수령된 일자에 개시된다.

제684.0033조   언어

(1) 당사자는 중재절차의 진행에 사용되는 일개 또는 수개 언어에 관하여 자유로이 합의할 수 있다. 그러한 합의가 없는 경우에는 중재판정부는 중재절차에 사용되는 하나 또는

Failing such agreement, the arbitral tribunal shall specify the language or languages to be used in the proceedings. This agreement or determination, unless otherwise specified therein, applies to any written statement by a party, any hearing, and any award, decision, or other communication by the arbitral tribunal.

(2) The arbitral tribunal may order that any documentary evidence be accompanied by a translation into the language or languages agreed upon by the parties or specified by the arbitral tribunal.

684.0034   Statements of claim and defense.—

(1) Within the period of time agreed by the parties or specified by the arbitral tribunal, the claimant shall state the facts supporting its claim, the points at issue, and the relief or remedy sought, and the respondent shall state its defense to the claim, unless the parties have otherwise agreed as to the required elements of such statements. The parties may submit with their statements all documents they consider to be relevant or may add a reference to the documents or other evidence they will submit.

(2) Unless otherwise agreed by the parties, either party may amend or supplement its claim or defense during the course of the arbitral proceedings, unless the arbitral tribunal considers it inappropriate to allow such amendment having regard to the delay in making it.

684.0035   Hearings and written proceedings.—

(1) Subject to any contrary agreement by the parties, the arbitral tribunal shall decide whether to hold oral hearings for the presentation of evidence or for oral argument, or whether the proceedings shall be conducted on the basis of documents and other materials. However, unless the parties have agreed that no hearings will be held, the arbitral tribunal shall hold such hearings at an appropriate stage of the proceedings, if so requested by a party.

(2) The parties shall be given sufficient advance notice of any hearing and of any meeting of the arbitral tribunal for the purposes of inspection of goods, other property, or documents.

(3) All statements, documents, or other information supplied to the arbitral tribunal by one party shall be provided to the other party. Also, any expert report or evidentiary document on which the arbitral tribunal may rely in making its decision shall be provided to the parties.

684.0036   Default of a party.—

Unless otherwise agreed by the parties, if, without showing sufficient cause:

(1) The claimant fails to provide its statement of claim pursuant to s. 684.0034(1), the arbitral tribunal shall terminate the proceedings.

수개의 언어를 결정하여야 한다. 그러한 합의 또는 결정은 그 속에 별도의 의사가 명시되어 있지 않는 한 당사자의 서면진술, 중재판정부의 심문 및 판정, 결정 또는 기타 통지에도 적용된다.

(2) 중재판정부는 어떤 서증에 대하여서도 당사자에 의하여 합의하거나 중재판정부가 결정한 일개 또는 수개 언어로 번역한 문서를 첨부하도록 명할 수 있다.

제684.0034조　중재신청서와 답변서

(1) 당사자가 합의하였거나 또는 중재판정부가 결정한 기간 내에 신청인은 청구의 원인사실, 쟁점사항과 신청취지를 진술하여야 하고, 피신청인은 그러한 세부사항에 대한 답변내용을 진술하여야 한다. 그러나 당사자가 그러한 진술의 필요한 사항을 달리 합의하는 경우에는 그러하지 아니하다. 당사자는 직접 관계가 있다고 보는 모든 서류를 상기 진술서에 첨부하여 제출할 수 있으며 자신이 제출하고자 하는 기타 증거에 참고자료로 추가할 수도 있다.

(2) 당사자간에 달리 합의하지 않는 한 어느 일방 당사자가 중재절차 진행 중에 자신의 청구내용이나 답변을 수정하거나 보충할 수 있다. 다만 중재판정부가 이를 인정함으로써 야기되는 지연을 고려하여 그러한 수정을 허용하는 것이 부적절하다고 여기는 경우에는 그러하지 아니하다.

제684.0035조　심리와 서면 절차

(1) 당사자 간에 반대의 합의를 하지 않는 한, 중재판정부는 증거의 제출이나 구술변론을 위하여 구술심문을 할 것인지 아니면 서면 및 기타 자료에 근거하여 중재절차를 진행시킬 것인지를 결정하여야 한다. 그러나 당사자 간에 구술심문을 개최하지 아니한다는 별단의 합의가 없는 한, 중재판정부는 당사자 일방의 요청이 있으면 중재절차 진행 중의 적절한 단계에서 그러한 구술심문을 개최하여야 한다.

(2) 모든 심문에 관한 통지 및 물품, 또는 기타 재산 및 문서의 조사를 위한 중재판정부의 회합의 통지는 충분한 시간적 여유를 두고 사전에 당사자들에게 발송되어야 한다.

(3) 당사자의 일방에 의하여 중재판정부에 제출된 모든 진술서, 문서, 또는 기타 정보는 타방 당사자에게도 통지되어야 한다. 중재판정부가 그 결정상 원용하게 될지도 모르는 감정인의 모든 보고서 또는 서증도 당사자들에게 통지되어야 한다.

제684.0036조　일방당사자의 해태

당사자가 달리 합의하지 않는 한 충분한 이유를 제시하지 아니하고

(1) 신청인이 제684.0034조 제1항에 의하여 청구에 관한 진술서를 제출하지 않는 경우에는 중재판정부는 중재절차를 종료하여야 한다.

(2) The respondent fails to communicate its statement of defense pursuant to s. 684.0034(1), the arbitral tribunal shall continue the proceedings without treating such failure in itself as an admission of the claimant's allegations.

(3) A party fails to appear at a hearing or to produce documentary evidence, the arbitral tribunal may continue the proceedings and make the award on the evidence before it.

684.0037   Expert appointed by arbitral tribunal.—

(1) Unless otherwise agreed by the parties, the arbitral tribunal may:

(a) Appoint one or more experts to report to it on specific issues to be determined by the arbitral tribunal.

(b) Require a party to give the expert any relevant information or produce or provide access to any relevant documents, goods, or other property for inspection by the expert.

(2) Unless otherwise agreed by the parties, if a party so requests or if the arbitral tribunal considers it necessary, the expert shall, after delivery of a written or oral report, participate in a hearing in which the parties have the opportunity to question the expert and to present expert witnesses in order to testify on the points at issue.

684.0038   Court assistance in taking evidence.—

The arbitral tribunal, or a party upon the approval of the arbitral tribunal, may request assistance in taking evidence from a competent court of this state. The court may execute the request within its competence and according to its rules on taking evidence.

684.0039   Rules applicable to substance of dispute.—

(1) The arbitral tribunal shall decide the dispute pursuant to the rules of law chosen by the parties to apply to the substance of the dispute. Any designation of the law or legal system of a state or country shall be construed, unless otherwise expressed, as directly referring to the substantive law of that state or country and not to its conflict-of-laws rule.

(2) Failing any designation by the parties, the arbitral tribunal shall apply the law determined by the conflict-of-laws rules that it considers applicable.

(3) The arbitral tribunal shall decide ex aequo et bono or as amiable compositeur, only if the parties have expressly authorized it to do so.

(4) In all cases, the arbitral tribunal shall decide in accordance with the terms of the contract and shall take into account the usages of the trade which apply to the transaction.

(2) 피신청인이 제684.0034조 제1항에 의하여 방어에 대한 진술서를 제출하지 아니하는 경우에는 중재판정부는 그러한 해태의 사실자체가 피신청인이 신청인의 주장을 그대로 인정하는 것으로 취급함이 없이 중재절차를 속행하여야 한다.

(3) 당사자의 어느 일방이 심문에 출석하지 아니하거나, 서증을 제출하지 아니하는 경우에는 중재판정부는 중재절차를 속행하고 중재판정부에 제출된 증거에 근거하여 중재판정을 내릴 수 있다.

제684.0037조 중재판정부에 의해 지정된 감정인

(1) 당사자가 달리 합의하지 않는 한 중재판정부는,

  (a) 중재판정부에 의하여 결정될 특정한 쟁점에 관하여 보고할 1인 이상의 감정인을 지정할 수 있다.

  (b) 일방당사자로 하여금 감정인에게 관계 정보를 주거나 감정인의 조사를 위해 관련 문서의 제출, 물품 또는 기타의 재산을 조사하거나 또는 감정인이 이용할 수 있도록 명할 수 있다.

(2) 당사자가 달리 합의하지 않는 한 당사자 일방의 요청이 있거나 중재판정부가 필요하다고 여기는 경우에는 그 감정인은 자신의 서면 또는 구두보고를 제출한 후에도 문제된 쟁점에 관하여 당사자들이 그 감정인에게 질문할 기회 및 다른 감정인들이 그 전문가적 증언을 할 기회를 갖는 심문에 참가하여야 한다.

제684.0038조 증거조사에서 법원의 협조

중재판정부나 중재판정부의 승인을 받은 당사자는 해당국가의 관할법원에 대해 증거조사에서 협조를 요청할 수 있다. 법원은 그 권한 범위 내에서 증거조사의 규칙에 따라 그러한 요청에 응할 수 있다.

제684.0039조 분쟁의 실체의 준거법

(1) 중재판정부는 당사자들이 분쟁의 본안에 적용하려고 선택한 법규에 따라 판정을 하여야 한다. 달리 명시하지 아니하는 한 일정한 국가의 법 또는 법률체계의 지정이 있을 때는 당해 국가의 실체법을 직접 지칭하는 것으로 해석하며, 그 국가의 국제사법원칙을 지칭하는 것으로 해석하지 아니한다.

(2) 당사자들에 의한 준거법의 지정이 없는 경우에는 중재판정부는 중재판정부가 적용가능하다고 보는 국제사법 규정에 따라 결정되는 법을 적용한다.

(3) 중재판정부는 당사자가 명시적으로 권한을 부여하는 경우에 한하여 형평과 선에 의하여 또는 우의적 중재인으로서 판정을 내려야 한다.

(4) 전 각항의 모든 경우에 있어서 중재판정부는 계약조건에 따라 결정하여야 하며, 당해 거래에 적용가능한 상관습을 고려하여야 한다.

684.0040   Decisionmaking by panel of arbitrators.—

In arbitral proceedings having more than one arbitrator, any decision of the arbitral tribunal shall be made, unless otherwise agreed by the parties, by a majority of all its members. However, questions of procedure may be decided by a presiding arbitrator, if so authorized by the parties or all members of the arbitral tribunal.

684.0041   Settlement.—

(1) If, during arbitral proceedings, the parties settle the dispute, the arbitral tribunal shall terminate the proceedings and, if requested by the parties and not objected to by the arbitral tribunal, record the settlement in the form of an arbitral award on agreed terms.

(2) An award on agreed terms shall be made pursuant to s. 684.0042 and shall state that it is an award. Such an award has the same status and effect as any other award on the merits of the case.

684.0042   Form and contents of award.—

(1) The award shall be made in writing and shall be signed by the arbitrator or arbitrators. In arbitral proceedings having more than one arbitrator, the signatures of the majority of all members of the arbitral tribunal shall suffice, if the reason for any omitted signature is stated.

(2) The award shall state the reasons upon which it is based, unless the parties have agreed that no reasons are to be given or the award is an award on agreed terms under s. 684.0041.

(3) The award shall state its date and the place of arbitration as determined pursuant to s. 684.0031(1). The award shall be deemed to have been made at that place.

(4) After the award is made, a copy signed by the arbitrators pursuant to subsection (1) shall be delivered to each party.

684.0043   Termination of proceedings.—

(1) Arbitral proceedings are terminated by the final award or by an order of the arbitral tribunal pursuant to subsection (2).

(2) The arbitral tribunal shall issue an order for the termination of the arbitral proceedings when:

   (a) The claimant withdraws its claim, unless the respondent objects to the withdrawal of the claim and the arbitral tribunal recognizes that the respondent has a legitimate interest in obtaining a final settlement of the dispute;

   (b) The parties agree on the termination of the proceedings; or

제684.0040조 중재판정부의 의결

당사자들이 달리 합의하지 않는 한, 2인 이상의 중재인에 의한 중재절차진행에 있어서는 중재판정부의 모든 결정은 모든 구성원의 다수결에 의한다. 그러나 중재절차의 문제는 당사자나 중재판정부 구성원 전원의 수권이 있으면 의장중재인이 결정할 수 있다.

제684.0041조 화해

(1) 중재절차 진행 중에 당사자들 자신이 분쟁을 해결하는 경우에는 중재판정부는 그 절차를 종료하여야 하며, 당사자들의 요구가 있고 중재판정부가 이의를 제기하지 않는 한 중재판정부는 그 화해를 당사자가 합의한 내용의 중재판정문의 형식으로 기록하여야 한다.

(2) 당사자가 합의한 내용의 중재판정문은 제684.0042조의 규정에 따라 작성되어야 하고 이를 중재판정으로 한다고 기재되어야 한다. 그러한 중재판정문은 당해 사건의 본안에 관한 다른 모든 중재판정과 동일한 지위와 효력을 가진다.

제684.0042조 중재판정의 형식과 내용

(1) 중재판정문은 서면으로 작성되어야 하며 중재인 또는 중재인들이 이에 서명하여야 한다. 2인 이상의 중재에 있어서는 중재판정부 구성원 중의 과반수의 서명으로 충분하다. 다만 이 경우에는 서명이 생략된 이유가 기재됨을 요한다.

(2) 중재판정문에는 그 판정의 근거가 되는 이유를 기재하여야 한다. 다만, 당사자간에 이유의 불기재에 관하여 합의하였거나 또는 그 중재판정문이 제684.0041조에 의하여 합의된 내용의 판정인 경우에는 그러하지 아니하다.

(3) 중재판정문에는 작성일자와 제684.0031조 제1항에 따라 정해진 중재지를 기재하여야 한다. 중재판정문은 당해 장소에서 작성된 것으로 한다.

(4) 중재판정문이 작성된 후 본조 제1항에 따라 중재인들이 서명한 중재판정문 1부가 각 당사자에게 송부되어야 한다.

제684.0043조 중재절차의 종료

(1) 중재절차는 최종판정에 의하거나 본조 제2항에 따른 중재판정부의 명령에 의하여 종료된다.

(2) 중재판정부는 다음의 경우에 중재절차의 종료를 명하여야 한다:

  (a) 신청인이 그 신청을 철회하는 경우. 다만, 피신청인이 이에 대하여 이의를 제기하고 중재판정부가 분쟁의 최종적 해결을 구하는 데 대하여 피신청인에게 적법한 이익이 있다고 인정하는 때에는 그러하지 아니하다.

  (b) 당사자가 중재절차의 종료를 합의하는 경우

(c) The arbitral tribunal finds that the continuation of the proceedings has for any other reason become unnecessary or impossible.

(3) The mandate of the arbitral tribunal terminates with the termination of the arbitral proceedings, subject to ss. 684.0044 and 684.0046(4).

684.0044 Correction and interpretation of award; additional award.—

(1) (a) Within 30 days after receipt of the award, unless another period of time has been agreed upon by the parties:

1. A party, with notice to the other party, may request the arbitral tribunal to correct in the award any errors in computation, any clerical or typographical errors, or any errors of similar nature.

2. If so agreed by the parties, a party, with notice to the other party, may request the arbitral tribunal to give an interpretation of a specific point or part of the award.

(b) If the arbitral tribunal considers the request to be justified, it shall make the correction or give the interpretation within 30 days after the request. The interpretation becomes part of the award.

(2) The arbitral tribunal may correct any error described in subparagraph (1)(a)1. on its own initiative within 30 days after the date of the award.

(3) Unless otherwise agreed by the parties, a party, with notice to the other party, may request, within 30 days after the receipt of the award, the arbitral tribunal to make an additional award as to claims presented in the arbitral proceedings but omitted from the award. If the arbitral tribunal considers the request to be justified, it shall make the additional award within 60 days after the request.

(4) The arbitral tribunal may extend, if necessary, the period of time within which it shall make a correction, interpretation, or additional award pursuant to subsection (1) or subsection (3).

(5) Section 684.0042, specifying the form and contents of an award, applies to a correction or interpretation of the award or to an additional award.

684.0045 Immunity for arbitrators.—

An arbitrator serving under this chapter shall have judicial immunity in the same manner and to the same extent as a judge.

684.0046 Application to set aside as exclusive recourse against arbitral award.—

(1) Recourse to a court against an arbitral award may be made only by an application to set aside an arbitral award pursuant to subsections (2) and (3).

(2) An arbitral award may be set aside by the court specified in s. 684.0008 only if:

(c) 중재판정부가 그 밖의 사유로 중재절차를 계속하는 것이 불필요하거나 불가능하다고 인정하는 경우

(3) 제684.0044조와 제684.0046조 제4항의 제한 하에, 중재판정부의 임무는 중재절차의 종료와 동시에 종료한다.

제684.0044조 중재판정문의 정정과 해석; 추가판정

(1) (a) 당사자들이 달리 정하지 않는 한 중재판정문을 수령한 날로부터 30일 이내에,

    1. 일방당사자는 상대방에게 통지함과 동시에 그 판정문의 계산상 오류, 오기나 오식 또는 이와 유사한 오류를 정정해 줄 것을 중재판정부에 요청할 수 있다.

    2. 당사자간에 합의가 있는 경우에 일방당사자는 상대방 당사자에게 통지함과 동시에 중재판정의 특정 사항이나 판정의 일부에 대한 해석을 중재판정부에 요청할 수 있다.

    (b) 중재판정부는 그 요청이 이유가 있다고 보는 경우에는 이를 수령한 날로부터 30일 이내에 정정 또는 해석하여야 한다. 그 해석은 중재판정의 일부를 형성하는 것으로 한다.

(2) 중재판정부는 판정일자로부터 30일 이내에 본조 제1항 제a호 제1목에 규정된 유형의 오류도 정정할 수 있다.

(3) 당사자들이 달리 합의하지 않는 한, 일방당사자는 상대방에게 통지함과 동시에 중재판정문을 수령한 날로부터 30일 이내에 중재절차 중에 제출되었으나 중재판정에서 유탈된 청구부분에 관한 추가판정을 중재판정부에 요청할 수 있다. 중재판정부는 그 요청이 정당하다고 보는 경우에 60일 이내에 추가판정을 내려야 한다.

(4) 중재판정부는 필요한 경우 본조 제1항 또는 제3항에 따라 정정, 해석 또는 추가판정의 기간을 연장할 수 있다.

(5) 제684.0042조의 규정은 중재판정문의 정정이나 해석 또는 추가판정의 경우에 이를 적용한다.

제684.0045조 중재인의 면책권

이 장 항에서 일하는 중재인은 판사로서 동일한 범위와 동일한 방식에서 사법적 면책권이 부여되어야 한다.

제684.0046조 중재판정에 대한 유일한 불복방법으로서 취소신청

(1) 중재판정에 대하여 법원에 제기하는 불복은 본조 제2항과 제3항에 따라 취소신청을 함으로써 가능하다.

(2) 중재판정은 다음에 해당하는 경우에 한하여 제684.0008조에 명시된 관할법원에 의해 취소될 수 있다.

(a) The party making the application furnishes proof that:

1. A party to the arbitration agreement defined in s. 684.0003(1)(c) was under some incapacity or the arbitration agreement is not valid under the law to which the parties have subjected it or, failing any indication thereon, under the law of this state;

2. The party making the application was not given proper notice of the appointment of an arbitrator or of the arbitral proceedings or was otherwise unable to present its case;

3. The award deals with a dispute not contemplated by or not falling within the terms of the submissions to arbitration, or contains decisions on matters beyond the scope of the submission to arbitration. However, if the decisions on matters submitted to arbitration can be separated from those not so submitted, only that part of the award which contains decisions on matters not submitted to arbitration may be set aside; or

4. The composition of the arbitral tribunal or the arbitral procedure was not in accordance with the agreement of the parties, unless such agreement was in conflict with a provision of this chapter from which the parties may not derogate, or, failing such agreement, was not in accordance with this chapter; or

(b) The court finds that:

1. The subject matter of the dispute is not capable of settlement by arbitration under the law of this state; or

2. The award is in conflict with the public policy of this state.

(3) An application to set aside an arbitral award may not be made after 3 months have elapsed after the date on which the party making that application receives the award or, if a request had been made under s. 684.0044, after 3 months have elapsed after the date on which that request had been disposed of by the arbitral tribunal.

(4) The court, when asked to set aside an award, may, if appropriate and so requested by a party, suspend the proceedings to set aside the award for a period of time determined by it in order to give the arbitral tribunal an opportunity to resume the arbitral proceedings or to take such other action as in the arbitral tribunal's opinion will eliminate the grounds to set aside the award.

684.0047   Recognition and enforcement.—

(1) An arbitral award, irrespective of the country in which it was made, shall be recognized as binding and, upon application in writing to the competent court, shall be enforced subject to this section and s. 684.0048.

(2) The party relying on an award or applying for its enforcement shall supply the original or copy of the award. If the award is not made in the English language, the court may request the party to supply a translation of the award.

(a) 취소신청을 한 당사자가 다음의 사실에 대한 증거를 제출하는 경우

   1. 제684.0003조 제1항 제c호에 규정된 중재합의의 당사자가 무능력자인 사실 또는 그 중 재합의가 당사자들이 준거법으로서 지정한 법에 의하여 무효이거나 그러한 지정이 없는 경우에는 중재판정이 내려진 국가의 법률에 의하여 무효인 사실

   2. 취소신청을 한 당사자가 중재인의 선정 또는 중재절차에 관하여 적절한 통지를 받지 못하였거나 기타 사유로 인하여 방어할 수가 없었다는 사실

   3. 중재판정이 중재부탁의 내용으로 고려되지 아니하였거나 그 범위에 속하지 아니하는 분쟁을 다루었거나 또는 중재부탁합의의 범위를 벗어난 사항에 관한 결정을 포함하고 있다는 사실. 다만, 중재에 부탁된 사항에 관한 결정이 부탁되지 아니한 사항에 관한 결정으로부터 분리될 수 있는 경우에는 중재에 부탁되지 아니한 사항에 관한 결정을 포함하는 중재판정 부분에 한하여 취소될 수 있다.

   4. 중재판정부의 구성이나 중재절차가 당사자간의 합의(다만 이 합의는 당사자들이 합의로 그 효력을 배제할 수 없는 이 장의 규정에 반하지 아니하여야 한다)에 따르지 아니하였다는 사실 또는 그러한 합의가 없는 경우에 이 장에 따르지 아니하였다는 사실. 또는

(b) 법원이 다음을 인정하는 경우,

   1. 분쟁의 본안이 이 주의 법령상 중재로 해결할 수 없음.

   2. 중재판정이 이 주의 공서에 반함.

(3) 중재판정취소의 신청인이 중재판정문을 수령한 날로부터 3개월이 경과하였거나 또는 제684.0044조에 의하여 신청을 하였을 경우에는 당해 신청이 중재판정부에 의해 처리된 날로부터 3개월이 경과한 후에는 제기할 수 없다.

(4) 중재판정취소신청이 있을 경우에 법원은 당사자의 신청이 있고 또한 그것이 적절한 때에는 중재판정부로 하여금 중재절차를 재개하게 하거나 중재판정부가 취소사유를 제거하는데 필요한 기타의 조치를 취할 기회를 허여하기 위하여 일정한 기간을 정하여 정지할 수 있다.

제684.0047조 　승인과 집행

(1) 중재판정은 그 판정이 어느 국가에서 내려졌는지 불문하고 구속력있는 것으로 승인되어야 하며 관할법원에 서면으로 신청하면 본조 및 제684.0048조의 규정에 따라 집행되어야 한다.

(2) 중재판정을 원용하거나 그 집행을 신청하는 당사자는 중재판정문의 원본 또는 사본을 제출하여야 한다. 중재판정문이 영어로 작성되어 있지 아니한 경우에 법원은 당사자에게 중재판정의 번역문을 제출하도록 요구할 수 있다.

684.0048   Grounds for refusing recognition or enforcement.—

(1) Recognition or enforcement of an arbitral award, irrespective of the country in which it was made, may be refused only:

    (a) At the request of the party against whom it is invoked, if that party furnishes to the competent court where recognition or enforcement is sought proof that:

        1. A party to the arbitration agreement defined in s. 684.0003(1)(c) was under some incapacity or the arbitration agreement is not valid under the law to which the parties have subjected it or, failing any indication thereon, under the law of the country where the award was made;

        2. The party against whom the award is invoked was not given proper notice of the appointment of an arbitrator or of the arbitral proceedings or was otherwise unable to present its case;

        3. The award deals with a dispute not contemplated by or not falling within the terms of the submission to arbitration, or it contains decisions on matters beyond the scope of the submission to arbitration. However, if the decisions on matters submitted to arbitration can be separated from those not so submitted, that part of the award which contains decisions on matters submitted to arbitration may be recognized and enforced;

        4. The composition of the arbitral tribunal or the arbitral procedure was not in accordance with the agreement of the parties or, failing such agreement, was not in accordance with the law of the country where the arbitration took place; or

        5. The award has not yet become binding on the parties or has been set aside or suspended by a court of the country in which, or under the law of which, that award was made; or

    (b) If the court finds that:

        1. The subject matter of the dispute is not capable of settlement by arbitration under the laws of this state; or

        2. The recognition or enforcement of the award would be contrary to the public policy of this state.

(2) If an application for setting aside or suspension of an award has been made to a court referenced in subparagraph (1)(a)5., the court where recognition or enforcement is sought may, if it considers it proper, adjourn its decision and may also, on the application of the party claiming recognition or enforcement of the award, order the other party to provide appropriate security.

제684.0048조 승인 또는 집행의 거부사유

(1) 중재판정의 승인과 집행은 판정이 내려진 국가에 관계 없이 다음의 경우에 한하여 거부할 수 있다.

  (a) 중재판정이 불리하게 원용되는 당사자의 신청이 있을 때 그 당사자가 다음의 사실에 대하여 승인 또는 집행을 신청한 관할법원에 증거를 제출하는 경우

    1. 제684.0003조 제1항 제c호에 규정된 중재합의의 당사자가 무능력자인 사실 또는 그 중 재합의가 당사자들이 준거법으로서 지정한 법에 의하여 무효이거나 그러한 지정이 없는 경우에는 중재판정이 내려진 국가의 법에 의하여 무효인 사실

    2. 중재판정이 불리하게 원용되는 당사자가 중재인의 선정 또는 중재절차에 관하여 적절한 통지를 받지 못하였거나 기타 사유로 인하여 방어할 수 없었다는 사실

    3. 중재판정이 중재부탁의 내용으로 고려되지 아니하였거나 그 범위에 속하지 아니하는 분쟁을 다루었거나 또는 중재부탁합의의 범위를 벗어난 사항에 관한 결정을 포함하고 있다는 사실. 다만, 중재에 부탁된 사항에 관한 결정이 부탁되지 아니한 사항에 관한 결정으로부터 분리될 수 있는 경우에는 중재에 부탁되지 아니한 사항에 관한 결정을 포함하는 중재판정 부분에 한하여 취소될 수 있다.

    4. 중재판정부의 구성이나 중재절차가 당사자간의 합의에 따르지 아니하였다는 사실 또는 그러한 합의가 없는 경우에는 중재가 수행된 국가의 법에 따르지 아니하였다는 사실. 또는

    5. 중재판정이 당사자에 대한 구속력을 아직 발생하지 않았거나 중재판정이 이루어진 국가의 법원에 의하여 또는 중재판정의 기초가 된 국가의 법률이 속하는 법원에 의하여 취소 또는 정지된 사실, 또는

  (b) 법원이 다음을 인정하는 경우,

    1. 분쟁의 본안이 이 주의 법령상 중재로 해결할 수 없음. 또는

    2. 중재판정이 이 주의 공서에 반함

(2) 중재판정의 취소 또는 정지신청이 본조 제1항 제a호 제5목에서 정한 법원에 제출되었을 경우에 승인 또는 집행의 신청을 받은 법원은 정당하다고 판단하는 경우에 그 결정을 연기할 수 있으며 중재판정의 승인 또는 집행을 구하는 당사자의 신청이 있으면 상대방에게 상당한 담보를 제공할 것을 명할 수 있다.

SCOTLAND

Arbitration (Scotland) Act 2010
영국 스코틀랜드 중재법

02

Arbitration (Scotland) Act 2010

The Bill for this Act of the Scottish Parliament was passed by the Parliament on 18th November 2009 and received Royal Assent on 5th January 2010

An Act of the Scottish Parliament to make provision about arbitration.

Introductory

1 Founding principles

The founding principles of this Act are—

(a) that the object of arbitration is to resolve disputes fairly, impartially and without unnecessary delay or expense,

(b) that parties should be free to agree how to resolve disputes subject only to such safeguards as are necessary in the public interest,

(c) that the court should not intervene in an arbitration except as provided by this Act.

Anyone construing this Act must have regard to the founding principles when doing so.

2 Key terms

(1) In this Act, unless the contrary intention appears—

"arbitration" includes—

(a) domestic arbitration,

(b) arbitration between parties residing, or carrying on business, anywhere in the United Kingdom, and

(c) international arbitration,

"arbitrator" means a sole arbitrator or a member of a tribunal,

"dispute" includes—

(a) any refusal to accept a claim, and

(b) any other difference (whether contractual or not),

"party" means a party to an arbitration,

"rules" means the Scottish Arbitration Rules (see section 7), and

"tribunal" means a sole arbitrator or panel of arbitrators.

(2) References in this Act to "an arbitration", "the arbitration" or "arbitrations" are references to a particular arbitration process or, as the case may be, to particular arbitration processes.

2010년 영국 스코틀랜드 중재법

스코틀랜드 의회의 이 법의 법안은 2009년 11월 18일에 의회에서 통과되었고 2010년 1월 5일에 국왕의 재가를 받았다.

중재에 관하여 규정하는 스코틀랜드 의회의 법률.

도입규정

제1조 기본원칙

이 법의 기본원칙은 다음과 같다.

(a) 중재의 목적은 분쟁을 공정, 공평하고 불필요한 지연이나 비용을 유발함이 없이 해결하는 것이다.

(b) 당사자들은 분쟁을 어떻게 해결할 것인지를 자유로이 합의할 수 있되, 다만 공익을 위하여 필요한 한도 내에서는 그러하지 아니하다.

(c) 이 법에서 규정된 경우를 제외하고, 법원은 중재에 관여하여서는 아니된다.

누구든지 이 법을 해석할 때에는 본조의 기본원칙을 고려하여야 한다.

제2조 핵심용어

(1) 이 법에서, 달리 의도된 것으로 보이지 않는 한,

　"중재"는 다음을 포함한다.

　　(a) 국내중재

　　(b) 영국 내에서 거주하거나 영업하는 당사자간의 중재

　　(c) 국제중재

　"중재인"은 단독중재인 또는 중재판정부의 구성원을 의미한다.

　"분쟁"은 다음을 포함한다.

　　(a) 클레임을 수락하지 아니하는 것, 및

　　(b) 그 밖의 모든 다툼(계약상 다툼인지 아닌지를 불문한다)

　"당사자"는 중재의 당사자를 의미한다.

　"규칙"은 스코틀랜드중재규칙(제7조 참조)을 의미한다.

　"중재판정부"는 단독중재인 또는 중재인들로 이루어진 판정부를 의미한다.

(2) 이 법에서 사용된 "중재"라는 단어는 특정한 하나의 중재절차 또는 경우에 따라 특정한

(3) References in this Act to a tribunal conducting an arbitration are references to the tribunal doing anything in relation to the arbitration, including—

(a) making a decision about procedure or evidence, and

(b) making an award.

3 Seat of arbitration

(1) An arbitration is "seated in Scotland" if—

(a) Scotland is designated as the juridical seat of the arbitration—

(i) by the parties,

(ii) by any third party to whom the parties give power to so designate, or

(iii) where the parties fail to designate or so authorise a third party, by the tribunal, or

(b) in the absence of any such designation, the court determines that Scotland is to be the juridical seat of the arbitration.

(2) The fact that an arbitration is seated in Scotland does not affect the substantive law to be used to decide the dispute.

Arbitration agreements

4 Arbitration agreement

An "arbitration agreement" is an agreement to submit a present or future dispute to arbitration (including any agreement which provides for arbitration in accordance with arbitration provisions contained in a separate document).

5 Separability

(1) An arbitration agreement which forms (or was intended to form) part only of an agreement is to be treated as a distinct agreement.

(2) An arbitration agreement is not void, voidable or otherwise unenforceable only because the agreement of which it forms part is void, voidable or otherwise unenforceable.

(3) A dispute about the validity of an agreement which includes an arbitration agreement may be arbitrated in accordance with that arbitration agreement.

6 Law governing arbitration agreement

Where—

(a) the parties to an arbitration agreement agree that an arbitration under that agreement is to be seated in Scotland, but

(b) the arbitration agreement does not specify the law which is to govern it,

then, unless the parties otherwise agree, the arbitration agreement is to be governed by Scots law.

복수의 중재절차를 지칭한다.

(3) 이 법에서 사용된 중재를 수행하는 중재판정부라는 표현은 다음과 같은 것을 포함하는 중재에 관한 어떤 것을 하는 중재판정부를 지칭한다.

    (a) 절차나 증거에 관하여 결정하는 것, 및

    (b) 중재판정을 내리는 것

제3조　중재지

(1) 다음의 경우에 중재는 "그 중재지가 스코틀랜드"이다.

    (a) 스코틀랜드가 다음의 자에 의하여 법률상의 중재지로 지정된 경우

        (i) 당사자들

        (ii) 당사자들로부터 그러한 지정을 할 권한을 받은 제3자

        (iii) 당사자들이 중재지를 지정하지 아니하거나 그러한 제3자에게 수권하지 아니하는 경우에는, 중재판정부

    (b) 그러한 지정이 없어서 법원이 스코틀랜드를 법률상의 중재지로 결정하는 경우

(2) 스코틀랜드가 중재지라는 사실은 분쟁에 대하여 판정하는 데 사용되는 실체법에 영향을 주지 아니한다.

<h2 style="text-align:center">중재합의</h2>

제4조　중재합의

"중재합의"는 현재 또는 미래의 분쟁을 중재에 회부하기로 하는 합의(별도의 서류에 포함된 중재조항에 따라 중재하기로 하는 합의를 포함한다)이다.

제5조　독립성

(1) 어떠한 합의의 단지 일부를 이루는 (또는 이루는 것으로 의도된) 중재합의는 별개의 합의로 취급된다.

(2) 중재합의는 그 중재합의를 포함하고 있는 합의 자체가 무효이거나 취소되거나 달리 강제력이 없다는 이유만으로 무효이거나 취소되거나 강제력이 없게 되는 것은 아니다.

(3) 중재합의를 포함하고 있는 합의의 유효성에 관한 분쟁은 그 중재합의에 따라 중재가 가능하다.

제6조　중재합의의 준거법

(a) 중재합의의 당사자들이 그 중재합의 내에서 스코틀랜드를 중재지로 하기로 합의하였으나

(b) 그 중재합의에서 그 중재합의의 준거법을 지정하지 아니한 경우

당사자들이 달리 합의하지 않은 한, 스코틀랜드법이 그 중재합의의 준거법이 된다.

Scottish Arbitration Rules

7 Scottish Arbitration Rules

The Scottish Arbitration Rules set out in schedule 1 are to govern every arbitration seated in Scotland (unless, in the case of a default rule, the parties otherwise agree).

8 Mandatory rules

The following rules, called "mandatory rules", cannot be modified or disapplied (by an arbitration agreement, by any other agreement between the parties or by any other means) in relation to any arbitration seated in Scotland—

rule 3 (arbitrator to be an individual)

rule 4 (eligibility to act as an arbitrator)

rule 7 (failure of appointment procedure)

rule 8 (duty to disclose any conflict of interests)

rules 12 to 16 (removal or resignation of arbitrator or dismissal of tribunal)

rules 19 to 21 and 23 (jurisdiction of tribunal)

rules 24 and 25 (general duties of tribunal and parties)

rule 42 (point of law referral: procedure etc.)

rule 44 (time limit variation: procedure etc.)

rule 45 (securing attendance of witnesses and disclosure of evidence)

rule 48 (power to award payment and damages)

rule 50 (interest)

rule 54 (part awards)

rule 56 (power to withhold award if fees or expenses not paid)

rule 60 (arbitrators' fees and expenses)

rule 63 (ban on pre-dispute agreements about liability for arbitration expenses)

rules 67, 68, 70, 71 and 72 (challenging awards)

rules 73 to 75 (immunity)

rule 76 (loss of right to object)

rule 77 (independence of arbitrator)

rule 79 (death of arbitrator)

rule 82 (rules applicable to umpires)

스코틀랜드중재규칙

제7조 스코틀랜드중재규칙

부속서 1의 스코틀랜드중재규칙은 중재지가 스코틀랜드인 모든 중재에 적용된다(다만 임의규정의 경우에 당사자들이 달리 합의한 때에는 그러하지 아니하다).

제8조 강행규정

"강행규정"인 아래의 조항들은 중재지가 스코틀랜드인 중재에 관하여 (중재합의에 의하여, 당사자간 그 밖의 합의에 의하여 또는 그 밖의 방법으로) 변경되거나 적용배제 되지 아니한다.

스코틀랜드중재규칙 제3조(개인이어야 하는 중재인)

스코틀랜드중재규칙 제4조(중재인의 적격성)

스코틀랜드중재규칙 제7조(중재인이 선정되지 않는 때의 절차)

스코틀랜드중재규칙 제8조(이익상반 고지의무)

스코틀랜드중재규칙 제12조에서 제16조(중재인의 해임 또는 사임 또는 중재판정부의 배척)

스코틀랜드중재규칙 제19조에서 제21조 및 제23조(중재판정부의 관할)

스코틀랜드중재규칙 제24조 및 제25조(중재판정부와 당사자의 일반의무)

스코틀랜드중재규칙 제42조(법적 사항에 관한 위탁: 절차 등)

스코틀랜드중재규칙 제44조(시한의 변경: 절차 등)

스코틀랜드중재규칙 제45조(증인의 출석보장 및 증거의 공개)

스코틀랜드중재규칙 제48조(금전지급과 손해배상을 판정할 권한)

스코틀랜드중재규칙 제50조(이자)

스코틀랜드중재규칙 제54조(일부판정)

스코틀랜드중재규칙 제56조(보수와 비용이 지급되지 않은 경우 중재판정을 보류할 권한)

스코틀랜드중재규칙 제60조(중재인의 보수와 비용)

스코틀랜드중재규칙 제63조(중재비용에 대한 책임에 관한 분쟁 전 합의의 금지)

스코틀랜드중재규칙 제67조, 제68조, 제70조, 제71조, 제72조(중재판정에 대한 불복)

스코틀랜드중재규칙 제73조에서 제75조(면책)

스코틀랜드중재규칙 제76조 (이의제기권의 상실)

스코틀랜드중재규칙 제77조(중재인의 독립)

스코틀랜드중재규칙 제79조(중재인의 사망)

스코틀랜드중재규칙 제82조(심판관에 적용되는 규정)

9 Default rules

(1) The non-mandatory rules are called the "default rules".

(2) A default rule applies in relation to an arbitration seated in Scotland only in so far as the parties have not agreed to modify or disapply that rule (or any part of it) in relation to that arbitration.

(3) Parties may so agree—

(a) in the arbitration agreement, or

(b) by any other means at any time before or after the arbitration begins.

(4) Parties are to be treated as having agreed to modify or disapply a default rule—

(a) if or to the extent that the rule is inconsistent with or disapplied by—

(i)   the arbitration agreement,

(ii) any arbitration rules or other document (for example, the UNCITRAL Model Law, the UNCITRAL Arbitration Rules or other institutional rules) which the parties agree are to govern the arbitration, or

(iii) anything done with the agreement of the parties, or

(b) if they choose a law other than Scots law as the applicable law in respect of the rule's subject matter.

This subsection does not affect the generality of subsections (2) and (3).

Suspension of legal proceedings

10 Suspension of legal proceedings

(1) The court must, on an application by a party to legal proceedings concerning any matter under dispute, sist those proceedings in so far as they concern that matter if—

(a) an arbitration agreement provides that a dispute on the matter is to be resolved by arbitration (immediately or after the exhaustion of other dispute resolution procedures),

(b) the applicant is a party to the arbitration agreement (or is claiming through or under such a party),

(c) notice of the application has been given to the other parties to the legal proceedings,

(d) the applicant has not—

(i) taken any step in the legal proceedings to answer any substantive claim against the applicant, or

제9조 임의규정

(1) 강행규정이 아닌 규정을 "임의규정"이라 부른다.

(2) 스코틀랜드가 중재지인 중재에 관하여 임의규정은 당사자들이 당해 중재에 관하여 당해 규정(또는 그 일부)을 변경하거나 적용배제하기로 합의하지 않은 한도 내에서만 적용된다.

(3) 당사자들은 다음의 방법으로 합의할 수 있다.

    (a) 중재합의로

    (b) 중재가 개시되기 전이나 후에 언제든지 그 밖의 방법으로

(4) 당사자들은 다음의 경우에 그러한 한도 내에서 임의규정을 변경하거나 적용배제하기로 합의한 것으로 본다.

    (a) 당해 임의규정이 다음 각 목과 모순되거나 다음 각 목에 의하여 적용배제되는 경우

        (i) 중재합의

        (ii) 당사자들이 당해 중재에 적용하기로 합의한 중재규칙 또는 다른 문서(예컨대 UNCITRAL 모델중재법, UNCITRAL 중재규칙 또는 그 밖의 기관중재규칙)

        (iii) 그 밖의 당사자간의 어떠한 합의

    (b) 당사자들이 당해 임의규정의 적용대상에 관하여 스코틀랜드법이 아닌 법률을 준거법으로 선택한 경우

이러한 제4항은 제2항과 제3항의 일반성에 영향을 주지 아니한다.

소송절차의 정지

제10조 소송절차의 정지

(1) 다음 각 호가 모두 충족되는 경우에 법원은 분쟁의 대상이 되는 문제에 관하여 소송의 일방당사자의 신청이 있는 때에는 그 소송이 그러한 문제에 관한 한도 내에서 소송절차를 정지시켜야 한다.

    (a) 중재합의에서 그 문제에 관한 분쟁을 (즉시 또는 다른 분쟁해결절차를 거친 후에) 중재로 해결하기로 정하고 있음.

    (b) 그러한 신청을 하는 당사자가 중재합의의 당사자임(또는 그러한 중재합의의 당사자를 통하거나 그 휘하에서 권리주장을 함).

    (c) 그러한 신청의 사실이 그 소송의 상대방 당사자에게 통지됨.

    (d) 그러한 신청을 한 당사자가

        (i) 그 소송절차에서 자신에 대한 실체법상의 권리주장에 대하여 답변을 하지 아니함. 또는

    (ii) otherwise acted since bringing the legal proceedings in a manner indicating a desire to have the dispute resolved by the legal proceedings rather than by arbitration, and

  (e) nothing has caused the court to be satisfied that the arbitration agreement concerned is void, inoperative or incapable of being performed.

(2) Any provision in an arbitration agreement which prevents the bringing of the legal proceedings is void in relation to any proceedings which the court refuses to sist.

This subsection does not apply to statutory arbitrations.

(3) This section applies regardless of whether the arbitration concerned is to be seated in Scotland.

Enforcing and challenging arbitral awards etc.

11 Arbitral award to be final and binding on parties

(1) A tribunal's award is final and binding on the parties and any person claiming through or under them (but does not of itself bind any third party).

(2) In particular, an award ordering the rectification or reduction of a deed or other document is of no effect in so far as it would adversely affect the interests of any third party acting in good faith.

(3) This section does not affect the right of any person to challenge the award—

  (a) under Part 8 of the Scottish Arbitration Rules, or

  (b) by any available arbitral process of appeal or review.

(4) This section does not apply in relation to a provisional award (see rule 53), such an award not being final and being binding only—

  (a) to the extent specified in the award, or

  (b) until it is superseded by a subsequent award.

12 Enforcement of arbitral awards

(1) The court may, on an application by any party, order that a tribunal's award may be enforced as if it were an extract registered decree bearing a warrant for execution granted by the court.

(2) No such order may be made if the court is satisfied that the award is the subject of—

  (a) an appeal under Part 8 of the Scottish Arbitration Rules,

  (b) an arbitral process of appeal or review, or

  (c) a process of correction under rule 58 of the Scottish Arbitration Rules,

  which has not been finally determined.

(3) No such order may be made if the court is satisfied that the tribunal which made the award did not have jurisdiction to do so (and the court may restrict the extent of its order if

(ii) 소송이 제기된 이후에 그 분쟁을 중재가 아닌 소송으로 해결하기로 원하는 의사를 표시하는 행동을 취하지 아니함.

(e) 법원이 관련 중재합의가 무효이거나 효력이 없거나 이행불능이라고 판단할 수 있는 사유가 존재하지 아니함.

(2) 소송의 제기를 금지하는 중재합의상의 조항은 법원이 그 소송절차를 정지시키지 않기로 하는 한도 내에서는 효력이 없다.

(3) 본조는 당해 중재의 중재지가 스코틀랜드인지를 가리지 않고 적용된다.

중재판정의 집행과 불복 등

제11조 중재합의의 종국성 및 당사자에 대한 구속력

(1) 중재판정부의 중재판정은 종국적이고 당사자들과 그러한 당사자를 통하거나 그 휘하에서 청구를 하는 자에 대하여 구속력을 갖는다(그러나 그 자체로 제3자를 구속하는 것은 아니다).

(2) 특히 서명된 증서 그 밖의 문서의 수정 또는 그 효력의 감소를 명하는 중재판정은 그것이 선의의 제3자의 권리에 부정적인 영향을 주는 한도 내에서는 효력이 없다.

(3) 본조는 다음과 같은 방법으로 중재판정에 불복할 권리에 영향을 주지 아니한다.

(a) 스코틀랜드중재규칙 제8편에 따라서 또는

(b) 중재절차 내에서 이용가능한 불복 또는 검토절차

(4) 본조는 예비중재판정에 대해서는 적용되지 아니하되(제53조 참조), 다만 그러한 중재판정이 종국적인 것이 아니고 또한 그 효력이 단지 다음과 같은 경우에 한한다.

(a) 그러한 중재판정의 효력이 그에 명시된 범위로 한정됨. 또는

(b) 그러한 중재판정은 그 후에 내려지는 중재판정에 의하여 대체되는 때까지만 효력이 있음.

제12조 중재판정의 집행

(1) 법원은 일방 당사자의 신청에 따라 중재판정부의 중재판정이 마치 법원의 집행영장을 담은 초록등록명령(extract registered decree)인 것과 같이 집행되도록 명령할 수 있다.

(2) 법원이 판단하기에 중재판정이 다음에 해당하는 경우에 그러한 명령을 내려서는 아니 된다. 다만 다음의 각 절차가 종결되지 아니한 경우에 한한다.

(a) 중재판정이 스코틀랜드중재규칙 제8편에 따른 불복의 대상이 되는 경우

(b) 중재판정이 중재절차상의 불복 또는 재검의 대상이 되는 경우

(c) 중재판정이 스코틀랜드중재규칙 제58조에 따라 수정절차의 대상이 되는 경우

(3) 법원은 그 중재판정을 내린 중재판정부가 그렇게 할 관할권을 갖지 않았다고 판단하는

satisfied that the tribunal did not have jurisdiction to make a part of the award).

(4) But a party may not object on the ground that the tribunal did not have jurisdiction if the party has lost the right to raise that objection by virtue of the Scottish Arbitration Rules (see rule 76).

(5) Unless the parties otherwise agree, a tribunal's award may be registered for execution in the Books of Council and Session or in the sheriff court books (provided that the arbitration agreement is itself so registered).

(6) This section applies regardless of whether the arbitration concerned was seated in Scotland.

(7) Nothing in this section or in section 13 affects any other right to rely on or enforce an award in pursuance of—

(a) sections 19 to 21, or

(b) any other enactment or rule of law.

(8) In this section, "court" means the sheriff or the Court of Session.

13 Court intervention in arbitrations

(1) Legal proceedings are competent in respect of—

(a) a tribunal's award, or

(b) any other act or omission by a tribunal when conducting an arbitration,

only as provided for in the Scottish Arbitration Rules (in so far as they apply to that arbitration) or in any other provision of this Act.

(2) In particular, a tribunal's award is not subject to review or appeal in any legal proceedings except as provided for in Part 8 of the Scottish Arbitration Rules.

(3) It is not competent for a party to raise the question of a tribunal's jurisdiction with the court except—

(a) where objecting to an order being made under section 12, or

(b) as provided for in the Scottish Arbitration Rules (see rules 21, 22 and 67).

(4) Where the parties agree that the UNCITRAL Model Law is to apply to an arbitration, articles 6 and 11(2) to (5) of that Law are to have the force of law in Scotland in relation to that arbitration (as if article 6 specified the Court of Session and any sheriff court having jurisdiction).

14 Persons who take no part in arbitral proceedings

(1) A person alleged to be a party to an arbitration but who takes no part in the arbitration may, by court proceedings, question—

때에는 그러한 명령을 내릴 수 없다. (그리고 법원은 중재판정부가 중재판정의 일부에 관하여 관할권을 갖지 않았다고 판단하는 때에는 그 명령의 범위를 제한 할 수 있다.)

(4) 당사자는 스코틀랜드중재규칙(제76조 참조)에 의하여 중재판정부가 관할권이 없다는 이의를 제기할 권리를 상실한 경우에는 중재판정부가 관할권을 갖지 아니하였음을 이 유로 이의를 제기할 수 없다.

(5) 당사자들이 달리 합의하지 않았다면, 중재판정부의 중재판정은 집행을 위하여 스코틀 랜드 대법원 판례공보(Books of Council and Session) 또는 일심법원(sheriff court) 등 록부에 등록할 수 있다. (다만 당해 중재합의 자체가 그렇게 등록되어 있어야 한다.)

(6) 본조는 관련 중재의 중재지가 스코틀랜드인지를 불문하고 적용된다.

(7) 본조나 제13조의 어떠한 규정도 다음 각 호에 따라 중재판정을 원용하거나 집행할 권 리에 영향을 주지 아니한다.

(a) 제19조부터 제21조, 또는

(b) 그 밖의 입법 또는 법의 규칙

(8) 본조에서 "법원"은 일심법원(sheriff court) 또는 스코틀랜드 대법원(Court of Session) 을 의미한다.

제13조　중재에 대한 법원의 관여

(1) 다음 각 호에 대하여 소송이 허용되나 오직 스코틀랜드중재규칙(이 규칙이 당해 중재 에 적용되는 한도 내에서) 또는 이 법의 다른 규정에서 규정된 바에 한하여야 한다.

(a) 중재판정부의 중재판정

(b) 중재를 수행한 중재판정부의 어떠한 작위 또는 부작위

(2) 특히 중재판정부의 중재판정은 스코틀랜드중재규칙 제8편에 규정된 예외에 해당하지 않는 한 재검이나 불복의 대상이 되지 아니한다.

(3) 당사자는 다음의 경우를 제외하고는 중재판정부의 관할권에 대하여 법원에 문제를 제 기할 수 없다.

(a) 제12조에 따라 명령에 대한 이의가 제기된 경우 또는

(b) 스코틀랜드중재규칙(제21조, 제22조, 제67조 참조)에 규정이 있는 경우

(4) 당사자들이 중재에 UNCITRAL 모델법이 적용된다고 합의한 경우에 모델법 제6조, 제 11조 제2항에서 제5항은 마치 제6조가 스코틀랜드 대법원의 일심법원이 관할을 갖는다 고 규정한 것과 같이 그 중재에 관하여 스코틀랜드에서 법률의 효력을 갖는다.

제14조　중재절차에 참여하지 아니하는 자

(1) 중재의 당사자로 주장되지만 그 중재에 참여하지 않은 자는 법원절차에 의하여 다음에 관하여 문제를 제기할 수 있다.

(a) whether there is a valid arbitration agreement (or, in the case of a statutory arbitration, whether the enactment providing for arbitration applies to the dispute),

(b) whether the tribunal is properly constituted, or

(c) what matters have been submitted to arbitration in accordance with the arbitration agreement,

and the court may determine such a question by making such declaration, or by granting such interdict or other remedy, as it thinks appropriate.

(2) Such a person has the same right as a party who participates in the arbitration to appeal against any award made in the arbitration under rule 67 or 68 (jurisdictional and serious irregularity appeals) and rule 71(2) does not apply to such an appeal.

15 Anonymity in legal proceedings

(1) A party to any civil proceedings relating to an arbitration (other than proceedings under section 12) may apply to the court for an order prohibiting the disclosure of the identity of a party to the arbitration in any report of the proceedings.

(2) On such an application, the court must grant the order unless satisfied that disclosure—

(a) is required—

(i) for the proper performance of the discloser's public functions, or

(ii) in order to enable any public body or office-holder to perform public functions properly,

(b) can reasonably be considered as being needed to protect a party's lawful interests,

(c) would be in the public interest, or

(d) would be necessary in the interests of justice.

(3) The court's determination of an application for an order is final.

Statutory arbitration

16 Statutory arbitration: special provisions

(1) "Statutory arbitration" is arbitration pursuant to an enactment which provides for a dispute to be submitted to arbitration.

(2) References in the Scottish Arbitration Rules (or in any other provision of this Act) to an arbitration agreement are, in the case of a statutory arbitration, references to the enactment which provides for a dispute to be resolved by arbitration.

(3) None of the Scottish Arbitration Rules (or other provisions of this Act) apply to a statutory arbitration if or to the extent that they are excluded by, or are inconsistent with, any provision made by virtue of any other enactment relating to the arbitration.

(4) Every statutory arbitration is to be taken to be seated in Scotland.

(a) 유효한 중재합의가 있는지 여부 (또는 법정중재의 경우, 중재를 규정한 법률이 그 분쟁에 적용되는지 여부)

(b) 중재판정부가 적절히 구성되었는지 여부 또는

(c) 어떠한 문제가 중재합의에 따라 중재에 회부되었는지

그리고 법원은 그러한 적절하다고 생각하는 바에 따라 그에 대하여 확인을 해주든지 금지 기타 보정을 명할 수 있다.

(2) 그러한 자는 중재에 참여한 자와 동일한 권리로 그 중재에서 내려진 중재판정에 대하여 스코틀랜드중재규칙 제67조 또는 제68조 (관할권에 대한 불복 및 중대한 절차위반에 따른 불복)에 따라 불복할 수 있고, 그러한 불복에 대해서는 스코틀랜드중재규칙 제71조 제2항이 적용되지 아니한다.

제15조 소송절차의 익명성

(1) 중재에 관한 민사소송(제12조에 따른 절차는 제외한다)의 당사자는 법원에 그러한 절차에 관한 기록에서 중재당사자의 신원의 공개를 금지하는 명령을 신청할 수 있다.

(2) 그러한 신청이 있는 경우에, 법원은 다음 각 호에 해당한다고 판단하지 아니하는 한, 그러한 명령을 내려야 한다.

  (a) 공개가 다음을 위하여 필요함

   (i) 공개자의 공적 기능의 적절한 수행을 위하여, 또는

   (ii) 공공기관이나 공무원이 공적 기능을 적절히 수행하도록 하기 위하여

  (b) 공개가 당사자의 적법한 이익을 보호하기 위하여 필요한 것으로 보임

  (c) 공개가 공익에 부합함

  (d) 사법(司法)상의 이익을 위하여 공개가 필요함

(3) 명령의 신청에 대한 법원의 결정은 최종적이다.

법정중재

제16조 법정중재: 특별규정

(1) "법정중재"는 분쟁을 중재에 회부하도록 규정하는 법률에 따른 중재를 말한다.

(2) 스코틀랜드중재규칙에 (또는 이 법의 다른 조항에) 사용된 중재합의는 법정중재의 경우에는 분쟁을 중재에 회부하도록 규정하는 법률을 지칭한다.

(3) 스코틀랜드중재규칙의 어떠한 규정도 (또는 이 법의 다른 어떠한 규정도) 그것이 중재에 관한 다른 제정법률상의 규정에 의하여 배제되거나 그에 모순되는 경우에 그러한 한도 내에서는 법정중재에 적용되지 아니한다.

(4) 모든 법정중재의 중재지는 스코틀랜드인 것으로 한다.

(5) The following rules do not apply in relation to statutory arbitration—

rule 43 (extension of time limits)

rule 71(9) (power to declare provision of arbitration agreement void)

rule 80 (death of party)

(6) Despite rule 40, parties to a statutory arbitration may not agree to—

(a) consolidate the arbitration with another arbitration,

(b) hold concurrent hearings, or

(c) authorise the tribunal to order such consolidation or the holding of concurrent hearings,

unless the arbitrations or hearings are to be conducted under the same enactment.

17 Power to adapt enactments providing for statutory arbitration

Ministers may by order—

(a) modify any of the Scottish Arbitration Rules, or any other provisions of this Act, in so far as they apply to statutory arbitrations (or to particular statutory arbitrations),

(b) make such modifications of enactments which provide for disputes to be submitted to arbitration as they consider appropriate in consequence of, or in order to give full effect to, any of the Scottish Arbitration Rules or any other provisions of this Act.

Recognition and enforcement of New York Convention awards

18 New York Convention awards

(1) A "Convention award" is an award made in pursuance of a written arbitration agreement in the territory of a state (other than the United Kingdom) which is a party to the New York Convention.

(2) An award is to be treated for the purposes of this section as having been made at the seat of the arbitration.

(3) A declaration by Her Majesty by Order in Council that a state is a party to the Convention (or is a party in respect of any territory) is conclusive evidence of that fact.

19 Recognition and enforcement of New York Convention awards

(1) A Convention award is to be recognised as binding on the persons as between whom it was made (and may accordingly be relied on by those persons in any legal proceedings in Scotland).

(2) The court may order that a Convention award may be enforced as if it were an extract registered decree bearing a warrant for execution granted by the court.

(5) 다음의 규정은 법정중재에 관하여 적용되지 아니한다.

스코틀랜드중재규칙 제43조 (시한의 연장)

스코틀랜드중재규칙 제71조 제9항 (중재합의상의 규정을 무효라고 선고할 권한)

스코틀랜드중재규칙 제80조 (당사자의 사망)

(6) 스코틀랜드중재규칙 제40조에도 불구하고, 법정중재의 당사자들은 다음에 관하여 합의할 수 없다.

(a) 당해 중재의 다른 중재와의 병합

(b) 심리의 공동개최

(c) 중재판정부에게 그러한 병합 또는 심리공동개최를 명령할 권한 부여

다만 위의 중재나 심리가 같은 법률 하에서 수행되는 때에는 그러하지 아니하다.

제17조   법정중재를 위한 법률규정의 조정권한

장관들은 명령에 의하여

(a) 스코틀랜드중재규칙이나 이 법의 다른 규정이 법정중재(또는 특정한 법정중재)에 적용되는 범위 내에서 그 규정을 변경할 수 있다.

(b) 스코틀랜드중재규칙이나 이 법의 다른 규정의 결과로 볼 때, 또는 그러한 규정의 효력을 충분히 살리기 위하여, 적절하다고 보는 때에는 분쟁을 중재에 회부하도록 규정하는 제정법률을 변경할 수 있다.

뉴욕협약 중재판정의 승인 및 집행

제18조   뉴욕협약 중재판정

(1) "협약중재판정"은 서면의 중재합의에 따라 (영국 이외의) 뉴욕협약 당사국의 영토 내에서 내려진 중재판정을 말한다.

(2) 본조의 목적상 중재판정은 중재지에서 내려진 것으로 취급된다.

(3) 어느 국가가 뉴욕협약의 당사국(또는 그 영토의 일부에 한하여 당사국)이라는 영국 여왕의 칙서에 의한 선언은 그 사실에 관한 결정적 증거이다.

제19조   뉴욕협약 중재판정의 승인 및 집행

(1) 협약중재판정은 그 중재판정의 당사자간에 구속력을 갖는다(그리고 그에 따라 스코틀랜드에서 수행되는 소송에서 그러한 당사자에 의하여 원용될 수 있다).

(2) 법원은 협약중재판정이 법원에 의하여 인가된 집행영장을 담고 있는 초록등록명령인 것과 같이 집행되도록 명령할 수 있다.

20 Refusal of recognition or enforcement

(1) Recognition or enforcement of a Convention award may be refused only in accordance with this section.

(2) Recognition or enforcement of a Convention award may be refused if the person against whom it is invoked proves—

  (a) that a party was under some incapacity under the law applicable to the party,

  (b) that the arbitration agreement was invalid under the law which the parties agree should govern it (or, failing any indication of that law, under the law of the country where the award was made),

  (c) that the person—

   (i) was not given proper notice of the arbitral process or of the appointment of the tribunal, or

   (ii) was otherwise unable to present the person's case,

  (d) that the tribunal was constituted, or the arbitration was conducted, otherwise than in accordance with—

   (i) the agreement of the parties, or

   (ii) failing such agreement, the law of the country where the arbitration took place.

(3) Recognition or enforcement of a Convention award may also be refused if the person against whom it is invoked proves that the award—

  (a) deals with a dispute not contemplated by or not falling within the submission to arbitration,

  (b) contains decisions on matters beyond the scope of that submission,

  (c) is not yet binding on the person, or

  (d) has been set aside or suspended by a competent authority.

(4) Recognition or enforcement of a Convention award may also be refused if—

  (a) the award relates to a matter which is not capable of being settled by arbitration, or

  (b) to do so would be contrary to public policy.

(5) A Convention award containing decisions on matters not submitted to arbitration may be recognised or enforced to the extent that it contains decisions on matters which were so submitted which are separable from decisions on matters not so submitted.

(6) The court before which a Convention award is sought to be relied on may, if an application for the setting aside or suspension of the award is made to a competent authority—

  (a) sist the decision on recognition or enforcement of the award,

  (b) on the application of the party claiming recognition or enforcement, order the other party to give suitable security.

제20조 승인 또는 집행의 거부

(1) 협약중재판정의 승인 또는 집행은 본조에 따라서만 거부될 수 있다.

(2) 협약중재판정의 승인 또는 집행은 그 중재판정이 불리하게 원용되는 당사자가 다음을 증명하는 경우에 거부될 수 있다.

    (a) 그러한 당사자가 자신에게 적용될 법률에 의하여 무능력자였다는 사실

    (b) 중재합의가 당사자들이 지정한 법에 의하여 (또는 그러한 지정이 없는 경우에는 중재판정이 내려진 국가의 법에 의하여 무효인 사실

    (c) 그러한 당사자가

        (i) 중재절차나 중재인의 선정에 관하여 적절한 통지를 받지 못한 사실, 또는

        (ii) 기타의 사유로 인하여 본안에 관한 변론을 할 수 없었던 사실

    (d) 중재판정부의 구성 또는 중재절차가

        (i) 당사자간의 합의에 따르지 아니하였다는 사실 또는

        (ii) 그러한 합의가 없는 때에는, 중재지국의 법에 따르지 아니하였다는 사실

(3) 협약중재판정의 승인 또는 집행은 그 중재판정이 불리하게 원용되는 당사자가 다음을 증명하는 경우에 거부될 수 있다.

    (a) 중재판정이 중재부탁의 대상이 아니거나 범위 밖에 있는 분쟁을 다룬 사실

    (b) 중재판정이 중재부탁의 범위를 벗어난 사항에 대한 판단을 포함한 사실

    (c) 중재판정이 당사자에게 구속력이 없는 사실

    (d) 중재판정이 권한 있는 기관에 의하여 취소 또는 정지된 사실

(4) 협약중재판정의 승인 또는 집행은 또한 다음의 경우에 거부될 수 있다.

    (a) 중재판정이 중재에 의하여 해결을 할 수 없는 사항에 관계되는 경우, 또는

    (b) 중재판정의 승인이나 집행이 공공의 질서에 반하는 경우

(5) 중재에 회부되지 않은 사항에 관한 판정을 포함하고 있는 협약중재판정은 중재에 회부된 사항에 관한 판정 부분과 중재에 회부되지 않은 사항에 관한 판정 부분을 분리할 수 있는 때에는 중재에 회부된 사항에 관한 판정 부분에 한하여 승인 또는 집행될 수 있다.

(6) 당사자가 협약중재판정을 원용하고자 하는 경우에 법원은 권한 있는 기관에 그 중재판정의 취소 또는 정지가 신청된 때에는

    (a) 그 중재판정의 승인 또는 집행의 결정을 정지할 수 있다

    (b) 승인 또는 집행을 구하는 당사자의 신청에 따라 적절한 담보를 상대방 당사자에게 제공할 것을 명할 수 있다.

(7) In this section "competent authority" means a person who has authority to set aside or suspend the Convention award concerned in the country in which (or under the law of which) the Convention award concerned was made.

21 Evidence to be produced when seeking recognition or enforcement

(1) A person seeking recognition or enforcement of a Convention award must produce—

(a) the duly authenticated original award (or a duly certified copy of it), and

(b) the original arbitration agreement (or a duly certified copy of it).

(2) Such a person must also produce a translation of any award or agreement which is in a language other than English (certified by an official or sworn translator or by a diplomatic or consular agent).

22 Saving for other bases of recognition or enforcement

Nothing in sections 19 to 21 affects any other right to rely on or enforce a Convention award in pursuance of any other enactment or rule of law.

Supplementary

23 Prescription and limitation

(1) The Prescription and Limitation (Scotland) Act 1973 (c.52) is amended as follows.

(2) In section 4 (positive prescription: interruption)—

(a) in subsection (2)(b), after "" insert "",

(b) in subsection (3)(a), for the words from "and" to "served" substitute ", the date when the arbitration begins",

(c) for subsection (4) substitute—

"(4) An arbitration begins for the purposes of this section—

(a) when the parties to the arbitration agree that it begins, or

(b) in the absence of such agreement, in accordance with rule 1 of the Scottish Arbitration Rules (see section 7 of, and schedule 1 to, the Arbitration (Scotland) Act 2010 (asp 1)).".

(3) In section 9 (negative prescription: interruption)—

(a) in subsection (3), for the words from "and" to "served" substitute "the date when the arbitration begins",

(b) in subsection (4), for "preliminary notice" substitute "the date when the arbitration begins".

(7) 본조에서 "권한 있는 기관"은 당해 협약중재판정이 내려진 국가(또는 당해 협약중재판정의 준거법이 속한 국가)에서 그 협약중재판정을 취소 또는 정지할 권한이 있는 자를 의미한다.

제21조 승인 또는 집행을 구할 때 제출되어야 하는 증거

(1) 협약중재판정의 승인 또는 집행을 구하는 자는 다음의 서류를 제출하여야 한다.

　(a) 정히 인증된 원본 중재판정 (또는 정히 확인된 사본)

　(b) 원본 중재합의 (또는 정히 확인된 사본)

(2) 협약중재판정의 승인 또는 집행을 구하는 자는 또한 영어로 되어 있지 않은 중재판정이나 중재합의의 (공식번역자 또는 선서한 번역자에 의하여 또는 외교기관이나 영사기관에 의하여 확인된) 번역문을 제출하여야 한다.

제22조 다른 승인 또는 집행의 기초의 존속

제19조부터 제21조의 규정은 다른 제정법률이나 법의 규칙에 따라 협약중재판정을 원용하거나 집행할 권리에 영향을 주지 아니한다.

보충규정

제23조 시효 및 제소기간

(1) 1973년 시효 및 제소기간에 관한 (스코틀랜드) 법률 다음과 같이 개정된다.

(2) 제4조(취득시효: 중단)에서

　(a) 제2항 제b호에, "Scotland" 뒤에 "in respect of which an arbitrator (or panel of arbitrators) has been appointed"를 삽입한다.

　(b) 제3항 제a호에서, "and"부터 "served"까지의 문구를 ", the date when the arbitration begins"로 대체한다.

　(c) 제4항을 다음과 같이 대체한다.

　　"(4) 본조의 목적상 중재는 다음과 같이 개시한다

　　　(a) 중재의 당사자들이 중재가 개시된다고 합의하는 때, 또는

　　　(b) 그러한 합의가 없는 때에는, 스코틀랜드중재규칙 제1조에 따라(2010년 스코틀랜드 중재법 제7조 및 부속서 1 참조)."

(3) 제9조에서(소멸시효: 중단)

　(a) 제3항에서, "and"부터 "served"까지의 문구를 "the date when the arbitration begins"로 대체한다.

　(b) 제4항에서, "preliminary notice"를 "the date when the arbitration begins"로 대체한다.

(4) After section 19C, insert—

"19D Interruption of limitation period: arbitration

(1) Any period during which an arbitration is ongoing in relation to a matter is to be disregarded in any computation of the period specified in section 17(2), 18(2), 18A(1) or 18B(2) of this Act in relation to that matter.

(2) In this section, "arbitration" means—

(a) any arbitration in Scotland,

(b) any arbitration in a country other than Scotland, being an arbitration an award in which would be enforceable in Scotland.".

(5) In section 22A(4), for the words from "and" to "served" substitute "the date when the arbitration begins (within the meaning of section 4(4) of this Act)".

(6) After section 22C, insert—

"22CA Interruption of limitation period for 1987 Act actions: arbitration

(1) Any period during which an arbitration is ongoing in relation to a matter is to be disregarded in any computation of the period specified in section 22B(2) or 22C(2) of this Act in relation to that matter.

(2) In this section, "arbitration" means—

(a) any arbitration in Scotland,

(b) any arbitration in a country other than Scotland, being an arbitration an award in which would be enforceable in Scotland.".

24 Arbitral appointments referee

(1) Ministers may, by order, authorise persons or types of person who may act as an arbitral appointments referee for the purposes of the Scottish Arbitration Rules.

(2) Ministers must, when making such an order, have regard to the desirability of ensuring that arbitral appointments referees—

(a) have experience relevant to making arbitral appointments, and

(b) are able to provide training, and to operate disciplinary procedures, designed to ensure that arbitrators conduct themselves appropriately.

(3) Despite subsection (2)(b), an arbitral appointments referee is not obliged to appoint arbitrators in respect of whom the referee provides training or operates disciplinary procedures.

25 Power of judge to act as arbitrator or umpire

(1) A judge may act as an arbitrator or umpire only where—

(a) the dispute being arbitrated appears to the judge to be of commercial character, and

(4) 제19조의C 뒤에, 다음 조항을 삽입한다.

　"제19조의D 제소기간의 중단: 중재

　(1) 어떤 사항에 관하여 중재가 진행되는 기간은 그 사항에 관하여 이 법 제17조 제2항, 제18조 제2항, 제18조의A 제1항, 제18조의B 제2항에 명시된 기간을 산정할 때에 산입되지 아니한다.

　(2) 본조에서, "중재"는 다음을 의미한다.

　　(a) 스코틀랜드에서 이루어진 중재

　　(b) 스코틀랜드 외의 국가에서 이루어진 중재로서 스코틀랜드에서 집행될 수 있는 중재판정이 내려진 중재

(5) 제22조의A에서, "and"부터 "served"까지의 문구를 "the date when the arbitration begins (within the meaning of section 4(4) of this Act)"로 대체한다.

(6) 제22조의C 뒤에, 다음 조항을 삽입한다.

　"제22조의CA 1987년 법률상의 조치에 따른 제소기간의 중단: 중재

　(1) 어떤 사항에 관하여 중재가 진행되는 기간은 그 사항에 관하여 이 법 제22조의B 제2항 또는 제22조의C 제2항에 명시된 기간을 산정할 때에 산입되지 아니한다.

　(2) 본조에서, "중재"는 다음을 의미한다.

　　(a) 스코틀랜드에서 이루어진 중재

　　(b) 스코틀랜드 외의 국가에서 이루어진 중재로서 스코틀랜드에서 집행될 수 있는 중재판정이 내려진 중재"

제24조　중재인선임관

(1) 장관들은 명령에 의하여 스코틀랜드중재규칙상 중재인선임관으로 행동할 일정한 사람이나 일정한 부류의 사람을 지정하여 수권할 수 있다.

(2) 장관들은 그러한 명령을 할 때, 가급적 다음과 같은 사람이 중재인선임관으로 선임되도록 고려하여야 한다.

　(a) 중재인을 선임하는 데 적절한 경륜을 가지고 있음. 그리고

　(b) 중재인이 중재인으로서 적절히 행동하도록 하는 데 필요한 교육을 제공하고 교육과정을 운영할 수 있음.

(3) 제2항 제b호에도 불구하고, 중재인선임관은 그 선임관이 제공하는 교육을 받거나 교육과정을 이수한 자를 중재인으로 선임할 의무는 없다.

제25조　중재인 또는 심판관으로 행동할 판사의 권한

(1) 판사는 다음의 경우에만 중재인이나 심판관으로 행동할 수 있다.

　(a) 판사가 보기에 중재에 회부된 분쟁이 상사적 성격을 갖는 경우

(b) the Lord President, having considered the state of Court of Session business, has authorised the judge to so act.

(2) A fee of such amount as Ministers may by order prescribe is payable in the Court of Session for the services of a judge acting as an arbitrator or umpire.

(3) Any jurisdiction exercisable by the Outer House under the Scottish Arbitration Rules (or any other provision of this Act) in relation to—

(a) a judge acting as a sole arbitrator or umpire, or

(b) a tribunal which the judge forms part of,

is to be exercisable instead by the Inner House (and the Inner House's decision on any matter is final).

(4) In this section—

"judge" means a judge of the Court of Session, and

"Lord President" means the Lord President of the Court of Session.

26 Amendments to UNCITRAL Model Law or Rules or New York Convention

(1) Ministers may by order modify—

(a) the Scottish Arbitration Rules,

(b) any other provision of this Act, or

(c) any enactment which provides for disputes to be resolved by arbitration,

in such manner as they consider appropriate in consequence of any amendment made to the UNCITRAL Model Law, the UNCITRAL Arbitration Rules or the New York Convention.

(2) Before making such an order, Ministers must consult such persons appearing to them to have an interest in the law of arbitration as they think fit.

27 Amendment of Conveyancing (Scotland) Act 1924 (c.27)

In section 46 of the Conveyancing (Scotland) Act 1924—

(a) in subsection (2), for "This section" substitute "Subsection (1)", and

(b) after subsection (2) insert—

"(3) Where—

(a) an arbitral award orders the reduction of a deed or other document recorded in the Register of Sasines (or forming a midcouple or link of title in a title recorded in that Register), and

(b) the court orders that the award may be enforced in accordance with section 12 of the Arbitration (Scotland) Act 2010 (asp 1),

subsection (1) applies to the arbitral award as it applies to a decree of reduction of a deed recorded in the Register of Sasines.".

(b) 스코틀랜드 대법원장(Lord President)이 스코틀랜드 대법원(Court of Session)의 업무의 사정을 고려하여 판사로 하여금 그렇게 행동하도록 수권한 경우

(2) 장관들이 명령에 의하여 정하는 액수의 보수는 그 판사가 중재인이나 심판관으로 행동하는 데 대한 보수로 대법원에서 지급한다.

(3) 스코틀랜드중재규칙(또는 이 법의 다른 규정)에 따라 아우터 하우스(Outer House)가 다음 각 호에 관하여 갖는 권한은 이너 하우스(Inner House)가 대신하여 행사할 수 있다(그리고 어떠한 사항에 관한 이너 하우스의 결정은 최종적이다).

(a) 판사가 단독중재인이나 단독심판관으로 행동하는 것, 또는

(b) 판사가 중재판정부의 일원이 되는 것

(4) 본조에서

"판사"는 스코틀랜드 대법원의 판사를 의미한다. 그리고

"대법원장"은 스코틀랜드 대법원의 대법원장을 의미한다.

제26조   UNCITRAL 모델중재법 또는 중재규칙 또는 뉴욕협약의 변경

(1) 장관들은 UNCITRAL 모델법, UNCITRAL 중재규칙 또는 뉴욕협약의 개정으로 인하여 적절하다고 생각하는 방법으로 명령에 의하여 다음을 변경할 수 있다.

(a) 스코틀랜드중재규칙

(b) 이 법의 다른 규정, 또는

(c) 분쟁을 중재로 해결하도록 하는 제정법률

(2) 그러한 명령을 하기 전에, 장관들은 중재법에 조예가 있다고 보이는 사람에게 적절하다고 생각하는 방법으로 자문을 받아야 한다.

제27조   1924년 스코틀랜드 권리이전에 관한 법률의 개정

1924년 스코틀랜드 권리이전에 관한 법률 제46조에서

(a) 제2항에서, "This section"을 "Subsection (1)"로 대체한다. 그리고

(b) 제2항 뒤에 다음과 같은 제3항을 삽입한다.

"(3) (a) 중재판정이 날인증서(deed) 그 밖의 봉건토지등기부(Register of Sasines)에 기록된 문서(또는 그 등기부에 기록된 권리의 미드커플이나 권리의 연결점을 구성하는 문서)의 감소를 명령하는 경우

(b) 법원이 2010년 스코틀랜드 중재법 제12조에 따라 중재판정이 집행될 수 있다고 명령하는 경우

제1항은 봉건토지등기부(Register of Sasines)에 기록된 날인증서의 감소명령에 적용되는 것과 같이 중재판정에 적용된다."

28 Articles of Regulation 1695

The 25th Act of the Articles of Regulation 1695 does not apply in relation to arbitration.

29 Repeals

The repeals of the enactments specified in column 1 of schedule 2 have effect to the extent specified in column 2.

30 Arbitrability of disputes

Nothing in this Act makes any dispute capable of being arbitrated if, because of its subject-matter, it would not otherwise be capable of being arbitrated.

Final provisions

31 Interpretation

(1) In this Act, unless the contrary intention appears—

"arbitral appointments referee" means a person authorised under section 24,

"arbitration" has the meaning given by section 2,

"arbitration agreement" has the meaning given by section 4,

"arbitrator" has the meaning given by section 2,

"claim" includes counterclaim,

"Convention award" has the meaning given by section 18,

"court" means the Outer House or the sheriff (except in sections 1, 3, 10, 13 and 15, where it means any court),

"default rule" has the meaning given by section 9(1),

"dispute" has the meaning given by section 2,

"Inner House" means the Inner House of the Court of Session,

"mandatory rule" has the meaning given by section 8,

"Ministers" means the Scottish Ministers,

"New York Convention" means the Convention on the Recognition and Enforcement of Foreign Arbitral Awards adopted by the United Nations Conference on International Commercial Arbitration on 10 June 1958,

"Outer House" means the Outer House of the Court of Session,

"party" is to be construed in accordance with section 2 and subsection (2) below,

"rule" means one of the Scottish Arbitration Rules,

"Scottish Arbitration Rules" means the rules set out in schedule 1,

"seated in Scotland" has the meaning given by section 3,

제28조 1695년 Articles of Regulation

1695년 Articles of Regulation에 관한 제25차 법률은 중재에 대하여 적용되지 아니한다.

제29조 개정

부속서 2의 별표 1에 명시된 법률의 개정은 별표 2에 명시된 한도 내에서 효력이 있다.

제30조 분쟁의 중재가능성

어떤 분쟁이 그 분쟁의 대상이 때문에 달리 중재가능성이 없는 경우에 이 법의 어떠한 규정도 그러한 분쟁을 중재가능성이 있는 것으로 만들지 아니한다.

최종규정

제31조 해석

(1) 이 법에서 반대의 의도가 나타지 않는 한,

"중재인선임관"은 제24조에 따라 권한을 받은 자를 의미한다.

"중재"는 제2조에 규정된 의미를 갖는다.

"중재합의"는 제4조에 규정된 의미를 갖는다.

"중재인"은 제2조에 규정된 의미를 갖는다.

"청구"는 반대청구를 포함한다.

"협약중재판정"은 제18조에 규정된 의미를 갖는다.

"법원"은 아우터 하우스(Outer House) 또는 일심법원(sheriff court)을 의미한다(그러나 예외로 제1조, 제3조, 제10조, 제13조 및 제15조에서 법원은 모든 법원을 의미한다).

"임의규정"은 제9조 제1항에 규정된 의미를 갖는다.

"분쟁"은 제2조에 규정된 의미를 갖는다.

"이너 하우스"는 스코틀랜드 대법원의 이너 하우스를 의미한다.

"강행규칙"은 제8조에 규정된 의미를 갖는다.

"장관들"은 스코틀랜드 장관들을 의미한다.

"뉴욕협약"은 1958년 6월 10일 UN 국제상사중재회의에서 채택된 외국중재판정의 승인 및 집행에 관한 협약을 의미한다.

"아우터 하우스"는 스코틀랜드 대법원의 이너 하우스를 의미한다.

"당사자"는 제2조와 아래 제2항에 따라 해석되어야 한다.

"조항"은 스코틀랜드중재규칙의 조항을 의미한다.

"스코틀랜드중재규칙"은 부속서 1의 규칙을 의미한다.

"중재지가 스코틀랜드이다"는 것은 제3조가 규정하는 의미를 갖는다.

"statutory arbitration" has the meaning given by section 16(1),

"tribunal" has the meaning given by section 2,

"UNCITRAL Arbitration Rules" means the arbitration rules adopted by UNCITRAL on 28 April 1976, and

"UNCITRAL Model Law" means the UNCITRAL Model Law on International Commercial Arbitration as adopted by the United Nations Commission on International Trade Law on 21 June 1985 (as amended in 2006).

(2) This Act applies in relation to arbitrations and disputes between three or more parties as it applies in relation to arbitrations and disputes between two parties (with references to both parties being read in such cases as references to all the parties).

32 Ancillary provision

(1) Ministers may by order make any supplementary, incidental, consequential, transitional, transitory or saving provision which they consider appropriate for the purposes of, or in connection with, or for the purposes of giving full effect to, any provision of this Act.

(2) Such an order may modify any enactment, instrument or document.

33 Orders

(1) Any power of Ministers to make orders under this Act—

    (a) is exercisable by statutory instrument, and

    (b) includes power to make—

        (i) any supplementary, incidental, consequential, transitional, transitory or saving provision which Ministers consider appropriate,

        (ii) different provision for different purposes.

(2) A statutory instrument containing such an order (or an Order in Council made under section 18) is subject to annulment in pursuance of a resolution of the Scottish Parliament.

This subsection does not apply—

    (a) to orders made under section 35(2) (commencement orders), or

    (b) where subsection (3) makes contrary provision.

(3) An order—

    (a) under section 17 or 32 which adds to, replaces or omits any text in this or any other Act,

    (b) under section 26, or

    (c) under section 36(4),

may be made only if a draft of the statutory instrument containing the order has been laid before, and approved by resolution of, the Scottish Parliament.

"법정중재"는 제16조 제1항이 규정하는 의미를 갖는다.

"중재판정부"는 제2조가 규정하는 의미를 갖는다.

"UNCITRAL 중재규칙"은 1976년 4월 28일에 UNCITRAL(국제연합 국제거래법위원회)이 채택한 규칙을 의미한다.

"UNCITRAL 모델법"은 1985년 6월 21일에 국제연합 국제거래법위원회가 채택한 (2006년에 개정된) UNCITRAL 모델국제상사중재법을 의미한다.

(2) 이 법은 2인의 당사자 간의 중재와 분쟁에 대하여 적용되는 것과 같이 3인 또는 그 이상의 당사자 간의 중재와 분쟁에 대하여 적용된다.

제32조 부수규정

(1) 장관들은 명령에 의하여 이 법의 어느 규정의 목적을 위하여, 그와 관련하여, 또는 그 효력을 충분히 살리기 위하여 적절하다고 판단되는 보충규정, 부수규정, 결과규정, 경과규정 또는 예비규정을 제정할 수 있다.

(2) 그러한 명령은 제정법률, 증서 또는 문서를 변경한다.

제33조 명령

(1) 이 법에 따라 명령을 할 장관들의 권한은

(a) 행정입법의 방법으로 행사된다. 그리고

(b) 다음의 규정을 제정할 권한을 포함한다.

(i) 장관들이 적절하다고 보는 보충규정, 부수규정, 결과규정, 경과규정 또는 예비규정

(ii) 다른 목적을 위한 다른 규정

(2) 그러한 명령(또는 제18조에 따라 이루어진 Order in Council)을 포함한 행정입법은 스코틀랜드 의회의 의결에 따라 무효화 될 수 있다.

본조는

(a) 제35조 제2항에 따라 이루어진 명령(개시명령)에 대해서 적용되지 아니한다. 또는

(b) 제3항에 의하여 반대의 규정이 생기는 경우에는 적용되지 아니한다.

(3) 다음 각 호의 명령은 그 명령을 담은 행정입법안이 스코틀랜드 의회에 제출되고 의결에 의하여 승인되는 때에만 내릴 수 있다.

(a) 이 법이나 다른 법의 어떤 규정을 추가하거나 대체하거나 삭제하는 제17조 또는 제32조에 따른 명령

(b) 제26조에 따른 명령

(c) 제36조 제4항에 따른 명령

34 Crown application

(1) This Act binds the Crown.

(2) Her Majesty may be represented in any arbitration to which she is a party otherwise than in right of the Crown by such person as she may appoint in writing under the Royal Sign Manual.

(3) The Prince and Steward of Scotland may be represented in any arbitration to which he is a party by such person as he may appoint.

(4) References in this Act to a party to an arbitration are, where subsection (2) or (3) applies, to be read as references to the appointed representative.

35 Commencement

(1) The following provisions come into force on Royal Assent—

section 2

sections 31 to 34

this section

section 37

(2) Other provisions come into force on the day Ministers by order appoint.

36 Transitional provisions

(1) This Act does not apply to an arbitration begun before commencement.

(2) This Act otherwise applies to an arbitration agreement whether made on, before or after commencement.

(3) Despite subsection (2), this Act does not apply to an arbitration arising under an arbitration agreement (other than an enactment) made before commencement if the parties agree that this Act is not to apply to that arbitration.

(4) Ministers may by order specify any day falling at least 5 years after commencement as the day on which subsection (3) is to cease to have effect.

(5) Before making such an order, Ministers must consult such persons appearing to them to have an interest in the law of arbitration as they think fit.

(6) Any reference to an arbiter in an arbitration agreement made before commencement is to be treated as being a reference to an arbitrator.

(7) Any reference in an enactment to a decree arbitral is to be treated for the purposes of section 12 as being a reference to a tribunal's award.

(8) An express provision in an arbitration agreement made before commencement which disapplies section 3 of the Administration of Justice (Scotland) Act 1972 (c.59) in relation to an arbitration arising under that agreement is, unless the parties otherwise agree, to be treated as being an agreement to disapply rules 41 and 69 in relation to such an arbitration.

제34조 왕실에 대한 적용

(1) 이 법은 왕실을 구속한다.

(2) 여왕은 자신이 당사자인 중재에서 여왕이 왕실서명이 있는 서면으로 임명한 자로 하여 금 대리하게 할 수 있다.

(3) Steward of Scotland를 겸하는 왕자는 자신이 당사자인 중재에서 그가 임명한 자로 하 여금 대리하게 할 수 있다.

(4) 이 법에서 사용된 중재의 당사자라는 문구는 제2항과 제3항이 적용되는 경우에는 임명 된 대리인을 지칭하는 것으로 한다.

제35조 시행

(1) 다음의 조항은 왕실의 동의가 있는 때에 발효한다.

제2조

제31조부터 제34조

본조

제37조

(2) 다른 규정들은 장관들이 명령에 의하여 지정하는 일자에 발효한다.

제36조 경과규정

(1) 이 법은 시행 전에 개시된 중재에는 적용되지 아니한다.

(2) 이 법은 그와 달리 중재합의에 대해서는 그 중재합의가 시행 전이나 후에 이루어졌는지 를 불문하고 적용된다.

(3) 제2항에도 불구하고, 이 법은 시행 전에 이루어진 중재합의(법률에 따른 중재는 제외한 다) 하에서 수행되는 중재에 대해서는 당사자들이 이 법이 그 중재에 적용되지 아니한 다고 합의하는 때에는 적용되지 아니한다.

(4) 장관들은 명령에 의하여 이 법이 시행된 지 최소한 5년 후의 어느 날을 제3항의 효력이 소멸하는 날로 지정할 수 있다.

(5) 그러한 명령을 하기 전에, 장관들은 중재법에 조예가 있는 것으로 보이는 적절한 자의 자문을 받아야 한다.

(6) 시행 전에 이루어진 중재합의에서 사용된 'arbiter'라는 단어는 중재인(arbitrator)을 지 칭하는 것으로 취급된다.

(7) 제정법률에서 사용된 'decree arbitral'라는 단어는 제12조의 목적에서 중재판정부의 중 재판정을 지칭하는 것으로 취급된다.

(8) 시행 전에 이루어진 중재합의에 들어있는 그 중재합의 하에서 수행되는 중재와 관련하 여 1972년 스코틀랜드 사법관리법(Administration of Justice (Scotland) Act) 제3조의 적

(9) In this section, "commencement" means the day on which this section comes into force.

37 Short title

This Act is called the Arbitration (Scotland) Act 2010.

용을 배제하는 명시적 규정은, 당사자들이 달리 합의하지 않은 때에는, 그러한 중재와 관련하여 스코틀랜드중재규칙 제41조와 제61조의 적용을 배제하는 것으로 취급된다.

(9) 본조에서 "시행"은 본조가 발효한 날을 의미한다.

제37조   약칭

이 법은 2010년 스코틀랜드중재법이라 칭한다.

IRELAND

03

세 계 중 재 법 령

ARBITRATION ACT 2010

영국 아일랜드 중재법

ARBITRATION ACT 2010

AN ACT TO FURTHER AND BETTER FACILITATE RESOLUTION OF DISPUTES BY ARBITRATION; TO GIVE THE FORCE OF LAW TO THE UNCITRAL MODEL LAW ON INTERNATIONAL COMMERCIAL ARBITRATION (AS AMENDED BY THE UNITED NATIONS COMMISSION ON INTERNATIONAL TRADE LAW ON 7 JULY 2006) IN RESPECT OF BOTH INTERNATIONAL ARBITRATION AND OTHER ARBITRATION; TO GIVE THE FORCE OF LAW TO THE PROTOCOL ON ARBITRATION CLAUSES OPENED AT GENEVA ON THE 24TH DAY OF SEPTEMBER 1923, THE CONVENTION ON THE EXECUTION OF FOREIGN ARBITRAL AWARDS DONE AT GENEVA ON THE 26TH DAY OF SEPTEMBER 1927, THE CONVENTION ON THE RECOGNITION AND ENFORCEMENT OF FOREIGN ARBITRAL AWARDS DONE AT NEW YORK ON 10 JUNE 1958 AND TO THE CONVENTION ON THE SETTLEMENT OF INVESTMENT DISPUTES BETWEEN STATES AND NATIONALS OF OTHER STATES OPENED FOR SIGNATURE IN WASHINGTON ON 18 MARCH 1965; TO REPEAL THE ARBITRATION ACTS 1954 TO 1998; AND TO PROVIDE FOR RELATED MATTERS.

[8th March, 2010]

BE IT ENACTED BY THE OIREACHTAS AS FOLLOWS:

PART 1 — Preliminary and General

1 Short title and commencement

(1) This Act may be cited as the Arbitration Act 2010.

(2) This Act shall come into operation 3 months after its passing.

2 Interpretation

(1) In this Act:

"arbitration" means—

(a) an international commercial arbitration, or

(b) an arbitration which is not an international commercial arbitration;

"arbitration agreement" shall be construed in accordance with Option 1 of Article 7;

"award" includes a partial award;

영국 아일랜드 중재법

이 법의 목적은 다음과 같다. 중재에 의한 분쟁해결을 조장하고 개선하고자 함; 국제중재와 기타 중재에 관하여 UNCITRAL 모델국제상사중재법(UN 국제거래법위원회의 2006년 7월 개정 모델법)에 법적 효력을 부여함; 제네바에서 1923년 9월 24일에 개방된 중재조항에 관한 의정서, 1927년 9월 26일에 제네바에서 체결된 외국중재판정의 집행에 관한 협약, 1958년 6월 10일에 뉴욕에서 체결된 외국중재판정의 승인 및 집행에 관한 협약 및 1965년 3월 18일에 워싱턴에서 서명을 위하여 개방된 국가와 타국 국민 간의 투자분쟁 해결을 위한 협약에 법적 효력을 부여함; 1954년에서 1998년까지의 중재법을 개정함; 관련문제에 대하여 규정함.

[2010년 3월 8일]
아일랜드 의회에 의하여 다음과 같이 입법됨:

제1편   모두규정 및 일반규정

제1조   약칭과 발효

(1) 이 법은 2010년 중재법이라 약칭한다.

(2) 이 법은 통과일로부터 3개월 후에 발효한다.

제2조   해석

(1) 이 법에서 말하는 용어의 의미는 다음과 같다.

"중재"는

(a) 국제상사중재 또는

(b) 국제상사중재가 아닌 중재를 의미한다.

"중재합의"는 모델법 제7조의 선택안 1에 따라 해석되어야 한다.

"중재판정"은 일부판정을 포함한다.

"consumer" means a natural person, whether in the State or not, who is acting for purposes outside the person's trade, business or profession;

"Geneva Convention" means the Convention on the Execution of Foreign Arbitral Awards done at Geneva on the 26th day of September, 1927, the text of which is set out in Schedule 4;

"Geneva Protocol" means the Protocol on Arbitration Clauses opened at Geneva on the 24th day of September, 1923, the text of which is set out in Schedule 5;

"Minister" means the Minister for Justice, Equality and Law Reform;

"Model Law" means the UNCITRAL Model Law on International Commercial Arbitration (as adopted by the United Nations Commission on International Trade Law on 21 June 1985, with amendments as adopted by that Commission at its thirty-ninth session on 7 July 2006), the text of which is set out in Schedule 1;

"New York Convention" means the Convention on the Recognition and Enforcement of Foreign Arbitral Awards, done at New York on 10 June 1958, the text of which is set out in Schedule 2;

"State authority" means—

    (a) a Minister of the Government,

    (b) the Commissioners of Public Works in Ireland,

    (c) the Irish Land Commission,

    (d) the Revenue Commissioners,

    (e) a body established by or under any enactment, and financed wholly or partly, whether directly or indirectly, by moneys provided, or loans made or guaranteed, by a Minister of the Government or the issue of shares held by or on behalf of any Minister of the Government;

"Washington Convention" means the Convention on the Settlement of Investment Disputes between States and Nationals of Other States opened for signature in Washington on 18 March 1965, the text of which is set out in Schedule 3.

(2) In this Act—

    (a) a word or expression that is used in this Act and that is also used in the Model Law has, unless the context otherwise requires, the same meaning in this Act as it has in the Model Law, and

    (b) a reference to an Article is a reference to an Article of the Model Law.

3 Application of Act

(1) This Act shall not apply to an arbitration under an arbitration agreement concerning an arbitration which has commenced before the operative date but shall apply to an arbitration commenced on or after the operative date.

(2) In this section, "operative date" means the date on which this Act comes into operation

"소비자"는 이 국가 내에 있는지를 불문하고 그의 거래나 영업 또는 직업의 범주 밖의 목적으로 행위를 하는 자연인을 의미한다.

"제네바협약"은 제네바에서 1927년 9월 26일에 제네바에서 체결된 외국중재판정의 집행에 관한 협약을 의미하며, 그 전문은 부속서 4와 같다.

"제네바의정서"는 1923년 9월 24일에 제네바에서 개방된 중재조항에 관한 의정서를 의미하며, 그 전문은 부속서 5와 같다.

"장관"은 법무및법률개혁부 장관을 의미한다.

"모델법"은 UNCITRAL 모델국제상사중재법(UN 국제거래법원회가 1985년 6월 21일에 채택하고, 2006년 7월 7일에 제39차 회의에서 개정된 것)을 의미하며, 그 전문은 부속서 1과 같다.

"뉴욕협약"은 1958년 6월 10일에 뉴욕에서 체결된 외국중재판정의 승인 및 집행에 관한 협약을 의미하며, 그 전문은 부속서 2와 같다.

"국가기관"은 다음을 의미한다.

  (a) 정부의 장관

  (b) 아일랜드 공무위원회

  (c) 아일랜드 토지위원회

  (d) 국세청장

  (e) 제정법률에 의하거나 그에 따라 설립되고, 정부의 장관에 의하여 제공되는 금원이나 그에 의하여 실행되거나 보장되는 대출에 의하여, 또는 정부의 장관이 소유하거나 그를 대리하여 소유되는 주식의 발행에 의하여, 직접적 또는 간접적으로, 전부 또는 일부의 재정을 제공받는 단체

"워싱턴협약"은 및 1965년 3월 18일에 워싱턴에서 서명을 위하여 개방된 국가와 타국 국민 간의 투자분쟁 해결을 위한 협약을 의미하며, 그 전문은 부속서 3과 같다.

(2) 이 법에서

  (a) 이 법에서도 사용되고 모델법에서도 사용된 자구나 표현은, 달리 요구되지 않는 한, 이 법에서 모델법과 동일한 의미를 갖는다.

  (b) 이 법에서 지칭된 "Article"은 모델법의 조항을 지칭한다.

제3조 법의 적용

(1) 이 법은 이 법의 발효일 전에 개시된 중재에 관한 중재합의에 따른 중재에 대하여 적용되지 않으며, 발효일이나 그 후에 개시된 중재에 대하여 적용된다.

(2) 본조에서 "발효일"은 이 법이 제1조에 따라 발효한 일자를 말한다.

pursuant to section 1.

4 Repeals and effect of repeals

(1) Subject to subsection (2), the Arbitration Acts 1954 to 1998 are repealed.

(2) Subject to section 3, the repeal of the Acts referred to in subsection (1) shall not prejudice or affect any proceedings, whether or not pending at the time of the repeal, in respect of any right, privilege, obligation or liability and any proceedings taken under those Acts in respect of any such right, privilege, obligation or liability acquired, accrued or incurred under the Acts may be instituted, continued or enforced as if the Acts concerned had not been repealed.

(3) In this section "proceedings" includes arbitral proceedings and civil or criminal proceedings.

5 Expenses

The expenses incurred by the Minister in the administration of this Act shall, to such extent as may be sanctioned by the Minister for Finance, be paid out of moneys provided by the Oireachtas.

PART 2   Arbitration

6 Adoption of Model Law

Subject to this Act, the Model Law shall have the force of law in the State and shall apply to arbitrations under arbitration agreements concerning—

(a) international commercial arbitrations, or

(b) arbitrations which are not international commercial arbitrations.

7 Commencement of arbitral proceedings

(1) For the purposes of this Act and for the purposes of section 496 of the Merchant Shipping Act 1894 (as amended by section 29) arbitral proceedings shall be deemed to be commenced on—

(a) the date on which the parties to an arbitration agreement so provide as being the commencement date for the purposes of the commencement of arbitral proceedings under the agreement, or

(b) where no provision has been made by the parties as to commencement of proceedings as referred to in paragraph (a), the date on which a written communication containing a request for the dispute to be referred to arbitration is received by the respondent.

(2) The Statute of Limitations 1957 is amended by substituting the following section for section 74:

제4조 개정과 개정의 효력

(1) 제2항의 제한 하에, 1954년 중재법과 1998년 중재법은 개정된다.

(2) 제3조의 제한 하에, 제1항에서 지칭된 두 법의 개정은 권리나 특권, 의무 또는 책임에 관하여 어떠한 절차(그 개정 시점에 이미 진행 중인 절차인지를 불문함)에 영향을 주지 아니하며, 그러한 두 법 하에서 취득, 발생 또는 부담한 그러한 권리나 특권, 의무 또는 책임에 관하여 그러한 두 법 하에서 취하여진 어떠한 절차는 마치 이 법이 개정되지 않은 것과 같이 개시, 계속 또는 강제될 수 있다.

(3) 본조에서 "절차"는 중재절차와 민·형사소송절차를 포함한다.

제5조 비용

장관에 의하여 발생한 비용은, 재무부의 재가를 받아야 하는 것인 한도 내에서는, 아일랜드 의회가 제공하는 금전에서 지급되어야 한다.

제2편 중재

제6조 모델법의 도입

이 법의 제한 하에, 모델법은 국가 내에서 법률로서의 효력을 가지며 다음 각호에 관한 중재합의에 따른 중재에 적용된다.

(a) 국제상사중재, 또는

(b) 국제상사중재가 아닌 중재

제7조 중재절차의 개시

(1) 이 법에서 그리고 1894년 상선법(제29조에 의하여 개정된 것) 제496조에 있어서, 중재절차는 다음의 일자에 개시된 것으로 본다.

  (a) 중재합의의 당사자들이 당해 중재합의에 따른 중재절차의 개시에 관하여 개시일자로 정한 일자, 또는

  (b) 절차의 개시에 관하여 당사자들이 제a호에 규정된 바와 같이 정한 일자가 없는 때에는, 피신청인이 분쟁을 중재에 회부하기로 하는 요청을 담은 서면통지를 수령한 일자.

(2) 1957년 제소기간제한법은 다음의 규정으로 제74조를 대체함으로써 개정된다.

"74.— (1) For the purposes of this Act and for the purposes of any other limitation enactment, arbitral proceedings shall be deemed to be commenced on—

(a) the date on which the parties to an arbitration agreement so provide as being the commencement date for the purposes of the commencement of arbitral proceedings under the agreement, or

(b) where no provision has been made by the parties as to commencement as referred to in paragraph (a), the date on which a written communication containing a request for the dispute to be referred to arbitration is received by the respondent.

(2) For the purposes of subsection (1)(b), unless the parties otherwise agree, a written communication is deemed to have been received if it is served or given to the respondent in one or more of the following ways:

(a) by delivering it to the respondent personally;

(b) by delivering it to the respondent's place of business, habitual residence or postal address;

(c) where none of the addresses referred to in paragraph (b) can be found after making reasonable inquiry, by sending it by pre-paid registered post or by any other form of recorded delivery service addressed to the respondent at his or her last known place of business, habitual residence or postal address.

(3) Unless the parties otherwise agree, where a written communication under this section has been delivered to a respondent in accordance with subsection (2), the communication is deemed to have been received on the day it was so delivered.

(4) For the purposes of subsection (2), a company registered under the Companies Acts shall be deemed to be habitually resident at its registered office in the State and every other body corporate (wherever it is incorporated) and every unincorporated body (wherever it carries out its activities) shall be deemed to be habitually resident at its principal office or place of business.".

8 Construction of Model Law and construction of arbitration clauses

(1) Judicial notice shall be taken of the travaux préparatoires of the United Nations Commission on International Trade Law and its working group relating to the preparation of the Model Law.

(2) The travaux préparatoires referred to in subsection (1) may be considered when interpreting the meaning of any provision of the Model Law and shall be given such weight as is appropriate in the circumstances.

(3) Where parties agree that disputes under a contract or agreement or disputes arising out of a contract or agreement shall be submitted to arbitration, this shall include disputes as to the existence or validity of the contract or agreement.

"74. – (1) 이 법에서 그리고 다른 기간제한에 관한 제정법률에서, 중재절차는 다음의 일자에 개시된 것으로 본다.

    (a) 중재합의의 당사자들이 당해 중재합의에 따른 중재절차의 개시에 관하여 개시일자로 정한 일자, 또는

    (b) 절차의 개시에 관하여 당사자들이 제a호에 규정된 바와 같이 정한 일자가 없는 때에는, 피신청인이 분쟁을 중재에 회부하기로 하는 요청을 담은 서면통지를 수령한 일자.

(2) 제1항 제b호에서, 당사자들이 달리 합의하지 않은 경우에, 서면통지는 그것이 다음 중의 어느 하나 또는 둘 이상의 방법으로 피신청인에게 송달되거나 주어진 때에 수령된 것으로 본다.

    (a) 그것을 피신청인에게 직접 인도함

    (b) 그것을 피신청인의 영업소, 상거소 또는 우편주소에 배달함

    (c) 합리적인 조사를 하고서도 제b에서 정하는 주소를 찾을 수 없는 경우에는, 피신청인의 최후로 알려진 영업소, 상거소 또는 우편주소로 요금선불의 등기우편의 방법이나 기타 기록되는 배달서비스의 형태로 그것을 피신청인에게 보냄.

(3) 당사자들이 달리 합의하지 아니한 경우에, 본조의 서면통지가 제2항에 따라 피신청인에게 배달된 경우에, 그 통지는 그렇게 배달된 일자에 수령된 것으로 본다.

(4) 제2항에서, 회사법에 따라 등록된 회사는 이 국가에서 등록된 사무소에 그 상거소가 있는 것으로 보고, 다른 모든 법인인 단체(법인격이 있는 경우)와 법인이 아닌 단체(활동을 수행하는 경우)는 그 주된 사무소 또는 영업소에 그 상거소가 있는 것으로 본다."

제8조　모델법과 중재조항의 해석

(1) 모델법의 초안에 관한 UN 국제거래법위원회와 그 워킹그룹의 준비작업은 사법통지(司法通知) 되어야 한다.

(2) 제1항에서 말하는 준비작업은 모델법 규정의 의미를 해석하는 데 고려될 수 있고, 상황에 적절한 비중을 주어야 한다.

(3) 당사자들이 계약이나 합의에 따른 분쟁이나 계약이나 합의에서 발생하는 분쟁을 중재에 회부하기로 합의하는 경우에, 이는 계약의 존재나 유효성에 관한 분쟁을 포함한다.

9 Functions of High Court

(1) The High Court is—

    (a) specified for the purposes of Article 6,

    (b) the relevant court for the purposes of Article 9, and

    (c) the court of competent jurisdiction for the purposes of Articles 17H, 17I, 17J, 27, 35 and 36.

(2) The functions of the High Court—

    (a) under an Article referred to in subsection (1), or

    (b) under sections 10, 23 or 25,

    shall be performed by the President or by such other judge of the High Court as may be nominated by the President, subject to any rules of court made in that behalf.

(3) An application may be made in summary manner to the President or to such other judge of the High Court as may be nominated by the President under subsection (2).

(4) In this section " President " means the President of the High Court.

10 Court powers exercisable in support of arbitral proceedings

(1) Subject to subsection (2), the High Court shall have the same powers in relation to Articles 9 and 27 as it has in any other action or matter before the Court.

(2) When exercising any powers in relation to Articles 9 or 27, the High Court shall not, unless otherwise agreed by the parties, make any order relating to security for costs of the arbitration or make any order for discovery of documents.

11 Determination of court to be final

There shall be no appeal from—

    (a) any court determination of a stay application, pursuant to Article 8(1) of the Model Law or Article II(3) of the New York Convention,

    (b) any determination by the High Court—

        (i) of an application for setting aside an award under Article 34 of the Model Law, or

        (ii) of an application under Chapter VIII of the Model Law for the recognition and enforcement of an award made in an international commercial arbitration,

    or

    (c) any determination by the High Court in relation to an application to recognise or enforce an arbitral award pursuant to the Geneva Convention, New York Convention or Washington Convention.

12 Time limits for setting aside awards on grounds of public policy

Notwithstanding Article 34(3), an application to the High Court to set aside an award on the grounds that the award is in conflict with the public policy of the State shall be made within

제9조　고등법원의 역할

(1) 고등법원은

　(a) 모델법 제6조의 목적을 위한 법원으로 지정된다.

　(b) 모델법 제9조에서 말하는 관련법원으로 한다.

　(c) 모델법 제17H조, 제17I조, 제17J조, 제27조, 제35조 및 제36조에서 말하는 관할법원
　　으로 한다.

(2) 다음의 조항에 따른 고등법원의 역할은 그에 관한 법원의 규칙에 따라 법원장이나 법원
　장에 의하여 지명되는 기타 고등법원의 판사가 수행한다.

　(a) 제1항에 규정된 모델법의 조항 또는

　(b) 이 법 제10조, 제23조 또는 제25조

(3) 신청은 법원장에게나 제2항에 따라 법원장에 의하여 지명되는 고등법원의 판사에게 약
　식으로 할 수 있다.

(4) 본조에서 "법원장"은 고등법원장을 의미한다.

제10조　중재절차의 지원을 위하여 행사될 수 있는 법원의 권한

(1) 제2항의 제한 하에, 고등법원은 모델법 제9조와 제27조에 관하여 그 법원에 대한 여타
　의 행위나 사항에 대하여 가지는 것과 동일한 권한을 갖는다.

(2) 모델법 제9조나 제27조에 관한 권한을 행사함에 있어서, 고등법원은 당사자들이 달리
　합의하지 않은 한, 중재비용의 담보에 관한 명령이나 문서의 공개를 위한 명령을 내리
　지 아니한다.

제11조　법원결정의 종국성

다음 각호에 대해서는 불복이 허용되지 아니한다.

(a) 모델법 제8조 제1항이나 뉴욕협약 제2조 제3항에 따른 중지신청에 대한 법원의 결정

(b) 다음 각목에 대한 고등법원의 결정

　(i) 모델법 제34조에 따른 중재판정의 취소신청

　(ii) 모델법 제8장에 따른 국제상사중재에서 내려진 중재판정의 승인 및 집행신청

또는

(c) 제네바협약, 뉴욕협약 또는 워싱턴협약에 따른 중재판정의 승인 또는 집행신청에 대한
　고등법원의 결정

제12조　공서에 근거한 중재판정 취소에 관한 기간제한

모델법 제34조 제3항에도 불구하고, 중재판정이 국가의 공서에 반하는 것을 이유로 하는
고등법원에 대한 중재판정 취소신청은 그 신청의 원인이 되는 사정을 해당 당사자가 알게

a period of 56 days from the date on which the circumstances giving rise to the application became known or ought reasonably to have become known to the party concerned.

13 Default number of arbitrators

Unless otherwise agreed by the parties, the arbitral tribunal shall consist of one arbitrator only.

14 Examination of witnesses

Unless otherwise agreed by the parties, the arbitral tribunal may for the purposes of the arbitral proceedings concerned—

(a) direct that a party to an arbitration agreement or a witness who gives evidence in proceedings before the arbitral tribunal be examined on oath or on affirmation, and

(b) administer oaths or affirmations for the purposes of the examination

15 Taking evidence in State in aid of foreign arbitration

The reference in Article 27 to an arbitral tribunal includes a reference to an arbitral tribunal conducting arbitral proceedings in a place other than the State.

16 Consolidation of and concurrent arbitrations

(1) Where the parties to an arbitration agreement so agree—

(a) arbitral proceedings shall be consolidated with other arbitral proceedings, including arbitral proceedings involving a different party or parties with the agreement of that party or parties,

(b) concurrent hearings shall be held, on such terms as may be agreed between the parties concerned.

(2) The arbitral tribunal shall not order the consolidation of proceedings or concurrent hearings unless the parties agree to the making of such an order.

17 Reference of interpleader to arbitration

(1) Subject to subsection (2), where in legal proceedings relief by way of interpleader is granted by a court and it appears to the court that the issue between the claimants is one in respect of which there is an arbitration agreement between the claimants, the court shall direct that the issue between the claimants be determined in accordance with the agreement.

(2) A court shall not direct that the issue between the claimants referred to in subsection (1) be determined in accordance with the arbitration agreement concerned where the court finds that the arbitration agreement is null and void, inoperative or incapable of being performed.

(3) Where subsection (1) applies but the court does not direct that the issue be determined in accordance with the arbitration agreement, any provision that an award is a condition precedent to the bringing of legal proceedings in respect of any matter shall not affect the determination of that issue by the court.

되었거나 합리적으로 알았어야 하는 일자로부터 56일 내에 하여야 한다.

제13조 합의가 없는 경우 중재인의 수

당사자들이 달리 합의하지 않은 경우에, 중재판정부는 1인의 중재인으로 구성된다.

제14조 증인신문

당사자들이 달리 합의하지 않은 경우에, 중재판정부는 관련 중재절차의 목적상

(a) 중재합의의 당사자나 절차 내에서 중재판정부에 증거를 제출하는 증인으로 하여금 선서하고서 증언하거나 선서함이 없이 증언하도록 명령할 수 있다. 그리고

(b) 신문의 목적으로 이루어지는 선서나 선서의 생략을 관장할 수 있다.

제15조 외국중재의 협조를 위한 국가 내 증거조사

모델법 제27조에서 규정하는 중재판정부는 이 국가 밖에서 중재절차를 수행하는 중재판정부를 포함한다.

제16조 중재의 병합과 심리의 병합

(1) 중재합의의 당사자들이 합의를 하는 경우에,

(a) 중재절차는 다른 중재절차와 병합될 수 있고, 여기의 다른 중재절차는 당사자 또는 당사자들이 다른 중재를 포함하되 그 당사자 또는 당사자들의 동의가 있어야 한다.

(b) 관련 당사자들이 합의하는 조건에 따라 심리는 병합하여 할 수 있다.

(2) 중재판정부는 당사자들이 그러한 명령을 내리는 데 동의하지 않는다면 절차의 병합이나 심리의 병합을 명할 수 없다.

제17조

(1) 제2항의 제한 하에, 법적 절차에서 법원에 의하여 청원인(interpleader)에 의한 구제가 인가되고 법원이 보기에 청구자들 사이의 쟁점이 청구자들 사이의 중재합의의 대상인 경우에, 법원은 청구자들 사이의 쟁점을 동 합의에 따라 결정하도록 지시할 수 있다.

(2) 법원은 중재합의가 무효이거나 이행될 수 없는 때에는 청구자들 사이의 제1항의 쟁점을 문제의 중재합의에 따라 결정하도록 지시할 수 없다.

(3) 제1항이 적용되지만 법원이 동 쟁점을 중재합의에 따라 결정하도록 지시하지 아니하는 경우에, 어떤 문제에 관하여 중재판정이 법적 절차를 취하는 것의 정지조건이라는 규정은 법원에 의한 동 쟁점의 결정에 영향을 주지 아니한다.

18 Interest

(1) The parties to an arbitration agreement may agree on the arbitral tribunal's powers regarding the award of interest.

(2) Unless otherwise agreed by the parties, the arbitral tribunal may award simple or compound interest from the dates, at the rates and with the rests that it considers fair and reasonable—

    (a) on all or part of any amount awarded by the arbitral tribunal, in respect of any period up to the date of the award, or

    (b) on all or part of any amount claimed in the arbitration and outstanding at the commencement of the arbitration but paid before the award was made, in respect of any period up to the date of payment.

(3) Unless otherwise agreed by the parties, the arbitral tribunal may award simple or compound interest from the date of the award (or any later date) until payment, at the rates and with the rests that it considers fair and reasonable, on the outstanding amount of any award (including any award of interest under subsection (2) and any award of costs).

(4) References in this section to an amount awarded by the arbitral tribunal include an amount payable in consequence of a declaratory award by the arbitral tribunal.

(5) This section is without prejudice to any other power of the arbitral tribunal to award interest.

19 Security for costs

(1) Without prejudice to the generality of Article 19, the arbitral tribunal may, unless otherwise agreed by the parties, order a party to provide security for the costs of the arbitration.

(2) A party shall not be ordered by an arbitral tribunal to provide security for the costs of the arbitration solely on the ground that the party is—

    (a) an individual who is domiciled, habitually resident, or carrying on business outside the State, or

    (b) a body corporate established under a law of a place other than the State or whose central management and control is situated outside the State.

20 Specific performance

Without prejudice to the generality of the Model Law, an arbitral tribunal shall, unless otherwise agreed by the parties, have the power to make an award requiring specific performance of a contract (other than a contract for the sale of land).

제18조 이자

(1) 중재합의의 당사자들은 이자의 판정에 관한 중재판정부의 권한에 대하여 합의할 수 있다.

(2) 당사자들이 달리 합의하지 않은 경우에, 중재판정부는, 공정하고 합리적이라고 판단되는 한, 다음의 금액에 대하여 그 기산일자와 이자율, 그 지급의 유예기간을 정하여 단리 또는 복리의 이자를 지급하도록 판정할 수 있다.

   (a) 중재판정일까지의 기간에 관하여, 중재판정부가 판정하는 금액의 전부 또는 일부

   (b) 지급일까지의 기간에 관하여, 중재에서 청구되고 중재개시 시점에 이미 지급시기에 놓여 중재판정이 내려지기 전에 지급된 금액의 전부 또는 일부

(3) 당사자들이 달리 합의하지 않은 경우에, 중재판정부는, 공정하고 합리적이라고 판단되는 한, 당해 중재판정(제2항에 따른 이자에 관한 판정과 비용에 관한 판정을 포함한다)상 지급되어야 하는 금액에 대하여 그 이자율과 지급의 유예기간을 정하여 중재판정일(혹은 그 후의 일자)로부터 지급일까지의 단리 또는 복리의 이자를 지급하도록 판정할 수 있다.

(4) 본조에서 말하는 중재판정부가 판정하는 금액은 중재판정부의 확인판정에 따라 지급되어야 하는 금액을 포함한다.

(5) 본조는 이자를 판정하는 중재판정부의 다른 권한에 영향을 주지 아니한다.

제19조 비용에 대한 담보

(1) 모델법 제19조의 일반성을 해하지 않는 한도 내에서, 당사자들이 달리 합의하지 않았다면, 중재판정부는 중재비용에 관한 담보를 제공할 것을 명할 수 있다.

(2) 당사자는 다음 각호가 유일한 이유인 때에는 중재판정부로부터 중재비용에 대한 담보 제공 명령을 받지 아니한다.

   (a) 당해 당사자가 이 국가 밖에서 주소나 상거소를 가지고 있거나 영업을 하는 개인이다. 또는

   (b) 당해 당사자가 이 국가 밖의 어떤 장소의 법률에 따라 설립되거나 그 주된 영업소나 본점이 이 국가 밖에 소재하는 회사이다.

제20조 특정이행

모델법 제19조의 일반성을 해하지 않는 한도 내에서, 당사자들이 달리 합의하지 않았다면, 중재판정부는 계약(토지매매계약을 제외한다)의 특정이행을 요구하는 중재판정을 내릴 권한을 갖는다.

21 Recoverability of costs, fees and expenses of tribunal

(1) The parties to an arbitration agreement may make such provision as to the costs of the arbitration as they see fit.

(2) An agreement of the parties to arbitrate subject to the rules of an arbitral institution shall be deemed to be an agreement to abide by the rules of that institution as to the costs of the arbitration.

(3) Where no provision for costs is made as referred to in subsection (1) or where a consumer is not bound by an agreement as to costs pursuant to subsection (6), the arbitral tribunal shall, subject to subsection (4), determine by award those costs as it sees fit.

(4) In the case of an arbitration (other than an international commercial arbitration) the arbitral tribunal shall, on the request of any of the parties to the proceedings made not later than 21 working days after the determination by the tribunal in relation to costs, make an order for the taxation of costs of the arbitration by a Taxing Master of the High Court, or as the case may be, the County Registrar; and the Taxing Master, or as the case may be, the County Registrar, shall in relation to any such taxation, have (with any necessary modifications) all the functions for the time being conferred on him or her under any enactment or in any rules of court in relation to the taxation of costs to be paid by one party to another in proceedings before a court.

(5) Where the arbitral tribunal makes a determination under subsection (3), it shall specify—

(a) the grounds on which it acted,

(b) the items of recoverable costs, fees or expenses, as appropriate, and the amount referable to each, and

(c) by and to whom they shall be paid.

(6) Without prejudice to the generality of the European Communities (Unfair Terms in Consumer Contracts) Regulations 1995 and 2000, an arbitration agreement—

(a) to which one of the parties to the agreement is a consumer, and

(b) a term of which provides that each party shall bear his or her own costs, shall be deemed to be an unfair term for the purposes of those Regulations.

(7) Section 3 of the Legal Practitioners (Ireland) Act 1876 shall apply as if an arbitration were a proceeding in the High Court and the Court may make declarations and orders accordingly.

(8) In this section references to—

"costs" include costs as between the parties and the fees and expenses of the arbitral tribunal;

"fees and expenses of the arbitral tribunal" include the fees and expenses of any expert appointed by the tribunal.

제21조   판정부의 비용, 보수 또는 경비의 회복

(1) 중재합의의 당사자들은 적절하다고 생각되는 중재비용에 관한 규정을 둘 수 있다.

(2) 중재기관의 규칙에 따라 중재하기로 하는 당사자들의 합의는 중재비용에 관하여 그 중재기관의 규칙에 따르기로 하는 합의로 본다.

(3) 제1항에서 말하는 비용에 관한 당사자들의 규정이 없는 경우나 소비자가 제6항에 따라 비용에 관한 합의에 구속되지 아니하는 경우에, 중재판정부는, 제4항의 제한 하에, 중재판정에 의하여 적절하다고 생각되는 비용을 결정하여야 한다.

(4) 중재(국제상사중재를 제외한다)의 경우에, 중재판정부는 비용에 관한 판정부의 결정이 있은 후 21일(공휴일은 제외한다) 이내에 이루어진 당사자의 요청에 따라 고등법원의 조세전문가 혹은 경우에 따라 카운티 등록관(County Registrar)에 의한 중재비용에 관한 세금에 대한 납세명령을 내릴 수 있다. 그러한 조세에 관하여 조세전문가 혹은 경우에 따라 카운티 등록관은 법원절차 내에서 일방 당사자가 다른 당사자에게 지급하여야 하는 비용에 대한 과세에 관한 제정법률이나 법원의 규칙에 따라 당분간 자신에게 부여된 모든 역할을 수행한다.

(5) 중재판정부가 제3항에 따라 결정을 하는 때에는, 다음을 명시하여야 한다.

　(a) 중재판정부의 행위의 근거

　(b) 회복가능한 적절한 비용, 보수 또는 경비의 항목 및 각 항목에 따른 금액, 그리고

　(c) 그 지급자와 수령자

(6) 1995년과 2000년 유럽공동체 (소비자계약의 불공정조항) 규정의 일반성을 해하지 않는 한도 내에서, 다음 각호의 중재합의는 동 규정상 불공정조항으로 본다.

　(a) 그 합의의 일방이 소비자인 중재합의, 및

　(b) 각 당사자가 자신의 비용을 부담한다고 정하는 중재합의

(7) 1876년 아일랜드 변호사법(Legal Practitioners (Ireland) Act 1876) 제3조는 중재가 고등법원의 어느 절차인 것과 같이 적용되고 법원은 그에 따라 선언하고 명령할 수 있다.

(8) 본조에서 용어는 다음의 의미를 갖는다.

　"비용"은 당사자 사이의 비용 및 중재판정부의 보수와 경비를 포함한다.

　"중재판정부의 보수와 경비"는 판정부가 지명한 전문가의 보수와 경비를 포함한다.

22 Restriction on liability of arbitrators, etc

(1) An arbitrator shall not be liable in any proceedings for anything done or omitted in the discharge or purported discharge of his or her functions.

(2) Subsection (1) shall apply to an employee, agent or advisor of an arbitrator and to an expert appointed under Article 26, as it applies to the arbitrator.

(3) An arbitral or other institution or person designated or requested by the parties to appoint or nominate an arbitrator shall not be liable for anything done or omitted in the discharge or purported discharge of that function.

(4) An arbitral or other institution or person by whom an arbitrator is appointed or nominated shall not be liable for anything done or omitted by the arbitrator (or his or her employees or agents) in the discharge or purported discharge of his or her functions as arbitrator.

(5) Subsections (3) and (4) shall apply to an employee or agent of an arbitral or other institution or person as they apply to that arbitral or other institution or that person mentioned in those subsections.

23 Effect of award

(1) An award (other than an award within the meaning of section 25) made by an arbitral tribunal under an arbitration agreement shall be enforceable in the State either by action or, by leave of the High Court, in the same manner as a judgment or order of that Court with the same effect and where leave is given, judgment may be entered in terms of the award.

(2) An award that is referred to in subsection (1) shall, unless otherwise agreed by the parties, be treated as binding for all purposes on the parties between whom it was made, and may accordingly be relied on by any of those parties by way of defence, set-off or otherwise in any legal proceedings in the State.

(3) Nothing in this section shall be construed as affecting the recognition or enforcement of an award under the Geneva Convention, the New York Convention or the Washington Convention.

(4) Articles 35 and 36 shall not apply in respect of an award in arbitral proceedings which took place in the State.

24 New York Convention, Geneva Convention and Geneva Protocol

(1) Subject to this Act—

    (a) the New York Convention,

    (b) the Geneva Convention, and

    (c) the Geneva Protocol,

shall have the force of law in the State.

(2) Subject to this Act, Article II(2) and Article VII(1) of the New York Convention shall

제22조 중재인의 책임제한 등

(1) 중재인은 절차 내에서 자신의 역할을 수행하면서 또는 그것을 수행할 목적으로 실행되었거나 누락된 어떤 것에 대하여 책임을 지지 아니한다.

(2) 제1항은 그것이 중재인에게 적용되는 바와 같이 중재인의 피고용인, 대리인 또는 자문인과 모델법 제26조에 따라 임명된 전문가에게 적용된다.

(3) 중재인은 선정하거나 선임하도록 지정되거나 요구를 받은 중재기관이나 기타 기관 또는 개인은 그러한 역할을 수행하면서 또는 그것을 수행할 목적으로 실행되었거나 누락된 어떤 것에 대하여 책임을 지지 아니한다.

(4) 중재인을 선정하거나 선임한 중재기관이나 기타 기관 또는 개인은 중재인(중재인의 피고용인과 대리인을 포함한다)에 의하여 중재인의 역할을 수행하면서 또는 그것을 수행할 목적으로 실행되었거나 누락된 어떤 것에 대하여 책임을 지지 아니한다.

(5) 제3항과 제4항은 그것이 그 각각의 항에 규정된 중재기관이나 기타 기관 또는 개인에게 적용되는 바와 같이 중재기관이나 기타 기관 또는 개인의 피고용인과 대리인에게 적용된다.

제23조 중재판정의 효력

(1) 중재합의에 따라 중재판정부가 내린 중재판정(제25조에서 말하는 판정을 제외한다)은 이 국가 내에서 신청에 의하거나 고등법원의 허가에 의하여 고등법원의 판결이나 명령과 같은 방법으로 집행되고, 허가가 있는 경우에 판결은 중재판정 내에 삽입될 수 있다.

(2) 제1항에서 말하는 중재판정은, 당사자들이 달리 합의하지 않은 경우에, 그 중재의 당사자 사이에서 모든 목적상 당사자들을 구속하는 것으로 취급되고, 그에 따라 어느 당사자도 이 국가 내에서 수행되는 법적 절차에서 방어나 상계 또는 기타의 방법으로 이를 원용할 수 있다.

(3) 본조의 어떠한 규정도 제네바협약이나 뉴욕협약 또는 워싱턴협약에 따른 중재판정의 승인과 집행에 영향을 주는 것으로 해석되지 아니한다.

(4) 모델법 제35조와 36조는 이 국가 내에서 수행되는 중재절차상의 판정에 대해서는 적용되지 아니한다.

제24조 뉴욕협약, 제네바협약 및 제네바의정서

(1) 이 법의 제한 하에, 다음 각호의 것은 이 국가 내에서 법률의 효력을 갖는다.

   (a) 뉴욕협약

   (b) 제네바협약 및

   (c) 제네바의정서

(2) 이 법의 제한 하에, 뉴욕협약 제2조 제2항과 제7조 제1항은 2006년 7월 7일에 UN 국제

be interpreted in accordance with the recommendation adopted by the United Nations Commission on International Trade Law on 7 July 2006 at its thirty-ninth session concerning the interpretation of those Articles.

(3) Subject to this Act, Article II(3) of the New York Convention shall be construed in accordance with Article 8 of the Model Law.

(4) The Minister for Foreign Affairs may by order declare that any state specified in the order is a party to the New York Convention and, while such order is in force, the order shall be evidence that such state is a party to the Convention.

25 Non-application of provisions of Act to Washington Convention, save in certain circumstances

(1) This Act other than—

    (a) sections 11 , 14 and 15 , and

    (b) section 6,

in so far as it gives the force of law to Article 8(1) of the Model Law, shall not apply to proceedings pursuant to the Washington Convention.

(2) In this section, "award" means an award rendered pursuant to the Washington Convention and includes any decision made—

    (a) pursuant to Article 49(2) of that Convention in relation to any question which the Tribunal referred to in that Article had omitted to decide in the award, or in relation to the rectification of any clerical, arithmetical or similar error in the award,

    (b) pursuant to Articles 50, 51 and 52 of that Convention, interpreting, revising or annulling the award, and

    (c) pursuant to Article 61(2) of that Convention in relation to costs.

(3) Subject to this Act, the Washington Convention shall have the force of law in the State.

(4) The Minister for Finance may discharge any obligations of the Government arising under Article 17 of the Washington Convention and any sums required for this purpose; and any administrative expenses incurred by the Minister for Finance as a result of acceptance by the State of the Washington Convention shall be paid out of moneys provided by the Oireachtas.

(5) The pecuniary obligations imposed by an award shall, by leave of the High Court, be enforceable in the same manner as a judgment or order of the High Court to the same effect and, where leave is so given, judgment may be entered for the amount due or, as the case may be, the balance outstanding under the award.

(6) Any person who applies to the High Court under subsection (5) for leave to enforce the pecuniary obligations imposed by an award shall lodge with his or her application a copy of the award certified in accordance with Article 54(2) of the Washington Convention.

(7) Where an application is made to the High Court pursuant to subsection (5), the High Court

거래법위원회가 제39차 회기에서 그러한 두 조항에 관하여 채택한 권고에 따라 해석되어야 한다.

(3) 이 법의 제한 하에, 뉴욕협약 제2조 제3항은 모델법 제8조에 따라 해석되어야 한다.

(4) 외무부 장관은 명령의 형태로 국가를 명시하여 그 국가가 뉴욕협약의 당사국임을 공고할 수 있고, 그러한 명령이 발효 중인 때에는 그 명령은 그러한 국가가 동 협약의 당사국이라는 증거가 된다.

제25조 일정한 경우를 제외하고, 이 법의 규정의 워싱턴협약에 대한 부적용

(1) 다음 각호의 조항을 제외하고, 이 법은 모델법 제8조 제1항의 법적 효력을 부여하는 한도 내에서 워싱턴협약에 따른 절차에 대해서는 적용되지 아니한다.

  (a) 제11조, 제14조 및 제15조, 그리고

  (b) 제6조

(2) 본조에서, "중재판정"은 워싱턴협약에 따라 내려진 판정을 의미하며, 다음 각호에 따라 내려진 결정을 포함한다.

  (a) 워싱턴협약 제49조 제2항 소정의 판정부가 중재판정에서 누락한 문제에 관하여 또는 중재판정문상의 철자오류나 계산오류 기타 그와 유사한 오류의 정정에 관하여 동 조항에 따라 내려진 결정

  (b) 동 협약 제50조, 제51조 및 제52조에 따라 내려진 중재판정을 해석, 변경 또는 취소하는 결정, 그리고

  (c) 비용에 관하여 동 협약 제62조 제2항에 따라 내려진 결정

(3) 이 법의 제한 하에, 워싱턴협약은 이 국가에서 법률의 효력을 갖는다.

(4) 재무부장관은 워싱턴협약 제17조에 따라 발생하는 정부의 의무를 이행할 수 있고 그러한 목적을 위하여 요구되는 금액을 지급할 수 있다. 국가가 워싱턴협약을 승인함으로써 재무부장관에게 발생하는 행정비용은 아일랜드 의회가 제공하는 금원으로 지급한다.

(5) 중재판정에 의하여 부과되는 금전적 의무는 고등법원의 허가에 따라 고등법원의 판결이나 명령과 같은 효력을 가지고 그것과 같은 방법으로 집행될 수 있고, 그러한 허가가 내려진 경우에, 지급되어야 하는 금액에 대하여, 혹은 경우에 따라서는 중재판정 하에서 아직 지급되지 않은 잔여금액에 대하여 판결을 내릴 수 있다.

(6) 제5항에 따라 중재판정에 의하여 부과된 금전적 의무를 집행하기 위하여 고등법원에 허가를 신청하는 자는 그 신청서와 함께 워싱턴협약 제54조 제2항에 따라 인증된 중재판정 사본을 제출하여야 한다.

(7) 제5항에 따라 고등법원에 신청이 이루어진 경우에, 고등법원은 중재판정의 집행이 워싱턴협약 제50조, 제51조 또는 제52조에 따라 잠정적으로 또는 기타의 방법으로 중지된 경우에는, 중재판정에 의하여 부과된 금전적 의무의 집행을 정지할 수 있고, 그러한

shall, in any case where enforcement of an award has been stayed, whether provisionally or otherwise, in accordance with Articles 50, 51 or 52 of the Washington Convention, stay enforcement of the pecuniary obligations imposed by the award and may, in any case where an application has been made in accordance with any of those Articles which, if granted, might result in a stay on the enforcement of the award, stay enforcement of the pecuniary obligations imposed by the award.

26 Survival of agreement and authority of arbitral tribunal in event of death

(1) An arbitration agreement shall not be discharged by the death of any party thereto, either as respects the deceased or any other party, but shall in such an event be enforceable by or against the personal representatives of the deceased.

(2) The authority of an arbitral tribunal shall not be revoked by the death of any party by whom he or she was appointed.

(3) Nothing in this section shall affect the operation of any enactment or rule of law by virtue of which any right of action is extinguished by the death of a person.

27 Provisions in event of bankruptcy

(1) Where an arbitration agreement forms part of a contract to which a bankrupt is a party, the agreement shall, if the assignee or trustee in bankruptcy does not disclaim the contract, be enforceable by or against him or her insofar as it relates to any dispute arising out of, or in connection with, such a contract.

(2) Where—

    (a) a person who has been adjudicated bankrupt had, before the commencement of the bankruptcy, become a party to an arbitration agreement, and

    (b) any matter to which the agreement applies requires to be determined in connection with or for the purposes of the bankruptcy proceedings, and

    (c) the case is one to which subsection (1) does not apply,

then, any other party to the agreement or the assignee or, with the consent of the committee of inspection, the trustee in bankruptcy, may apply to the court having jurisdiction in the bankruptcy proceedings for an order directing that the matter in question shall be referred to arbitration in accordance with the agreement and that court may, if it is of the opinion that having regard to all the circumstances of the case, the matter ought to be determined by arbitration, make an order accordingly.

(3) In this section "assignee" means the Official Assignee in Bankruptcy.

28 Full applicability to State parties

This Act shall apply to an arbitration under an arbitration agreement to which a State authority is a party.

조항들 중의 어느 것에 따라 신청이 이루어지고 만약 그것이 수리된다면 중재판정의 집행이 중지되는 결과가 되는 때에는 그 중재판정에 의하여 부과된 금전적 의무의 집행을 중지할 수 있다.

제26조 사망의 경우, 합의와 중재판정부의 권한의 존속

(1) 중재합의는 망자나 그 상대방에 대하여 당사자의 사망에 의하여 소멸되지 아니하고, 사망의 경우에 망자의 법적 대리인에 의하여 또는 그에 대하여 강제가능하다.

(2) 중재판정부의 권한은 그를 선정한 자의 사망에 의하여 취소되지 아니한다.

(3) 본조의 어떠한 규정도 사람의 사망에 의하여 소권(訴權)을 소멸시키는 제정법률이나 법적 규칙의 적용에 영향을 주지 아니한다.

제27조 파산의 경우에 적용되는 규정

(1) 중재합의가 파산자가 당사자인 계약의 일부인 경우에, 그 합의는, 그 양수인이나 파산관재인이 그 계약을 포기하지 않는 한, 그 계약으로부터 또는 그 계약과 관련하여 발생하는 분쟁에 관하여 그 또는 그녀에 의하여 또는 그 또는 그녀에 대하여 강제력이 있다.

(2) 다음 각 호의 경우에

    (a) 파산선고를 받은 자가 파산의 개시 전에 이미 중재합의 당사자가 되었던 경우

    (b) 중재합의의 대상이 되는 사항이 중재절차와 관련하여 또는 중재절차의 목적을 위하여 결정을 필요로 하는 경우

    (c) 제1항이 적용되지 않는 사안의 경우

    중재합의의 상대방이나 양수인 또는 조사위원회의 동의를 얻은 파산관재인은 파산절차의 관할법원에 문제의 사항을 중재합의에 따라 중재에 회부하도록 하는 명령을 신청할 수 있고, 그 법원은 그 사건의 모든 사정을 고려하여 그 사항을 중재로 판정하는 것이 마땅하다고 판단하는 때에는 그에 따른 명령을 내릴 수 있다.

(3) 본조에서 "중재인"은 공식파산양수인(Official Assignee in Bankruptcy)을 의미한다.

제28조 국가당사자에 대한 전면적 적용

이 법은 국가기관이 당사자인 중재합의에 따른 중재에 적용된다.

29 Application of Act to arbitrations under other Acts

(1) This Act, other than the excluded provisions, shall apply to every arbitration under any other Act as if the arbitration were pursuant to an arbitration agreement and as if that other Act were an arbitration agreement, except in so far as this Act is inconsistent with that other Act or with any rules or procedure authorised or recognised under that other Act.

(2) The enactments specified in column (2) of Schedule 6 are amended to the extent specified in that Schedule.

(3) In subsection (3) of section 496 of the Merchant Shipping Act 1894, the reference to legal proceedings shall be construed as including a reference to arbitration.

(4) In this section, "excluded provisions" means subsections (2) and (3), subsection (3) of section 8, sections 17 , 26 , 27 , 30 and 31 and Articles 12 and 13.

30 Exclusion of certain arbitration

(1) This Act shall not apply to—

(a) an arbitration under an arbitration agreement providing for the reference to, or the settlement by, arbitration of any question relating to the terms or conditions of employment or the remuneration of any employees, including persons employed by or under the State or local authorities, or

(b) an arbitration under section 70 of the Industrial Relations Act 1946 .

(2) Section 18 shall not apply to an arbitration conducted by a property arbitrator appointed under section 2 of the Property Values (Arbitration and Appeals) Act 1960.

31 Arbitration agreements and small claims, etc

(1) Subject to subsection (2), a party to an arbitration agreement who is a consumer shall not be bound (unless he or she otherwise agrees at any time after the dispute has arisen) by an arbitration agreement where—

(a) the agreement between the parties contains a term which has not been individually negotiated concerning the requirement to submit to arbitration disputes which may arise, and

(b) the dispute which has arisen between the parties to the agreement involves a claim for an amount not exceeding €5,000.

(2) For the avoidance of doubt, a reference in this section to a consumer shall not include an amateur sportsperson who, in his or her capacity as such, is a party to an arbitration agreement that contains a term concerning the requirement to submit to arbitration.

제29조　다른 법에 따른 중재에 대한 이 법의 적용

(1) 이 법은 적용이 배제된 일부의 규정을 제외하고는, 마치 당해 중재가 중재합의에 따른 것과 같이 그리고 마치 그러한 다른 법이 중재합의인 것과 같이, 다른 법에 따른 모든 중재에 적용되나, 이 법이 그러한 다른 법에 반하거나 그러한 다른 법에 따라 수권되거나 인정되는 규칙이나 절차에 반하는 한도 내에서는 그러하지 아니하다.

(2) 부속서 6의 표 2에 명시된 법률은 동 부속서에 명시된 바에 따라 개정된다.

(3) 1894년 상선법 제496조 제3항에서 말하는 법적 절차는 중재를 포함하는 것으로 해석되어야 한다.

(4) 본조에서, "배제된 규정"은 제2항과 제3항, 제8조 제3항, 제17조, 제26조, 제30조 및 제31조, 모델중재법 제12조 및 제13조를 포함한다.

제30조　일정한 중재의 제외

(1) 이 법은 다음의 중재에 대해서는 적용되지 아니한다.

　(a) 근로조건이나 근로자(이 국가의 국가기관이나 지방기관에 의하거나 관할 하에 고용된 자를 포함한다)의 임금에 관한 문제를 중재에 회부하거나 중재로써 해결하도록 하는 중재합의에 따른 중재

　(b) 1946년 산업관계법 제70조에 따른 중재

(2) 제18조는 1960년 Property Values (Arbitration and Appeals) Act 제2조에 따라 임명된 재산중재인에 의하여 수행되는 중재에 대해서는 적용되지 아니한다.

제31조　중재합의와 소액청구 등

(1) 제2항의 제한 하에, 소비자인 중재합의의 당사자는 (분쟁이 발생한 이후에 어느 때든지 달리 합의하지 아니하였다면) 다음의 경우에는 중재합의에 구속되지 아니한다.

　(a) 당사자간 합의가 장래에 발생할 수 있는 분쟁을 중재에 회부하도록 하는 것과 관련된 별도로 협상되지 아니한 조항을 포함하는 경우

　(b) 합의의 당사자간에 발생한 분쟁이 5,000 파운드를 넘지 아니하는 금액의 청구에 관한 것인 경우

(2) 의문을 피하기 위하여, 본조에서 말하는 소비자는 스포츠애호가가 자신의 그러한 능력 내에서 중재에 회부하도록 하는 조항을 포함하는 중재합의의 당사자인 때에는 그 스포츠애호가를 포함하지 아니한다.

PART 3   Reference to Arbitration Where Proceedings Pending Before Court

32 Power of High Court and Circuit Court to adjourn proceedings to facilitate arbitration

(1) Without prejudice to any provision of any other enactment or rule of law, the High Court or the Circuit Court may at any time whether before or during the trial of any civil proceedings before it—

(a) if it thinks it appropriate to do so, and

(b) the parties to the proceedings so consent,

by order adjourn the proceedings to enable the parties to consider whether any or all of the matters in dispute might be determined by arbitration.

(2) Where a court makes an order under subsection (1), the adjournment shall be for such period as the court thinks fit.

(3) The parties to the proceedings shall, on or before the expiry of the period referred to in subsection (2), inform the court hearing the civil proceedings concerned whether or not agreement has been reached between the parties that any or all of the matters in dispute should be dealt with by arbitration.

(4) Where such agreement has been reached, the agreement shall be treated as an arbitration agreement for the purposes of this Act.

(5) The court, in respect of an agreement referred to in subsection (4)—

(a) where the agreement relates to all of the matters in dispute, shall by order provide for the discontinuance of the proceedings and may make such order as to the costs of the proceedings as it thinks fit, or

(b) where the agreement relates to part but not all of the matters in dispute, may make such order as to the discontinuance of the proceedings as it thinks fit.

(6) Where no agreement has been reached the court may make such order as it thinks fit in relation to the continuance of the proceedings.

(7) This section is in addition to and not in substitution for any power of a court to adjourn civil proceedings before it.

제3편　절차가 법원에 계속 중인 경우의 중재회부

제32조　중재를 위하여 절차를 중지할 고등법원과 순회법원의 권한

(1) 다른 제정법률이나 법적 규칙의 규정을 해하지 아니하는 한도 내에서, 고등법원과 순회법원은 다음 각호의 경우에는, 당사자들이 분쟁의 대상이 된 문제의 전부 또는 일부를 중재에 의하여 해결할 것인지를 고려할 수 있도록 하기 위하여, 자신에게 제기된 민사소송의 재판 전후를 불문하고, 언제든지 명령으로 절차를 중지할 수 있다.

　(a) 당해 법원이 그렇게 하는 것이 적절하다고 생각하는 경우, 그리고

　(b) 절차의 양당사자가 그렇게 동의하는 경우

(2) 제1항에 따라 법원이 명령을 내리는 경우에, 중지기간은 법원이 적절하다고 생각하는 기간으로 한다.

(3) 절차의 양당사자는 그들 사이에서 합의가 이루어졌는지를 불문하고, 제2항 소정의 기간의 만료시나 그 전에, 분쟁의 대상이 된 문제의 전부 또는 일부가 중재에 의하여 해결되어야 한다는 것을 문제의 민사소송을 담당하는 법원에 고지하여야 한다.

(4) 그러한 합의가 이루어진 경우에, 그 합의는 이 법의 적용에 있어서 중재합의로 취급된다.

(5) 제4항에서 규정하는 합의에 관하여 법원은

　(a) 그 합의가 분쟁의 대상이 되는 모든 문제에 관련되는 경우에는, 명령에 의하여 절차를 중단시켜야 하고 동 절차의 비용에 관하여 적절하다고 생각되는 명령을 내릴 수 있다. 또는

　(b) 그 합의가 분쟁의 대상이 되는 문제의 일부에 한하여 관련되는 경우에는, 동 절차의 중단에 관한 적절하다고 생각되는 명령을 내릴 수 있다. 또는

(6) 어떠한 합의도 이루어지지 아니한 경우에, 법원은 때에는 동 절차의 중단에 관하여 적절하다고 생각되는 명령을 내릴 수 있다.

(7) 본조는 자신이 담당하는 민사소송을 정지할 법원의 권한을 추가하는 것이지 대체하는 것이 아니다.

SINGAPORE

| 세 | 계 | 중 | 재 | 법 | 령 |

International Arbitration Act
싱가포르 중재법

04

International Arbitration Act

(CHAPTER 143A)
(Original Enactment: Act 23 of 1994)
REVISED EDITION 2002
(31st December 2002)

An Act to make provision for the conduct of international commercial arbitrations based on the Model Law on International Commercial Arbitration adopted by the United Nations Commission on International Trade Law and conciliation proceedings and to give effect to the New York Convention on the Recognition and Enforcement of Foreign Arbitral Awards and for matters connected therewith.

[27th January 1995]

PART I — PRELIMINARY

1 Short title

This Act may be cited as the International Arbitration Act.

PART II — INTERNATIONAL COMMERCIAL ARBITRATION

2 Interpretation of Part II

(1) In this Part, unless the context otherwise requires —

"arbitral tribunal" means a sole arbitrator or a panel of arbitrators or a permanent arbitral institution, and includes an emergency arbitrator appointed pursuant to the rules of arbitration agreed to or adopted by the parties including the rules of arbitration of an institution or organisation;

[Act 12 of 2012 wef 01/06/2012]

"appointing authority" means the authority designated under section 8(2) or (3);

"arbitration agreement" means an arbitration agreement referred to in section 2A;

[Act 12 of 2012 wef 01/06/2012]

"award" means a decision of the arbitral tribunal on the substance of the dispute and

싱가포르 국제중재법

(제143A장)
(1994년 법률 제23호 제정)
2002년 개정법
(2002년 12월 31일)

국제연합 국제거래법위원회(UNCITRAL)가 채택한「모델국제상사중재법」에 근거한 국제상사중재의 관리와 조정절차에 관한 규정을 마련하고,「외국중재판정의 승인 및 집행에 관한 뉴욕협약」및 그에 관련된 사항들을 시행하기 위한 법률

[1995년 1월 27일]

제 1 절   모두 조항

제1조   약칭

이 법률은「국제중재법」으로 약칭할 수 있다.

제 2 절   국제상사중재

제2조   제2절의 해석

(1) 이 절에서 문맥상 달리 해석되지 아니하는 한,

"중재판정부"는 단독 중재인 또는 수인의 중재인으로 구성되는 중재인단 또는 상설중재기관을 의미하고, 기관 혹은 조직의 중재규칙을 포함하여 당사자가 합의하거나 채택한 중재규칙에 따라 선정된 긴급중재인을 포함한다.

[2012년 법률 제12호, 2012년 6월 1일 시행]

"선정기관"은 제8조 제2항 또는 제3항의 규정에 의하여 지정된 기관을 의미한다.

"중재합의"는 제2A조에서 규정하는 중재합의를 의미한다.

[2012년 법률 제12호, 2012년 6월 1일 시행]

"중재판정"은 분쟁의 실체에 대한 중재판정부의 판정을 의미하고, 임시판정, 중간판정 또는 일부판정을 포함하며, 제12조의 규정에 의한 명령 또는 지시를 제외한다.

includes any interim, interlocutory or partial award but excludes any orders or directions made under section 12;

[Act 12 of 2012 wef 01/06/2012]

[Act 12 of 2012 wef 01/06/2012]

"Model Law" means the UNCITRAL Model Law on International Commercial Arbitration adopted by the United Nations Commission on International Trade Law on 21st June 1985, the text in English of which is set out in the First Schedule;

"party" means a party to an arbitration agreement or, in any case where an arbitration does not involve all of the parties to the arbitration agreement, means a party to the arbitration.

[38/2001]

(2) Except so far as the contrary intention appears, a word or expression that is used both in this Part and in the Model Law (whether or not a particular meaning is given to it by the Model Law) has, in the Model Law, the same meaning as it has in this Part.

(3) [Deleted by Act 12 of 2012 wef 01/06/2012]

(4) [Deleted by Act 12 of 2012 wef 01/06/2012]

2A Definition and form of arbitration agreement

(1) In this Act, "arbitration agreement" means an agreement by the parties to submit to arbitration all or certain disputes which have arisen or which may arise between them in respect of a defined legal relationship, whether contractual or not.

(2) An arbitration agreement may be in the form of an arbitration clause in a contract or in the form of a separate agreement.

(3) An arbitration agreement shall be in writing.

(4) An arbitration agreement is in writing if its content is recorded in any form, whether or not the arbitration agreement or contract has been concluded orally, by conduct or by other means.

(5) The requirement that an arbitration agreement shall be in writing is satisfied by an electronic communication if the information contained therein is accessible so as to be useable for subsequent reference.

(6) Where in any arbitral or legal proceedings, a party asserts the existence of an arbitration agreement in a pleading, statement of case or any other document in circumstances in which the assertion calls for a reply and the assertion is not denied, there shall be deemed to be an effective arbitration agreement as between the parties to the proceedings.

(7) A reference in a contract to any document containing an arbitration clause shall constitute an arbitration agreement in writing if the reference is such as to make that clause part of the contract.

[삭제, 2012년 법률 제12호, 2012년 6월 1일 시행]

[삭제, 2012년 법률 제12호, 2012년 6월 1일 시행]

"모델법"은 국제연합 국제거래법위원회(UNCITRAL)에 의하여 1985년 6월 21일에 채택된「UNCITRAL 모델국제상사중재법」을 의미하고, 그 영어 조문은 부속서 1에 명시한다.

"당사자"는 중재합의의 당사자를 의미하나, 중재합의의 당사자 전원이 중재에 관여하지 아니하는 경우에는 중재의 당사자를 의미한다.

[2001년 법률 제38호]

(2) 다른 취지가 나타나 있는 경우를 제외하고, 이 절과 모델법에서 공통으로 사용되는 용어 또는 표현(모델법에서 특별한 의미가 부여되어 있는지 여부를 불문한다)은 모델법에서 이 절의 의미와 같은 의미를 가진다.

(3) [삭제, 2012년 법률 제12호, 2012년 6월 1일 시행]

(4) [삭제, 2012년 법률 제12호, 2012년 6월 1일 시행]

제2A조 중재합의의 정의와 방식

(1) 이 법률에서 "중재합의"라 함은 계약에 의한 것인지 여부를 불문하고, 일정한 법률관계에 관하여 당사자간에 이미 발생하였거나 장래에 발생할 수 있는 모든 분쟁 또는 특정한 분쟁을 중재에 부탁하는 당사자 사이의 합의를 말한다.

(2) 중재합의는 계약에 포함된 중재조항 또는 독립된 합의 형식으로 할 수 있다.

(3) 중재합의는 서면으로 하여야 한다.

(4) 중재합의 또는 계약이 구두, 행위 또는 기타의 방법에 의하여 체결된 것인지 여부와 상관없이, 중재합의의 내용이 어떠한 형식으로든 기록이 된 경우에는 서면 중재합의에 해당한다.

(5) 전자적 통신에 포함된 정보가 차후에 조회할 수 있는 형태로 이용가능한 경우에 전자적 통신은 중재합의의 서면 요건을 충족한다.

(6) 중재 또는 소송절차중에 일방 당사자가 변론서, 사건진술서 또는 기타 서면에 의하여 중재합의의 존재를 주장하는 경우 그 주장이 답변을 요구하고 그 주장이 부인되지 아니하는 경우에는 절차에 참가하는 당사자간에는 유효한 중재합의가 있는 것으로 본다.

(7) 계약에 중재조항이 포함된 서류를 인용하고 있는 경우로서 그 인용이 중재조항을 그 계약의 일부로 하고 있는 경우에는 서면에 의한 중재합의로 본다.

(8) A reference in a bill of lading to a charterparty or other document containing an arbitration clause shall constitute an arbitration agreement in writing if the reference is such as to make that clause part of the bill of lading.

(9) Article 7 of the Model Law shall not apply to this section.

(10) In this section —

"data message" means information generated, sent, received or stored by electronic, magnetic, optical or similar means, including, but not limited to, electronic data interchange (EDI), electronic mail, telegram, telex or telecopy;

"electronic communication" means any communication that the parties make by means of data messages.

[Act 12 of 2012 wef 01/06/2012]

3 Model Law to have force of law

(1) Subject to this Act, the Model Law, with the exception of Chapter VIII thereof, shall have the force of law in Singapore.

(2) In the Model Law —

"State" means Singapore and any country other than Singapore;

"this State" means Singapore.

4 Interpretation of Model Law by use of extrinsic material

(1) For the purposes of interpreting the Model Law, reference may be made to the documents of —

(a) the United Nations Commission on International Trade Law; and

(b) its working group for the preparation of the Model Law, relating to the Model Law.

(2) Subsection (1) shall not affect the application of section 9A of the Interpretation Act (Cap. 1) for the purposes of interpreting this Act.

5 Application of Part II

(1) This Part and the Model Law shall not apply to an arbitration which is not an international arbitration unless the parties agree in writing that this Part or the Model Law shall apply to that arbitration.

(2) Notwithstanding Article 1(3) of the Model Law, an arbitration is international if —

(a) at least one of the parties to an arbitration agreement, at the time of the conclusion of the agreement, has its place of business in any State other than Singapore; or

(b) one of the following places is situated outside the State in which the parties have their places of business:

(i) the place of arbitration if determined in, or pursuant to, the arbitration agreement;

(ii) any place where a substantial part of the obligations of the commercial relationship

(8) 선하증권에 중재조항이 포함된 용선계약 기타 서류를 인용하고 있는 경우로서 그 인용이 중재조항을 그 선하증권의 일부로 하고 있는 경우에는 서면에 의한 중재합의로 본다.

(9) 모델법 제7조의 규정은 이 조에 적용되지 아니한다.

(10) 이 조에서

"데이터 메시지(data message)"는 전자적, 자기적, 광학적 또는 이와 유사한 수단으로 생성, 송신, 수신 또는 저장되는 정보를 의미하며, 전자문서교환(EDI), 전자우편, 전보, 전신 또는 팩시밀리를 포함하되 이에 국한되지 아니한다.

"전자적 통신"은 당사자들이 데이터 메시지 방법으로 행하는 모든 통신을 의미한다.

[2012년 법률 제12호, 2012년 6월 1일 시행]

제3조 모델법의 법적 효력

(1) 이 법률에 따라, 모델법은 제8장의 규정을 제외하고 싱가포르에서 법적 구속력을 가진다.

(2) 모델법에서

"국가"는 싱가포르 및 그 외의 국가를 의미한다.

"이 국가"는 싱가포르를 의미한다.

제4조 외부자료에 의한 모델법의 해석

(1) 모델법의 해석에 있어 다음의 문서들이 인용될 수 있다.

(a) 국제연합 국제무역법위원회의 문서

(b) 모델법 준비를 위한 동 위원회 실무작업반의 모델법 관련 문서

(2) 제1항의 규정은 이 법률의 해석에 있어 「법 해석에 관한 법률」(제1장) 제9A조 규정의 적용에 영향을 주지 아니한다.

제5조 제2절의 적용

(1) 이 절 및 모델법은 국제중재가 아닌 중재에는 적용되지 아니한다. 다만 당사자들이 이 절 및 모델법을 해당 중재에 적용하도록 서면으로 합의한 경우에는 그러하지 아니하다.

(2) 모델법 제1조 제3항의 규정에 불구하고 다음의 중재는 국제중재로 한다.

(a) 중재합의의 당사자중 적어도 1인이 중재합의 체결시에 싱가포르 이외의 국가에 영업소를 둔 경우, 또는

(b) 다음의 장소 중 하나가 당사자의 영업소 소재지 국가 이외에 있는 경우

(i) 중재합의에서 정하고 있거나 중재합의에 따른 중재지

(ii) 상사관계 의무의 실질적인 부분이 이행되는 장소 또는 분쟁의 대상과 가장 밀접하게 관련된 장소, 또는

is to be performed or the place with which the subject-matter of the dispute is most closely connected; or

(c) the parties have expressly agreed that the subject-matter of the arbitration agreement relates to more than one country.

(3) For the purposes of subsection (2) —

(a) if a party has more than one place of business, the place of business shall be that which has the closest relationship to the arbitration agreement;

(b) if a party does not have a place of business, a reference to his place of business shall be construed as a reference to his habitual residence.

(4) Notwithstanding any provision to the contrary in the Arbitration Act (Cap. 10), that Act shall not apply to any arbitration to which this Part applies.

6 Enforcement of international arbitration agreement

(1) Notwithstanding Article 8 of the Model Law, where any party to an arbitration agreement to which this Act applies institutes any proceedings in any court against any other party to the agreement in respect of any matter which is the subject of the agreement, any party to the agreement may, at any time after appearance and before delivering any pleading or taking any other step in the proceedings, apply to that court to stay the proceedings so far as the proceedings relate to that matter.

[38/2001]

(2) The court to which an application has been made in accordance with subsection (1) shall make an order, upon such terms or conditions as it may think fit, staying the proceedings so far as the proceedings relate to the matter, unless it is satisfied that the arbitration agreement is null and void, inoperative or incapable of being performed.

[38/2001]

(3) Where a court makes an order under subsection (2), the court may, for the purpose of preserving the rights of parties, make such interim or supplementary orders as it may think fit in relation to any property which is the subject of the dispute to which the order under that subsection relates.

(4) Where no party to the proceedings has taken any further step in the proceedings for a period of not less than 2 years after an order staying the proceedings has been made, the court may, on its own motion, make an order discontinuing the proceedings without prejudice to the right of any of the parties to apply for the discontinued proceedings to be reinstated.

[38/2001]

(5) For the purposes of this section and sections 7 and 11A —

(a) a reference to a party shall include a reference to any person claiming through or under such party;

(c) 당사자가 중재합의의 대상이 2개 이상의 국가에 관계된다는 내용을 명시적으로 합의한 경우

(3) 제2항의 적용에 있어

  (a) 일방 당사자가 2개 이상의 영업소를 두고 있는 경우에는 중재합의와 가장 밀접한 관계가 있는 영업소를 지칭한다.

  (b) 일방 당사자가 영업소를 두고 있지 아니한 경우에는 그 당사자의 영업소에 대한 인용은 그의 상거소를 인용하는 것으로 해석한다.

(4) 「중재법」(제10장)에서 달리 정하는 모든 규정에도 불구하고, 「중재법」의 규정은 이 절의 규정이 적용되는 중재에는 적용되지 아니한다.

제6조　국제중재합의의 강제력

(1) 모델법 제8조의 규정에 불구하고, 이 법률이 적용되는 중재합의의 당사자가 중재합의의 타방 당사자를 상대로 법원에 그 합의의 대상인 사항에 관하여 여하한 법적절차를 제기한 경우에, 동 사안과 관련된 절차에 관한 한, 중재합의의 어떠한 당사자도 출두 이후 변론제출 기타의 절차진행 이전에 항시라도 그 법원에 절차의 중지를 신청할 수 있다.

[2001년 법률 제38호]

(2) 제1항의 규정에 따라 신청을 받은 법원은 절차가 합의의 대상과 관련되는 한 적당하다고 인정되는 조건을 부과하여 그 절차의 중지를 명령하여야 한다. 다만, 중재합의가 무효이거나 실효하였거나 또는 이행불능의 상태에 있다고 확인되는 경우에는 그러하지 아니하다.

[2001년 법률 제38호]

(3) 법원이 제2항의 규정에 의거 명령을 내리는 경우 법원은 당사자들의 권리 보전을 위하여 제2항의 명령이 관련되는 분쟁의 대상인 자산에 대하여도 적당하다고 인정되는 임시 또는 보충명령을 내릴 수 있다.

(4) 절차에 참가하는 어떠한 당사자도 절차중지 명령이 내려진 날로부터 2년 이상의 기간 동안 어떠한 절차상의 추가적인 조치를 취하지 아니한 경우에 법원은 직권으로 당사자가 절차 재개를 신청할 수 있는 권리를 해치지 않고 절차의 중단을 명령할 수 있다.

[2001년 법률 제38호]

(5) 이 조와 제7조 및 제11A조 규정의 적용에 있어,

  (a) 당사자에 대한 인용은 그 당사자를 통하여 또는 그 이름으로 권리를 주장하는 자에 대한 인용을 포함한다.

(b) "court" means the High Court, District Court, Magistrate's Court or any other court in which proceedings are instituted.

[38/2001]

7 Court's powers on stay of proceedings

(1) Where a court stays proceedings under section 6, the court may, if in those proceedings property has been arrested or bail or other security has been given to prevent or obtain release from arrest, order —

(a) that the property arrested be retained as security for the satisfaction of any award made on the arbitration; or

(b) that the stay be conditional on the provision of equivalent security for the satisfaction of any such award.

[38/2001]

(2) Subject to Rules of Court and to any necessary modification, the same law and practice shall apply in relation to property retained in pursuance of an order under this section as would apply if it were held for the purposes of proceedings in the court which made the order.

8 Authorities specified for purposes of Article 6 of Model Law

(1) The High Court in Singapore shall be taken to have been specified in Article 6 of the Model Law as courts competent to perform the functions referred to in that Article except for Article 11(3) and (4) of the Model Law.

(2) The Chairman of the Singapore International Arbitration Centre shall be taken to have been specified as the authority competent to perform the functions under Article 11(3) and (4) of the Model Law.

[38/2001]

(3) The Chief Justice may, if he thinks fit, by notification published in the Gazette, appoint any other person to exercise the powers of the Chairman of the Singapore International Arbitration Centre under subsection (2).

[38/2001]

8A Application of Limitation Act and Foreign Limitation Periods Act 2012

(1) The Limitation Act (Cap. 163) and the Foreign Limitation Periods Act 2012 shall apply to arbitral proceedings as they apply to proceedings before any court and any reference in both Acts to the commencement of proceedings shall be construed as a reference to the commencement of arbitral proceedings.

[Act 13 of 2012 wef 01/06/2012]

(2) The High Court may order that in computing the time prescribed by the Limitation Act or the Foreign Limitation Periods Act 2012 for the commencement of proceedings (including

(b) "법원"이라 함은 절차가 제기된 고등법원, 지방법원, 치안판사법원 및 기타 법원으로 한다.

[2001년 법률 제38호]

제7조 절차의 중지에 관한 법원의 권한

(1) 법원이 제6조의 규정에 의거 절차를 중지하는 경우에 그 절차중에 재산이 압류되었거나 그러한 압류를 막기 위한 공탁금 기타 담보가 제공된 때에는 법원은 다음의 명령을 내릴 수 있다.

(a) 당해 압류재산을 중재판정의 이행을 위한 담보로 보전하도록 하는 명령, 또는

(b) 중재판정의 이행을 위한 대용담보를 제공하는 것을 조건부로 하는 절차중지 명령

[2001년 법률 제38호]

(2) 「법원규칙」 및 그 필수적 변경내용에 따라, 이 조의 명령에 의하여 보전된 재산에 대하여는 그 명령을 내린 법원의 소송절차에서 명령이 내려진 경우와 동일한 법률 및 관행이 적용된다.

제8조 모델법 제6조의 기능을 수행하기 위한 기관 등의 명시

(1) 싱가포르 고등법원을 모델법 제6조에서 정한 기능을 수행하는 자격을 갖춘 법원으로 명시하되, 동법 제11조 제3항 및 제4항에 규정된 경우는 제외한다.

(2) 싱가포르 국제중재센터의 의장을 모델법 제11조 제3항 및 제4항의 기능을 수행하는 자격을 갖춘 기관으로 명시한다.

[2001년 법률 제38호]

(3) 대법원장은 적당하다고 인정하는 경우 관보에 공고하는 방법으로 제2항에 의한 싱가포르 국제중재센터 의장의 권한을 행사할 제3자를 선임할 수 있다.

[2001년 법률 제38호]

제8A조 「제소기간 제한법」 및 「2012년 대외 제소기간에 관한 법률」의 적용

(1) 「제소기간 제한법」(제163장) 및 「2012년 대외 제소기간에 관한 법률」은 법원의 법적절차에 적용되는 경우에 준하여 중재절차에도 적용되고, 이들 법률에서 절차 개시에 대한 인용은 중재절차 개시에 대한 인용으로 해석하여야 한다.

[2012년 법률 제13호, 2012년 6월 1일 시행]

(2) 고등법원은 다음 사항을 대상으로 하는 분쟁에 대한 절차(중재절차를 포함한다)의 개시에 관하여 「제소기간 제한법」 또는 「2012년 대외 제소기간에 관한 법률」에서 규정한 기간을 산정함에 있어,

arbitral proceedings) in respect of a dispute which was the subject-matter of —

(a) an award which the High Court orders to be set aside or declares to be of no effect; or

(b) the affected part of an award which the High Court orders to be set aside in part or declares to be in part of no effect,

the period between the commencement of the arbitration and the date of the order referred to in paragraph (a) or (b) shall be excluded.

[38/2001]

[Act 13 of 2012 wef 01/06/2012]

(3) Notwithstanding any term in an arbitration agreement to the effect that no cause of action shall accrue in respect of any matter required by the agreement to be referred until an award is made under the agreement, the cause of action shall, for the purposes of the Limitation Act and the Foreign Limitation Periods Act 2012, be deemed to have accrued in respect of any such matter at the time when it would have accrued but for that term in the agreement.

[38/2001]

[Act 13 of 2012 wef 01/06/2012]

9 Number of arbitrators for purposes of Article 10 (2) of Model Law

Notwithstanding Article 10(2) of the Model Law, if the number of arbitrators is not determined by the parties, there shall be a single arbitrator.

9A Default appointment of arbitrators

(1) Notwithstanding Article 11(3) of the Model Law, in an arbitration with 3 arbitrators, each party shall appoint one arbitrator, and the parties shall by agreement appoint the third arbitrator.

[38/2001]

(2) Where the parties fail to agree on the appointment of the third arbitrator within 30 days of the receipt of the first request by either party to do so, the appointment shall be made, upon the request of a party, by the appointing authority.

[38/2001]

10 Appeal on ruling of jurisdiction

(1) This section shall have effect notwithstanding Article 16(3) of the Model Law.

(2) An arbitral tribunal may rule on a plea that it has no jurisdiction at any stage of the arbitral proceedings.

(3) If the arbitral tribunal rules —

(a) on a plea as a preliminary question that it has jurisdiction; or

(b) on a plea at any stage of the arbitral proceedings that it has no jurisdiction,

(a) 고등법원이 취소를 명령하거나 무효라고 선고한 중재판정, 또는

(b) 고등법원이 일부취소를 명령하거나 일부무효라고 선고한 중재판정의 해당 부분

중재절차 개시일로부터 제a호 또는 제b호에 규정된 명령일 사이의 기간을 산입하지 아니하도록 명령할 수 있다.

[2001년 법률 제38호]

[2012년 법률 제13호, 2012년 6월 1일 시행]

(3) 중재합의에 의하여 의무화된 사항에 대하여는 중재판정이 내려지기까지는 법적절차의 청구사유가 발생하지 아니한다는 내용이 중재합의에 있음에도 불구하고, 「제소기간 제한법」 및 「2012년 대외 제소기간에 관한 법률」 규정의 적용에 있어 당해 사항에 대한 법적절차의 청구사유는 중재합의에 내용이 없다면 발생하게 된 시점에 발생한 것으로 간주된다.

[2001년 법률 제38호]

[2012년 법률 제13호, 2012년 6월 1일 시행]

제9조　모델법 제10조 제2항에서의 중재인의 수

모델법 제10조 제2항의 규정에 불구하고 중재인의 수가 당사자에 의하여 정해지지 아니한 경우에 중재인의 수는 1인으로 한다.

제9A조　당사자 합의가 없는 경우의 중재인의 선정

(1) 모델법 제11조 제3항의 규정에 불구하고 중재인의 수가 3인인 중재에 있어서는 당사자가 각각 1인의 중재인을 선정하고, 양 당사자의 합의로 제3의 중재인을 선정한다.

[2001년 법률 제38호]

(2) 양 당사자가 상대방으로부터 최초로 선정을 요구받은 날로부터 30일 이내에 제3의 중재인 선정에 합의하지 못한 경우에는 일방 당사자의 요청에 따라 선정기관이 중재인을 선정한다.

[2001년 법률 제38호]

제10조　관할권의 결정에 대한 상소

(1) 이 조의 규정은 모델법 제16조 제3항의 규정에 불구하고 효력을 가진다.

(2) 중재판정부는 중재절차의 어느 단계에서도 관할권이 없다는 항변에 관하여 결정할 수 있다.

(3) 중재판정부가,

　(a) 선결문제로서 자신이 관할권이 있다는 항변에 관하여 결정하는 경우, 또는

　(b) 중재절차의 어느 단계에서도 자신이 관할권이 없다는 항변에 관하여 결정하는 경우에

any party may, within 30 days after having received notice of that ruling, apply to the High Court to decide the matter.

(4) An appeal from the decision of the High Court made under Article 16(3) of the Model Law or this section shall lie to the Court of Appeal only with the leave of the High Court.

(5) There shall be no appeal against a refusal for grant of leave of the High Court.

(6) Where the High Court, or the Court of Appeal on appeal, decides that the arbitral tribunal has jurisdiction —

(a) the arbitral tribunal shall continue the arbitral proceedings and make an award; and

(b) where any arbitrator is unable or unwilling to continue the arbitral proceedings, the mandate of that arbitrator shall terminate and a substitute arbitrator shall be appointed in accordance with Article 15 of the Model Law.

(7) In making a ruling or decision under this section that the arbitral tribunal has no jurisdiction, the arbitral tribunal, the High Court or the Court of Appeal (as the case may be) may make an award or order of costs of the proceedings, including the arbitral proceedings (as the case may be), against any party.

(8) Where an award of costs is made by the arbitral tribunal under subsection (7), section 21 shall apply with the necessary modifications.

(9) Where an application is made pursuant to Article 16(3) of the Model Law or this section —

(a) such application shall not operate as a stay of the arbitral proceedings or of execution of any award or order made in the arbitral proceedings unless the High Court orders otherwise; and

(b) no intermediate act or proceeding shall be invalidated except so far as the High Court may direct.

(10) Where there is an appeal from the decision of the High Court pursuant to subsection (4) —

(a) such appeal shall not operate as a stay of the arbitral proceedings or of execution of any award or order made in the arbitral proceedings unless the High Court or the Court of Appeal orders otherwise; and

(b) no intermediate act or proceeding shall be invalidated except so far as the Court of Appeal may direct.

[Act 12 of 2012 wef 01/06/2012]

11 Public policy and arbitrability

(1) Any dispute which the parties have agreed to submit to arbitration under an arbitration agreement may be determined by arbitration unless it is contrary to public policy to do so.

[38/2001]

당사자는 그 결정을 통지받은 날로부터 60일 이내에 고등법원에 당해 사항의 결정을 신청할 수 있다.

(4) 모델법 제16조 제3항 또는 이 조의 규정에 의한 고등법원의 결정에 대하여는 고등법원이 허가한 경우에 한하여 항소법원에 상소할 수 있다.

(5) 고등법원의 허가거절 결정에 대하여는 상소할 수 없다.

(6) 고등법원 또는 상소절차중의 항소법원이 중재판정부가 관할권을 보유한다고 결정한 경우에

   (a) 중재판정부는 중재절차를 속행하여 중재판정을 내려야 한다.

   (b) 중재인이 중재절차를 속행할 수 없거나 속행하지 아니하는 경우 그 중재인의 권한은 종료되고 모델법 제15조의 규정에 따라 보궐중재인이 선정된다.

(7) 이 조의 규정에 의거 중재판정부가 관할권이 없다고 결정하는 경우에 중재판정부, 고등법원 또는 항소법원(경우에 따라)은 당사자에 대하여 중재절차를 포함한(경우에 따라) 절차비용에 대한 중재판정 또는 명령을 내릴 수 있다.

(8) 중재판정부가 제7항의 규정에 의하여 절차비용에 대한 중재판단을 내리는 경우 필수적 변경을 거쳐 제21조의 규정을 적용한다.

(9) 모델법 제16조 제3항 또는 이 조의 규정에 의하여 신청이 있는 경우

   (a) 그 신청은 고등법원이 달리 명령하지 않는 한, 중재절차 또는 그 절차중에 내려진 중재판정 및 명령의 집행을 중지시키지 아니한다.

   (b) 고등법원의 지시가 없는 한, 중도의 행위 및 절차는 무효로 되지 아니한다.

(10) 제4항의 고등법원의 결정에 대하여 불복이 있는 경우

   (a) 그 불복은 고등법원 또는 항소법원이 달리 명령하지 아니하는 한, 중재절차 자체 또는 그 절차중에 내려진 중재판정 및 명령의 집행을 중지시키지 아니한다.

   (b) 항소법원이 지시하지 아니하는 한, 중도의 행위 및 절차는 무효로 되지 아니한다.

[2012년 법률 제12호, 2012년 6월 1일 시행]

제11조　공서와 중재가능성

(1) 당사자가 중재합의에 따라 중재에 부탁하도록 합의한 분쟁은 공서에 반하지 아니하는 한 중재에 의하여 해결된다.

[2001년 법률 제38호]

(2) The fact that any written law confers jurisdiction in respect of any matter on any court of law but does not refer to the determination of that matter by arbitration shall not, of itself, indicate that a dispute about that matter is not capable of determination by arbitration.

11A Reference of interpleader issue to arbitration

Where in proceedings before any court relief by way of interpleader is granted and any issue between the claimants is one in respect of which there is an arbitration agreement between them, the court granting the relief may direct the issue between the claimants to be determined in accordance with the agreement.

[38/2001]

12 Powers of arbitral tribunal

(1) Without prejudice to the powers set out in any other provision of this Act and in the Model Law, an arbitral tribunal shall have powers to make orders or give directions to any party for —

(a) security for costs;

(b) discovery of documents and interrogatories;

(c) giving of evidence by affidavit;

(d) the preservation, interim custody or sale of any property which is or forms part of the subject-matter of the dispute;

(e) samples to be taken from, or any observation to be made of or experiment conducted upon, any property which is or forms part of the subject-matter of the dispute;

(f) the preservation and interim custody of any evidence for the purposes of the proceedings;

(g) securing the amount in dispute;

(h) ensuring that any award which may be made in the arbitral proceedings is not rendered ineffectual by the dissipation of assets by a party; and

(i) an interim injunction or any other interim measure.

[38/2001]

(2) An arbitral tribunal shall, unless the parties to an arbitration agreement have (whether in the arbitration agreement or in any other document in writing) agreed to the contrary, have power to administer oaths to or take affirmations of the parties and witnesses.

(3) An arbitral tribunal shall, unless the parties to an arbitration agreement have (whether in the arbitration agreement or in any other document in writing) agreed to the contrary, have power to adopt if it thinks fit inquisitorial processes.

(4) The power of the arbitral tribunal to order a claimant to provide security for costs as referred to in subsection (1)(a) shall not be exercised by reason only that the claimant is —

(2) 성문법이 어느 사항에 대한 관할권을 법원에 부여하면서 중재를 통한 해결을 인용하고 있지 아니한다는 사실이 동 사항에 관한 분쟁을 중재로 해결할 수 없다는 것을 나타내는 것은 아니다.

제11A조 경합권리자 확인 문제의 중재부탁

경합권리자 확인소송에 의하여 법원의 구제가 승인되고 청구자간의 모든 쟁점에 대하여 중재합의가 있는 경우, 구제를 승인한 법원은 청구자간의 쟁점을 중재합의에 따라 결정하도록 지시할 수 있다.

[2001년 법률 제38호]

제12조 중재판정부의 권한

(1) 이 법의 다른 조항 및 모델법에서 정한 권한을 훼손함이 없이 중재판정부는 당사자에 대하여 다음 사항에 대한 명령 또는 지시를 할 수 있는 권한을 가진다.
  (a) 비용에 대한 담보
  (b) 문서의 공개 및 질문서에 의한 질문
  (c) 선서 진술서에 의한 증거의 제출
  (d) 분쟁의 대상 또는 그 일부인 재산의 보전, 임시보관 또는 매각
  (e) 분쟁의 대상 또는 그 일부인 어떠한 재산에 대한 견본의 채취, 관찰 또는 실험
  (f) 중재절차를 위한 증거의 보전 및 임시보관
  (g) 분쟁금액의 확보
  (h) 일방 당사자가 재산을 소실시킨 경우라 하더라도 중재절차에서 내려질 중재판정이 효력을 상실하게 되지는 않는다는 보증
  (i) 임시명령 또는 기타 임시적 처분

[2001년 법률 제38호]

(2) 중재판정부는 중재합의의 당사자간에 다른 합의(중재합의에 의한 것인지 기타 서면에 의한 것인지를 불문한다)가 없는 한, 당사자 및 증인에게 서약 또는 확약을 시킬 수 있는 권한을 가진다.

(3) 중재판정부는 중재합의의 당사자간에 다른 합의(중재합의에 의한 것인지 기타 서면에 의한 것인지를 불문한다)가 없는 한, 적당하다고 인정되는 경우에 신문조사절차를 채택할 수 있는 권한을 가진다.

(4) 제1항 제a호의 규정에 따라 중재판정부가 신청인에게 비용에 대한 담보 제공을 명령하는 권한은 신청인이 다음 사유에 해당하는 것만으로 행사되어서는 아니된다.

(a) an individual ordinarily resident outside Singapore; or

(b) a corporation or an association incorporated or formed under the law of a country outside Singapore, or whose central management and control is exercised outside Singapore.

[38/2001]

(5) Without prejudice to the application of Article 28 of the Model Law, an arbitral tribunal, in deciding the dispute that is the subject of the arbitral proceedings —

(a) may award any remedy or relief that could have been ordered by the High Court if the dispute had been the subject of civil proceedings in that Court;

(b) may award simple or compound interest on the whole or any part of any sum in accordance with section 20(1).

[Act 12 of 2012 wef 01/06/2012]

(6) All orders or directions made or given by an arbitral tribunal in the course of an arbitration shall, by leave of the High Court or a Judge thereof, be enforceable in the same manner as if they were orders made by a court and, where leave is so given, judgment may be entered in terms of the order or direction.

(7) [Deleted by Act 26/2009 wef 01/01/2010]

12A Court-ordered interim measures

(1) This section shall apply in relation to an arbitration —

(a) to which this Part applies; and

(b) irrespective of whether the place of arbitration is in the territory of Singapore.

(2) Subject to subsections (3) to (6), for the purpose of and in relation to an arbitration referred to in subsection (1), the High Court or a Judge thereof shall have the same power of making an order in respect of any of the matters set out in section 12(1)(c) to (i) as it has for the purpose of and in relation to an action or a matter in the court.

(3) The High Court or a Judge thereof may refuse to make an order under subsection (2) if, in the opinion of the High Court or Judge, the fact that the place of arbitration is outside Singapore or likely to be outside Singapore when it is designated or determined makes it inappropriate to make such order.

(4) If the case is one of urgency, the High Court or a Judge thereof may, on the application of a party or proposed party to the arbitral proceedings, make such orders under subsection (2) as the High Court or Judge thinks necessary for the purpose of preserving evidence or assets.

(5) If the case is not one of urgency, the High Court or a Judge thereof shall make an order under subsection (2) only on the application of a party to the arbitral proceedings (upon notice to the other parties and to the arbitral tribunal) made with the permission of the arbitral tribunal or the agreement in writing of the other parties.

(a) 통상 싱가포르 국외에 거주하는 개인, 또는

(b) 싱가포르 이외의 국가의 법률에 의하여 조직 또는 설립되었거나, 또는 그 관리와 지배권이 싱가포르 국외에서 행사되는 회사 또는 단체

[2001년 법률 제38호]

(5) 모델법 제28조의 규정 적용을 제한함이 없이, 중재판정부는 중재절차의 대상인 분쟁을 처리함에 있어,

    (a) 그 분쟁이 고등법원의 민사소송절차 대상인 경우 고등법원이 명령할 수 있는 구제방법을 판정내릴 수 있다.

    (b) 제20조 제1항의 규정에 의한 금액의 전부 또는 일부에 대하여 단리 혹은 복리의 이자를 판정내릴 수 있다.

[2012년 법률 제12호, 2012년 6월 1일 시행]

(6) 중재진행 과정에서 중재판정부가 내리는 모든 명령 또는 지시는 고등법원 또는 그 판사의 허가를 얻어 법원의 명령과 동일한 방식으로 집행할 수 있고, 허가를 얻은 경우 명령 또는 지시의 내용대로 법원 판결이 내려질 수 있다.

(7) [삭제, 2009년 법률 제26호, 2010년 1월 1일 시행]

제12A조 법원의 임시적 처분 명령

(1) 이 조는 다음의 중재에 관하여 적용된다.

    (a) 이 절 규정이 적용되는 중재

    (b) 그 중재지가 싱가포르의 영토내에 있는지 여부는 불문한다.

(2) 제3항 내지 제6항의 규정에 따라 고등법원 또는 그 판사는 제1항에서 인용한 중재에 관하여 제12조 제1항 제c호 내지 제i호에서 규정한 사항에 대하여도 법원에서의 행위 및 사항과 관련되어 내리는 명령과 동일한 명령을 내려야 한다.

(3) 고등법원 또는 그 판사는 중재지가 싱가포르 이외의 곳이거나 혹은 싱가포르 이외의 곳으로 될 가능성이 있어 제2항의 명령을 내리기가 적절하지 아니하다고 판단하는 경우에는 동 명령을 거부할 수 있다.

(4) 긴급한 경우로서 고등법원 또는 그 판사가 증거 또는 재산의 보전에 필요하다고 인정하는 경우, 동 법원 또는 판사는 중재절차에 참가하고 있는 당사자 또는 참가가 예정되어 있는 당사자의 신청에 따라 제2항에 의한 명령을 내릴 수 있다.

(5) 긴급하지 아니한 경우 고등법원 또는 그 판사는 중재절차에 참가하고 있는 당사자가 (다른 당사자들 및 중재판정부에 통지한 후에) 중재판정부의 허가 또는 다른 당사자의 서면에 의한 합의를 얻어 신청한 사안에 한하여 제2항에 의한 명령을 내린다.

(6) In every case, the High Court or a Judge thereof shall make an order under subsection (2) only if or to the extent that the arbitral tribunal, and any arbitral or other institution or person vested by the parties with power in that regard, has no power or is unable for the time being to act effectively.

(7) An order made by the High Court or a Judge thereof under subsection (2) shall cease to have effect in whole or in part (as the case may be) if the arbitral tribunal, or any such arbitral or other institution or person having power to act in relation to the subject-matter of the order, makes an order which expressly relates to the whole or part of the order under subsection (2).

[26/2009 wef 01/01/2010]

13 Witnesses may be summoned by subpoena

(1) Any party to an arbitration agreement may take out a subpoena to testify or a subpoena to produce documents.

[42/2005 wef 01/01/2006]

(2) The High Court or a Judge thereof may order that a subpoena to testify or a subpoena to produce documents shall be issued to compel the attendance before an arbitral tribunal of a witness wherever he may be within Singapore.

[42/2005 wef 01/01/2006]
[38/2001]
[Act 12 of 2012 wef 01/06/2012]

(3) The High Court or a Judge thereof may also issue an order under section 38 of the Prisons Act (Cap. 247) to bring up a prisoner for examination before an arbitral tribunal.

[38/2001]
[Act 12 of 2012 wef 01/06/2012]

(4) No person shall be compelled under any such subpoena to produce any document which he could not be compelled to produce on the trial of an action.

[42/2005 wef 01/01/2006]
[38/2001]

14 [Repealed by Act 12 of 2012 wef 01/06/2012]

15 Law of arbitration other than Model Law

(1) If the parties to an arbitration agreement (whether made before or after 1st November 2001*) have expressly agreed either —

* Date of commencement of the International Arbitration (Amendment) Act 2001 (Act 38/2001).

(a) that the Model Law or this Part shall not apply to the arbitration; or

(b) that the Arbitration Act (Cap. 10) or the repealed Arbitration Act (Cap. 10, 1985 Ed.)

(6) 모든 경우에 고등법원 또는 그 판사는 중재판정부 및 중재 당사자로부터 관련 권한을 부여받은 중재 또는 기타 기관이나 개인이 권한이 없거나 일시적으로 유효하게 절차를 수행할 수 없게 된 사안에 한하여 제2항에 의한 명령을 내린다.

(7) 고등법원 또는 그 판사가 제2항에 의하여 내린 명령은 중재판정부 또는 명령의 대상에 관하여 조치권한을 가진 중재 또는 기타 기관이나 개인이 그 명령의 전부 또는 일부에 명시적으로 관련된 명령을 하는 경우, 그 전부 또는 일부(경우에 따라)가 효력을 상실한다.

[2009년 법률 제26호, 2010년 1월 1일 시행]

제13조 소환장에 의한 증인의 소환

(1) 중재합의의 어떠한 당사자도 증언신문영장 또는 문서제출영장을 취득할 수 있다.

[2005년 법률 제42호, 2006년 1월 1일 시행]

(2) 고등법원 또는 그 판사는 싱가포르 국내의 소재지에 관계없이 증인을 중재판정부에 출두시키기 위한 증언신문영장 또는 문서제출영장의 발부를 명령할 수 있다.

[2005년 법률 제42호, 2006년 1월 1일 시행]
[2001년 법률 제38호]
[2012년 법률 제12호, 2012년 6월 1일 시행]

(3) 고등법원 또는 그 판사는 수감자를 중재판정부의 신문에 출두시키기 위하여 「교정법」 (제247장) 제38조에 의한 명령을 내릴 수 있다.

[2001년 법률 제38호]
[2012년 법률 제12호, 2012년 6월 1일 시행]

(4) 누구도 소송절차에서 제출을 강제할 수 없는 제반 문서를 문서제출영장에 의하여 제출하도록 강제하여서는 아니된다.

[2005년 법률 제42호, 2006년 1월 1일 시행]
[2001년 법률 제38호]

제14조 [삭제, 2012년 법률 제12호, 2012년 6월 1일 시행]

제15조 모델법 이외의 중재법

(1) 중재합의(2001년 11월 1일* 전후에 체결되었는지를 묻지 아니한다) 당사자가 다음의 내용을 명시적으로 합의한 경우

　* 2001년 국제중재(개정)법(2001년 법률 제38호)의 시행일

　(a) 모델법 또는 이 절을 중재에 적용되지 아니한다는 것, 또는

　(b) 「중재법」(제10장) 또는 폐지된 「중재법」(제10장, 1985년판)을 중재에 적용한다는 것

shall apply to the arbitration,

then, both the Model Law and this Part shall not apply to that arbitration but the Arbitration Act or the repealed Arbitration Act (if applicable) shall apply to that arbitration.

[38/2001]

(2) For the avoidance of doubt, a provision in an arbitration agreement referring to or adopting any rules of arbitration shall not of itself be sufficient to exclude the application of the Model Law or this Part to the arbitration concerned.

[38/2001; 28/2002]

15A Application of rules of arbitration

(1) It is hereby declared for the avoidance of doubt that a provision of rules of arbitration agreed to or adopted by the parties, whether before or after the commencement of the arbitration, shall apply and be given effect to the extent that such provision is not inconsistent with a provision of the Model Law or this Part from which the parties cannot derogate.

[28/2002]

(2) Without prejudice to subsection (1), subsections (3) to (6) shall apply for the purposes of determining whether a provision of rules of arbitration is inconsistent with the Model Law or this Part.

[28/2002]

(3) A provision of rules of arbitration is not inconsistent with the Model Law or this Part merely because it provides for a matter on which the Model Law and this Part is silent.

[28/2002]

(4) Rules of arbitration are not inconsistent with the Model Law or this Part merely because the rules are silent on a matter covered by any provision of the Model Law or this Part.

[28/2002]

(5) A provision of rules of arbitration is not inconsistent with the Model Law or this Part merely because it provides for a matter which is covered by a provision of the Model Law or this Part which allows the parties to make their own arrangements by agreement but which applies in the absence of such agreement.

[28/2002]

(6) The parties may make the arrangements referred to in subsection (5) by agreeing to the application or adoption of rules of arbitration or by providing any other means by which a matter may be decided.

[28/2002]

(7) In this section and section 15, "rules of arbitration" means the rules of arbitration agreed to or adopted by the parties including the rules of arbitration of an institution or organisation.

[28/2002]

모델법 및 이 절의 어떠한 규정도 중재에 적용되지 아니하고, 「중재법」 또는 폐지된 「중재법」(해당하는 경우에)의 규정을 적용한다.

[2001년 법률 제38호]

(2) 의심의 여지를 없애기 위하여 중재합의에 어떠한 중재규칙을 인용하거나 그것을 채용하는 규정을 두더라도 모델법 또는 이 절의 규정을 중재에 적용하는 것을 배제하지 아니한다.

[2001년 법률 제38호; 2002년 법률 제28호]

제15A조 중재규칙의 적용

(1) 의심의 여지를 없애기 위하여 중재합의의 당사자가 합의 또는 채택한 중재규칙의 규정은 중재의 개시 전후를 불문하고 당사자에 의하여 배제될 수 없는 모델법 또는 이 절의 규정에 반하지 아니하는 범위내에서 적용되고 유효하다는 것을 이에 의하여 선언한다.

[2002년 법률 제28호]

(2) 제1항의 규정을 훼손하지 아니하는 한, 중재규칙의 규정이 모델법 또는 이 절의 규정에 반하는지 여부를 결정함에 있어서는 제3항 내지 제6항의 규정을 적용한다.

[2002년 법률 제28호]

(3) 모델법 및 이 절에서 정하지 아니한 사항에 대하여 중재규칙이 정하고 있다는 이유만으로 중재규칙의 규정이 모델법 또는 이 절의 규정에 반하는 것으로 해석되지 아니한다.

[2002년 법률 제28호]

(4) 모델법 또는 이 절이 정하고 있는 사항에 대하여 중재규칙이 정하지 아니하였다는 이유만으로 중재규칙이 모델법 또는 이 절의 규정에 반하는 것으로 해석되지 아니한다.

[2002년 법률 제28호]

(5) 모델법 또는 이 절이 당사자들간의 합의에 의하여 자체 약정을 체결하는 것을 허용하며 그러한 합의가 없는 경우에 적용된다고 규정한 사항에 대하여 중재규칙은 이를 제시하고 있다는 이유만으로 중재규칙이 모델법 또는 이 절의 규정에 반하는 것으로 해석되지 아니한다.

[2002년 법률 제28호]

(6) 당사자는 중재규칙의 적용 또는 채택에 합의하거나 어떠한 사항을 정하기 위하여 기타의 수단을 제시함으로써 제5항의 약정을 체결할 수 있다.

[2002년 법률 제28호]

(7) 이 조 및 제15조에서 "중재규칙"은 기관 또는 조직의 중재규칙을 포함하여 당사자가 합의 또는 채택한 중재규칙을 의미한다.

[2002년 법률 제28호]

16 Appointment of conciliator

(1) Where an agreement provides for the appointment of a conciliator by a person who is not one of the parties and that person refuses to make the appointment or does not make it within the time specified in the agreement or, if no time is so specified, within a reasonable time of being requested by any party to the agreement to make the appointment, the Chairman for the time being of the Singapore International Arbitration Centre may, on the application of any party to the agreement, appoint a conciliator who shall have the like powers to act in the conciliation proceedings as if he had been appointed in accordance with the terms of the agreement.

(2) The Chief Justice may, if he thinks fit, by notification published in the Gazette, appoint any other person to exercise the powers of the Chairman of the Singapore International Arbitration Centre under subsection (1).

(3) Where an arbitration agreement provides for the appointment of a conciliator and further provides that the person so appointed shall act as an arbitrator in the event of the conciliation proceedings failing to produce a settlement acceptable to the parties —

(a) no objection shall be taken to the appointment of such person as an arbitrator, or to his conduct of the arbitral proceedings, solely on the ground that he had acted previously as a conciliator in connection with some or all of the matters referred to arbitration;

(b) if such person declines to act as an arbitrator, any other person appointed as an arbitrator shall not be required first to act as a conciliator unless a contrary intention appears in the arbitration agreement.

(4) Unless a contrary intention appears therein, an agreement which provides for the appointment of a conciliator shall be deemed to contain a provision that in the event of the conciliation proceedings failing to produce a settlement acceptable to the parties within 4 months, or such longer period as the parties may agree to, of the date of the appointment of the conciliator or, where he is appointed by name in the agreement, of the receipt by him of written notification of the existence of a dispute, the conciliation proceedings shall thereupon terminate.

(5) For the purposes of this section and section 17 —

(a) any reference to "conciliator" shall include a reference to any person who acts as a mediator;

(b) any reference to "conciliation proceedings" shall include a reference to mediation proceedings.

[38/2001]

제16조 조정인의 선정

(1) 당사자 이외의 자가 조정인을 선정하는 내용의 합의가 있는 경우에 그 자가 조정인의 선정을 거부하거나 소정의 기간(소정의 기간이 정해지지 아니한 경우에는 중재합의 당사자의 요청에 따라 선정에 필요한 상당한 기간) 내에 선정하지 못한 때에는, 당분간 싱가포르 국제중재센터 의장은 중재합의 당사자의 신청에 의하여 합의의 규정에 따라 선정된 경우에 준하여 조정절차에서 행위를 할 권한을 가진 조정인을 선정할 수 있다.

(2) 대법원장은 적당하다고 인정하는 경우 관보에 공고하는 방법으로 제1항에 의한 싱가포르 국제중재센터의 의장의 권한을 행사할 제3자를 선정할 수 있다.

(3) 중재합의가 조정인의 선정에 대하여 정하고 있고 조정절차에서 당사자가 수락할 조정안이 마련되지 아니한 경우에는 조정인에 선정되었던 자가 중재인으로 활동하도록 규정한 경우

　(a) 중재의 대상인 사항의 전부 또는 일부에 대하여 종전에 조정인으로서 관여하였다는 것만을 가지고 그 자를 중재인으로 선정한 것 또는 중재절차에서의 그 자의 행위에 대하여 이의를 제기할 수 없다.

　(b) 당해 인사가 중재인으로 활동하는 것을 거부한 경우 중재인으로 선정된 제3자는 먼저 조정인으로서 역할을 수행하도록 요구받지 아니한다. 다만 중재합의에 다른 취지가 나타나 있는 경우에는 그러하지 아니하다.

(4) 다른 취지가 있지 아니한 경우 조정인의 선정에 관하여 규정한 합의에는 조정인의 선정 일자로부터 또는 조정인이 합의서상의 기명에 의하여 선정된 경우에는 그 자가 분쟁사실에 대한 서면통지를 받은 날로부터 4개월(당사자가 기간을 이보다 길게 합의한 때에는 그 기간) 내에 당사자가 수락할 조정안이 마련되지 아니한 경우에는 그 즉시 조정절차가 종료된다는 규정이 포함되어 있는 것으로 간주한다.

(5) 이 조 및 제17조 규정의 적용에 있어

　(a) "조정인"에 대한 인용은 중개인으로 활동하는 자에 대한 인용을 포함한다.

　(b) "조정절차"에 대한 인용은 중개절차에 대한 인용을 포함한다.

[2001년 법률 제38호]

17 Power of arbitrator to act as conciliator

(1) If all parties to any arbitral proceedings consent in writing and for so long as no party has withdrawn his consent in writing, an arbitrator or umpire may act as a conciliator.

(2) An arbitrator or umpire acting as conciliator —

(a) may communicate with the parties to the arbitral proceedings collectively or separately; and

(b) shall treat information obtained by him from a party to the arbitral proceedings as confidential, unless that party otherwise agrees or unless subsection (3) applies.

(3) Where confidential information is obtained by an arbitrator or umpire from a party to the arbitral proceedings during conciliation proceedings and those proceedings terminate without the parties reaching agreement in settlement of their dispute, the arbitrator or umpire shall before resuming the arbitral proceedings disclose to all other parties to the arbitral proceedings as much of that information as he considers material to the arbitral proceedings.

(4) No objection shall be taken to the conduct of arbitral proceedings by a person solely on the ground that that person had acted previously as a conciliator in accordance with this section.

18 Award by consent

If the parties to an arbitration agreement reach agreement in settlement of their dispute and the arbitral tribunal has recorded the terms of settlement in the form of an arbitral award on agreed terms in accordance with Article 30 of the Model Law, the award —

(a) shall be treated as an award on an arbitration agreement; and

(b) may, by leave of the High Court or a Judge thereof, be enforced in the same manner as a judgment or an order to the same effect, and where leave is so given, judgment may be entered in terms of the award.

19 Enforcement of awards

An award on an arbitration agreement may, by leave of the High Court or a Judge thereof, be enforced in the same manner as a judgment or an order to the same effect and, where leave is so given, judgment may be entered in terms of the award.

19A Awards made on different issues

(1) Unless otherwise agreed by the parties, the arbitral tribunal may make more than one award at different points in time during the arbitral proceedings on different aspects of the matters to be determined.

[38/2001]
[Act 12 of 2012 wef 01/06/2012]

(2) The arbitral tribunal may, in particular, make an award relating to —

(a) an issue affecting the whole claim; or

제17조 조정인의 역할로서의 중재인의 권한

(1) 중재절차에 참가하는 모든 당사자가 서면으로 동의하고 어떤 당사자도 그 서면에 의한 동의를 철회하지 아니한 경우 중재인 또는 심판관은 조정인으로서의 역할을 수행할 수 있다.

(2) 조정인으로서의 역할을 수행하는 중재인 또는 심판관은

    (a) 중재절차에 참가하는 당사자와 집단적 또는 개별적으로 연락할 수 있다

    (b) 당사자간에 달리 합의한 경우 또는 제3항의 규정이 적용되지 아니하는 경우를 제외하고 중재절차에 참가하는 당사자로부터 지득한 정보를 비밀로 하여야 한다.

(3) 중재인 또는 심판관이 조정절차에서 중재절차에 참가하는 당사자로부터 기밀정보를 취득하고 당사자가 분쟁해결 합의에 이르지 아니한 채 조정절차가 종결된 경우, 중재인 또는 심판관은 중재절차를 재개하기 전에 중재절차를 위하여 중요하다고 인정되는 비밀정보를 중재절차에 참가하는 다른 당사자 전원에게 가능한 한 공개하여야 한다.

(4) 이 조의 규정에 의하여 이전에 조정인의 역할을 수행한 적이 있다는 이유만으로 그 자에 의한 중재절차의 진행에 대하여 이의를 제기할 수 없다.

제18조 화해판정

중재합의 당사자간에 분쟁에 대한 화해가 성립되고 중재판정부가 모델법 제30조의 규정에 따라 그 화해내용을 합의내용에 의한 중재판정 형식으로 기록한 경우에 그 중재판정은

(a) 중재합의에 의한 중재판정으로 처리되어야 한다.

(b) 고등법원 또는 그 판사의 허가를 받아 법원의 판결 또는 명령과 동일한 방식으로 집행할 수 있고, 허가를 얻은 경우 중재판정의 내용대로 판결이 내려질 수 있다.

제19조 중재판정의 집행

중재합의에 의한 중재판정은 고등법원 또는 그 판사의 허가를 얻어 법원의 판결 또는 명령과 동일한 방식으로 집행할 수 있고, 허가를 얻은 경우 중재판정의 내용대로 판결이 내려질 수 있다.

제19A조 다른 쟁점에 대한 중재판정

(1) 당사자들이 달리 합의하지 아니한 경우 중재판정부는 각각 다른 쟁점에 대하여 중재절차의 다른 시간에 복수의 중재판정을 내릴 수 있다.

[2001년 법률 제38호]

[2012년 법률 제12호, 2012년 6월 1일 시행]

(2) 중재판정부는 특별히 다음 사항에 대하여 중재판정을 내릴 수 있다.

    (a) 청구의 전부에 영향을 미치는 쟁점

(b) a part only of the claim, counter-claim or cross-claim, which is submitted to it for decision.

[38/2001]

(3) If the arbitral tribunal makes an award under this section, it shall specify in its award, the issue, or claim or part of a claim, which is the subject-matter of the award.

[38/2001]

19B Effect of award

(1) An award made by the arbitral tribunal pursuant to an arbitration agreement is final and binding on the parties and on any persons claiming through or under them and may be relied upon by any of the parties by way of defence, set-off or otherwise in any proceedings in any court of competent jurisdiction.

[38/2001]

(2) Except as provided in Articles 33 and 34(4) of the Model Law, upon an award being made, including an award made in accordance with section 19A, the arbitral tribunal shall not vary, amend, correct, review, add to or revoke the award.

[38/2001]

(3) For the purposes of subsection (2), an award is made when it has been signed and delivered in accordance with Article 31 of the Model Law.

[38/2001]

(4) This section shall not affect the right of a person to challenge the award by any available arbitral process of appeal or review or in accordance with the provisions of this Act and the Model Law.

[38/2001]

19C Authentication of awards and arbitration agreements

(1) For the purposes of the enforcement of an award in any Convention country, the Minister may by order appoint such persons holding office in such arbitral institution or other organisation as the Minister may specify in the order, to authenticate any award or arbitration agreement or to certify copies thereof.

(2) Any person appointed under subsection (1) —

(a) shall comply with any condition imposed by the Minister; and

(b) shall not, without the written consent of the parties, directly or indirectly disclose any matter, including the identity of any party to the award or arbitration agreement, to any third party.

(3) An award or arbitration agreement or a copy thereof duly authenticated or certified by a person appointed under subsection (1) shall be deemed to have been authenticated or

(b) 중재판정부의 결정을 구하는 청구, 반대청구 또는 상호청구의 단지 일부

[2001년 법률 제38호]

(3) 이 조의 규정에 의하여 중재판정부가 중재판정을 내리는 경우 중재판정의 대상인 쟁점 또는 청구나 그 일부를 중재판정에 명시하여야 한다.

[2001년 법률 제38호]

제19B조 중재판정의 효력

(1) 중재합의에 의한 중재판정부의 중재판정은 종국적이고, 당사자 및 그를 통하여 또는 그 이름으로 청구한 자를 구속하며, 어떠한 당사자도 관할법원의 모든 절차에서 방어, 상 계 또는 기타의 방법으로 그것을 원용할 수 있다.

[2001년 법률 제38호]

(2) 모델법 제33조 및 제34조에서 규정한 경우를 제외하고 중재판정부는 제19A조에 의한 판정을 포함한 중재판정을 내린 후에 그 판정의 변경, 수정, 정정, 재검토, 추가 또는 철 회를 하여서는 아니된다.

[2001년 법률 제38호]

(3) 제2항 규정의 적용에 있어 모델법 제31조의 규정에 의하여 중재판정이 서명 및 교부된 때에는 중재판정이 내려진 것으로 한다.

[2001년 법률 제38호]

(4) 이 조의 규정은 이의신청, 재검토 또는 이 법률 및 모델법의 규정에 따른 중재절차를 통 하여 중재판정에 이의를 제기할 수 있는 개인의 권리에 영향을 미치지 아니한다.

[2001년 법률 제38호]

제19C조 중재판정 및 중재합의의 인증

(1) 장관은 중재판정이 모든 협약국에서 집행될 수 있도록 중재기관 또는 장관이 명령상에 명기한 기타 기관에 재직하는 자를 선정하여 중재판정 혹은 중재합의의 인증 또는 이러 한 등본의 증명을 하도록 명령할 수 있다.

(2) 제1항의 규정에 의하여 선정된 자는

(a) 장관이 부여한 제반 조건을 준수하여야 하고

(b) 당사자의 서면에 의한 동의가 없는 한, 중재판정 또는 중재합의 당사자의 신원을 포 함한 모든 사항을 직접 또는 간접적으로 제3자에게 공개하여서는 아니된다.

(3) 제1항의 규정에 의하여 선정된 자가 정당하게 인증하거나 증명한 중재판정, 중재합의 또는 이러한 등본은 모든 협약국에서 집행되도록 하기 위하여 싱가포르의 자격 있는 기 관에 의하여 인증 또는 증명된 것으로 본다.

certified by a competent authority in Singapore for the purposes of enforcement in any Convention country.

(4) For the avoidance of doubt, nothing in this section shall —

  (a) prevent any person from authenticating any award or arbitration agreement or certifying copies thereof in any other manner or method or by any other person, institution or organisation; or

  (b) affect the right of a person to challenge or appeal against any award by any available arbitral process of appeal or review, or in accordance with the provisions of this Act and the Model Law.

(5) In this section, "Convention country" has the same meaning as in section 27(1).

[26/2009 wef 01/01/2010]

20 Interest on awards

(1) Subject to subsection (3), unless otherwise agreed by the parties, an arbitral tribunal may, in the arbitral proceedings before it, award simple or compound interest from such date, at such rate and with such rest as the arbitral tribunal considers appropriate, for any period ending not later than the date of payment on the whole or any part of —

  (a) any sum which is awarded by the arbitral tribunal in the arbitral proceedings;

  (b) any sum which is in issue in the arbitral proceedings but is paid before the date of the award; or

  (c) costs awarded or ordered by the arbitral tribunal in the arbitral proceedings.

(2) Nothing in subsection (1) shall affect any other power of an arbitral tribunal to award interest.

(3) Where an award directs a sum to be paid, that sum shall, unless the award otherwise directs, carry interest as from the date of the award and at the same rate as a judgment debt.

[Act 12 of 2012 wef 01/06/2012]

21 Taxation of costs

(1) Any costs directed by an award to be paid shall, unless the award otherwise directs, be taxable by the Registrar of the Singapore International Arbitration Centre (referred to in this section as the Registrar).

(2) Unless the fees of the arbitral tribunal have been fixed by a written agreement or such agreement has provided for determination of the fees by a person or an institution agreed to by the parties, any party to the arbitration may require that such fees be taxed by the Registrar.

[38/2001]

(4) 의문을 방지하기 위하여 이 조의 어떠한 규정도

  (a) 어떠한 개인이 기타의 수단이나 방법으로 또는 제3자 기타의 기관 또는 조직에 의하여 중재판정 또는 중재합의를 인증하거나 이러한 등본을 증명하는 것을 막아서는 아니되고

  (b) 이의신청, 재검토 또는 이 법률 및 모델법의 규정에 따른 중재절차를 통하여 중재판정을 기피하거나 이의를 제기할 수 있는 개인의 권리에 영향을 미치지 아니한다.

(5) 이 조에서 "협약국"은 제27조 제1항과 동일한 의미를 가진다.

[2009년 법률 제26호, 2010년 1월 1일 시행]

제20조 중재판정에 대한 이자

(1) 제3항의 규정에 따라, 당사자가 달리 합의하지 아니한 경우 중재판정부는 중재절차에서 다음에 규정한 금액의 전부 또는 일부가 납부될 때까지의 기간 동안 중재판정부가 적당하다고 인정하는 기산일, 이율 및 유예기간으로 단리 또는 복리의 이자를 지급하라는 내용의 중재판정을 내릴 수 있다.

  (a) 중재절차에서 중재판정부가 판정한 금액

  (b) 중재절차에서 쟁점으로 되었으나 판정일 이전에 지급된 금액

  (c) 중재절차에서 중재판정부가 판정하거나 명령한 비용

(2) 제1항의 규정은 중재판정부가 이자에 대하여 중재판정을 내리는 권한 이외에 영향을 미치지 아니한다.

(3) 금액의 지급을 지시하는 중재판정이 내려진 경우 중재판정에 달리 지시가 없는 한 그 금액에는 중재판정일로부터 판결채무와 동일한 이율의 이자를 붙인다.

[2012년 법률 제12호, 2012년 6월 1일 시행]

제21조 비용의 부과

(1) 중재판정에 달리 지시가 없는 한, 중재판정에서 지급을 지시한 비용은 싱가포르 국제중재센터의 사무국(이하 이 조에서 "사무국"이라 한다)이 부과할 수 있다.

(2) 중재판정부의 보수가 당사자간의 서면에 의한 합의로 정해져 있거나 당사자간에 합의한 개인 또는 기관이 보수를 정하는 내용의 합의가 있는 경우를 제외하고, 중재 당사자는 사무국으로 하여금 해당 보수를 부과하도록 요구할 수 있다.

[2001년 법률 제38호]

(3) A certificate signed by the Registrar on the amount of costs or fees taxed shall form part of the award of the arbitral tribunal.

(4) The Chief Justice may, if he thinks fit, by notification published in the Gazette, appoint any other person to exercise the powers of the Registrar under this section.

22 Proceedings to be heard otherwise than in open court

Proceedings under this Act in any court shall, on the application of any party to the proceedings, be heard otherwise than in open court.

23 Restrictions on reporting of proceedings heard otherwise than in open court

(1) This section shall apply to proceedings under this Act in any court heard otherwise than in open court.

(2) A court hearing any proceedings to which this section applies shall, on the application of any party to the proceedings, give directions as to whether any and, if so, what information relating to the proceedings may be published.

(3) A court shall not give a direction under subsection (2) permitting information to be published unless —

(a) all parties to the proceedings agree that such information may be published; or

(b) the court is satisfied that the information, if published in accordance with such directions as it may give, would not reveal any matter, including the identity of any party to the proceedings, that any party to the proceedings reasonably wishes to remain confidential.

(4) Notwithstanding subsection (3), where a court gives grounds of decision for a judgment in respect of proceedings to which this section applies and considers that judgment to be of major legal interest, the court shall direct that reports of the judgment may be published in law reports and professional publications but, if any party to the proceedings reasonably wishes to conceal any matter, including the fact that he was such a party, the court shall —

(a) give directions as to the action that shall be taken to conceal that matter in those reports; and

(b) if it considers that a report published in accordance with directions given under paragraph (a) would be likely to reveal that matter, direct that no report shall be published until after the end of such period, not exceeding 10 years, as it considers appropriate.

24 Court may set aside award

Notwithstanding Article 34(1) of the Model Law, the High Court may, in addition to the grounds set out in Article 34(2) of the Model Law, set aside the award of the arbitral tribunal if —

(a) the making of the award was induced or affected by fraud or corruption; or

(3) 사무국이 서명한 비용 또는 보수의 총액에 관한 증서는 중재판정부의 중재판정의 일부로 된다.

(4) 대법원장은 적당하다고 인정하는 경우 관보에 공고하는 방법으로 이 조의 사무국의 권한을 행사할 제3자를 선임할 수 있다.

제22조 공개법정 이외에서의 신문절차

이 법률의 규정에 의한 법원에서의 절차는 절차에 참가하는 당사자의 신청에 의하여 공개법정 이외에서 신문한다.

제23조 공개법정 이외에서의 신문절차의 보고에 대한 제한

(1) 이 조의 규정은 이 법률에 의하여 공개법정 이외에서 신문한 법원에 있어서의 절차에 적용한다.

(2) 이 조의 규정이 적용되는 절차를 신문하는 법원은 절차에 참가하는 당사자의 신청에 의하여 그 절차에 관련된 정보의 공표 여부와 공표한다면 어떠한 정보를 공표할지에 관하여 지시하여야 한다.

(3) 법원은 다음의 경우를 제외하고 제2항의 규정에 의거 정보의 공표를 인정하는 지시를 하여서는 아니된다.

(a) 절차에 참가하는 모든 당사자가 그 정보가 공표되는 것에 동의한 경우

(b) 그 지시에 의하여 공표될 정보가 절차에 참가하는 당사자의 신원을 포함하는 등 절차에 참가하는 당사자가 기밀로 하도록 합리적으로 희망하는 사항을 누설하는 것이 아니라고 법원이 납득하는 경우

(4) 제3항의 규정에 불구하고 법원이 이 조의 규정이 적용되는 절차에 관한 판결에 대하여 판결이유를 적시한 경우이거나 그 판결이 커다란 법적 관심을 초래한다고 인정하는 경우에 법원은 판결보고서를 판례집 및 전문출판물에 개제할 수 있다는 내용을 지시하여야 한다. 다만, 절차 당사자였던 자를 포함하여 절차에 참가하는 당사자가 기밀로 하도록 합리적으로 희망하는 정보에 대하여 법원은

(a) 해당 판례집 등에 그러한 사항을 숨기도록 하는 행위에 관하여 지시하고

(b) 제a호의 지시에 의하여 출판된 판례집이 관련 정보를 누설한다고 인정하는 경우 10년을 넘지 않는 범위내에서 적당하다고 인정되는 기간이 경과할 때까지 출판을 금지하도록 지시할 수 있다.

제24조 법원에 의한 중재판정의 취소

모델법 제34조 제1항의 규정에 불구하고 고등법원은 모델법 제34조제1항에 규정된 사유에 추가하여 다음의 경우에 중재판정을 취소할 수 있다.

(a) 중재판정의 과정이 사기 또는 독직에 의하여 이루어지거나 영향받은 경우

(b) a breach of the rules of natural justice occurred in connection with the making of the award by which the rights of any party have been prejudiced.

25 Liability of arbitrator

An arbitrator shall not be liable for —

(a) negligence in respect of anything done or omitted to be done in the capacity of arbitrator; and

(b) any mistake in law, fact or procedure made in the course of arbitral proceedings or in the making of an arbitral award.

25A Immunity of appointing authority and arbitral institutions, etc.

(1) The appointing authority, or an arbitral or other institution or person designated or requested by the parties to appoint or nominate an arbitrator, shall not be liable for anything done or omitted in the discharge or purported discharge of that function unless the act or omission is shown to have been in bad faith.

[38/2001]

(2) The appointing authority, or an arbitral or other institution or person by whom an arbitrator is appointed or nominated, shall not be liable, by reason only of having appointed or nominated him, for anything done or omitted by the arbitrator, his employees or agents in the discharge or purported discharge of his functions as arbitrator.

[38/2001]

(3) This section shall apply to an employee or agent of the appointing authority or of an arbitral or other institution or person as it applies to the appointing authority, institution or person himself.

[38/2001]

26 Transitional provisions

(1) This Part shall not apply in relation to an international arbitration between parties to an arbitration agreement that was commenced before 27th January 1995 unless the parties have (whether in the agreement or in any other document in writing) otherwise agreed.

(2) Subject to subsection (1), where the arbitral proceedings were commenced before 27 January 1995, the law governing the arbitration agreement and the arbitration shall be the law which would have applied if this Act had not been enacted.

(3) In any written law, agreement in writing or other document, a reference to arbitration under the Arbitration Act (Cap. 10) shall, so far as relevant and unless the contrary intention appears, be construed to include a reference to arbitration under this Act.

(4) For the purposes of this section, arbitral proceedings are to be taken as having commenced on the date of the receipt by the respondent of a request for the dispute to be referred to

(b) 중재판정이 당사자의 권리침해를 통하여 내려짐으로써 자연적 정의의 원칙을 위반하게 된 경우

제25조 중재인의 책임

중재인은 다음의 사항에 대하여 책임을 지지 아니한다.

(a) 중재인의 권한내의 작위 또는 부작위에 의한 과실

(b) 중재절차 진행 또는 중재판정 과정에서의 법률, 사실 또는 절차상의 착오

제25A조 선정기관 및 중재기관 등의 면책

(1) 선정기관 또는 중재인의 선정이나 지명을 당사자로부터 의뢰받은 중재기관 기타의 기관 또는 개인은 그 직무수행 또는 그러한 취지의 작위 또는 부작위에 대하여 책임을 지지 아니한다. 다만 작위 또는 부작위가 악의에 의한 경우에는 그러하지 아니하다.

[2001년 법률 제38호]

(2) 중재인을 선정하거나 지명하는 선정기관, 중재기관 기타의 기관 또는 개인은 중재인을 선정하거나 지명했다는 이유만으로 중재인, 그 피용자 또는 대리인이 중재인으로서의 직무 수행 또는 그러한 취지의 작위 또는 부작위에 대하여 책임을 지지 아니한다.

[2001년 법률 제38호]

(3) 이 조의 규정은 선정기관, 기관 또는 개인에 대한 적용에 준하여 선정기관, 중재기관 기타의 기관 또는 개인의 피용자나 대리인에게 적용된다.

[2001년 법률 제38호]

제26조 경과규정

(1) 이 절의 규정은 당사자간 달리 합의가 없는 한(합의에 의하든지 또는 기타 문서에 의하든지) 1995년 1월 27일 이전에 유효하게 된 중재합의 당사자간의 국제중재에는 적용되지 아니한다.

(2) 제1항의 규정에 따라 1995년 1월 27일 이전에 중재절차가 개시된 경우 중재합의 및 중재에 적용되는 법률은 이 법률이 제정될 때까지 적용되었던 법률로 한다.

(3) 성문법, 서면에 의한 합의 또는 기타 문서에서 「중재법」(제10장)에 따른 중재에 대한 인용은 관련 범위 내에서 다른 취지가 있지 아니한 한 이 법률에 따른 중재에 대한 인용을 포함하는 것으로 해석된다.

(4) 이 조 규정의 적용에 있어 피신청인이 분쟁을 중재에 부탁하는 청구를 받은 일자 또는 당사자가 기타의 일자를 중재절차의 개시일로 하는 내용을 서면으로 합의한 경우에는 그 일자를 중재절차의 개시일로 한다.

arbitration, or, where the parties have agreed in writing that any other date is to be taken as the date of commencement of the arbitral proceedings, then on that date.

PART III   FOREIGN AWARDS

27 Interpretation of Part III

(1) In this Part, unless the context otherwise requires —

"agreement in writing" includes an agreement contained in an exchange of letters, telegrams, telefacsimile or in a communication by teleprinter;

"arbitral award" has the same meaning as in the Convention, but also includes an order or a direction made or given by an arbitral tribunal in the course of an arbitration in respect of any of the matters set out in section 12(1)(c) to (i);

[Act 12 of 2012 wef 01/06/2012]

"arbitration agreement" means an agreement in writing of the kind referred to in paragraph 1 of Article II of the Convention;

"Convention" means the Convention on the Recognition and Enforcement of Foreign Arbitral Awards adopted in 1958 by the United Nations Conference on International Commercial Arbitration at its twenty-fourth meeting, the English text of which is set out in the Second Schedule;

"Convention country" means a country (other than Singapore) that is a Contracting State within the meaning of the Convention;

"court" means the High Court in Singapore;

"foreign award" means an arbitral award made in pursuance of an arbitration agreement in the territory of a Convention country other than Singapore.

(2) In this Part, where the context so admits, "enforcement", in relation to a foreign award, includes the recognition of the award as binding for any purpose, and "enforce" and "enforced" have corresponding meanings.

(3) For the purposes of this Part, a body corporate shall be taken to be habitually resident in a country if it is incorporated or has its principal place of business in that country.

28 Application of Part III

(1) This Part shall apply to arbitration agreements made before 27th January 1995 as it applies to arbitration agreements made on or after that date.

(2) This Part shall not apply to foreign awards made before 19th November 1986.

제 3 절   외국중재판정

제27조   제3절의 해석

(1) 이 절에서 문맥상 달리 해석할 필요가 있는 경우를 제외하고,

"서면에 의한 합의"는 편지, 전보, 팩시밀리의 교환 또는 텔레프린터를 통한 통신을 포함한다.

"중재판정"은 협약에서와 동일한 의미를 가지며, 중재판정부가 중재과정에서 제12조 제1항 c호 내지 i호에 규정된 사항에 대하여 내린 명령 또는 지시를 포함한다.

[2012년 법률 제12호, 2012년 6월 1일 시행]

"중재합의"는 협약 제2조 제1항에서 인용된 종류의 서면에 의한 합의를 의미한다.

"협약"은 1958년 제24회 국제연합 국제상사중재회의에서 채택된 「외국중재판정의 승인 및 집행에 관한 협약」을 의미하고, 그 영어 조문은 부속서 2에 명시한다.

"협약국"은 협약의 체약국인 나라로서 싱가포르 이외의 국가를 의미한다.

"법원"은 싱가포르의 고등법원을 의미한다.

"외국중재판정"은 싱가포르 이외의 협약국의 영토내에서 중재합의에 따라 내려진 중재판정을 의미한다.

(2) 이 절에서 문맥이 허용하는 한, 외국중재판정의 "집행"은 그 판정을 어떠한 경우에도 구속력 있는 것으로 승인하는 것을 포함하고, "집행한다" 및 "집행한"은 각각 동일한 의미를 가진다.

(3) 이 절 규정의 적용에 있어 법인은 그 국가에서 설립되거나 또는 그 국가에 사업 본거지가 있는 경우 그 국가에 상시 있는 것으로 본다.

제28조   제3절의 적용

(1) 이 절의 규정은 1995년 1월 27일 이후 체결된 중재합의에 준하여 그 일자보다 이전에 체결된 중재합의에도 적용된다.

(2) 이 절의 규정은 1986년 11월 19일 이전에 내려진 외국중재판정에는 적용되지 아니한다.

29 Recognition and enforcement of foreign awards

(1) Subject to this Part, a foreign award may be enforced in a court either by action or in the same manner as an award of an arbitrator made in Singapore is enforceable under section 19.

(2) Any foreign award which is enforceable under subsection (1) shall be recognised as binding for all purposes upon the persons between whom it was made and may accordingly be relied upon by any of those parties by way of defence, set-off or otherwise in any legal proceedings in Singapore.

30 Evidence

(1) In any proceedings in which a person seeks to enforce a foreign award by virtue of this Part, he shall produce to the court —

  (a) the duly authenticated original award or a duly certified copy thereof;

  (b) the original arbitration agreement under which the award purports to have been made, or a duly certified copy thereof; and

  (c) where the award or agreement is in a foreign language, a translation of it in the English language, duly certified in English as a correct translation by a sworn translator or by an official or by a diplomatic or consular agent of the country in which the award was made.

(2) A document produced to a court in accordance with this section shall, upon mere production, be received by the court as prima facie evidence of the matters to which it relates.

31 Refusal of enforcement

(1) In any proceedings in which the enforcement of a foreign award is sought by virtue of this Part, the party against whom the enforcement is sought may request that the enforcement be refused, and the enforcement in any of the cases mentioned in subsections (2) and (4) may be refused but not otherwise.

(2) A court so requested may refuse enforcement of a foreign award if the person against whom enforcement is sought proves to the satisfaction of the court that —

  (a) a party to the arbitration agreement in pursuance of which the award was made was, under the law applicable to him, under some incapacity at the time when the agreement was made;

  (b) the arbitration agreement is not valid under the law to which the parties have subjected it or, in the absence of any indication in that respect, under the law of the country where the award was made;

  (c) he was not given proper notice of the appointment of the arbitrator or of the arbitration proceedings or was otherwise unable to present his case in the arbitration proceedings;

제29조   외국중재판정의 승인 및 집행

(1) 이 절의 규정에 따라 외국중재판정은 신청에 의하거나 또는 제19조에 의거 중재인이 싱가포르에서 내린 중재판정과 동일한 방식으로 법원에 의해 집행될 수 있다.

(2) 제1항의 규정에 의하여 집행될 수 있는 외국중재판정은 당사자간의 모든 경우에 구속력 있는 것으로 승인되며, 당사자는 싱가포르의 소송절차에서 방어, 상계, 기타의 방법으로 이를 원용할 수 있다.

제30조   증거

(1) 이 절의 규정에 의하여 외국중재판정의 집행을 신청한 자는 다음에 규정된 서면을 법원에 제출하여야 한다.

(a) 정당하게 인증된 판정문 원본 또는 정당하게 증명된 그 등본

(b) 그 판정의 기초가 되는 중재합의의 원본 또는 정당하게 증명된 그 등본

(c) 그 판정 또는 중재합의가 외국어로 작성되어 있는 경우 공중 번역인, 공무원, 중재판정이 내려진 국가의 외교 또는 영사대리인에 의하여 정확히 번역되고 영어로 정당하게 증명받은 영어 번역본

(2) 법원은 이 조의 규정에 의하여 법원에 제출되는 문서는 제출 즉시 관련 사항에 대한 일단의 증거로서 접수하여야 한다.

제31조   집행의 거부

(1) 이 절의 규정에 의한 외국중재판정의 집행을 구하는 절차에 있어 그 집행의 대상이 되는 당사자는 법원에 그 집행의 거부를 신청할 수 있고, 그 집행은 제2항 및 제4항에 규정된 경우에만 거부될 수 있다.

(2) 신청을 받은 법원은 집행의 대상이 되는 당사자가 다음의 사실이 증명되었다고 인정하는 경우 외국중재판정의 집행을 거부할 수 있다.

(a) 판정의 기초가 된 중재합의의 당사자가 해당 준거법에 따라 중재합의가 체결된 당시에 무능력자였던 사실

(b) 당사자가 준거하기로 한 법률에 의하거나 또는 그에 관한 지정이 없는 경우로서 그 판정이 내려진 국가의 법률에 의하여 중재합의가 유효하지 않은 사실

(c) 당사자가 중재인 선정 또는 중재절차에 대하여 적절한 통보를 받지 못하였거나 그 밖의 사유로 중재절차에서 본안에 관한 변론을 할 수 없었던 사실

(d) subject to subsection (3), the award deals with a difference not contemplated by, or not falling within the terms of, the submission to arbitration or contains a decision on the matter beyond the scope of the submission to arbitration;

(e) the composition of the arbitral authority or the arbitral procedure was not in accordance with the agreement of the parties or, failing such agreement, was not in accordance with the law of the country where the arbitration took place; or

(f) the award has not yet become binding on the parties to the arbitral award or has been set aside or suspended by a competent authority of the country in which, or under the law of which, the award was made.

(3) When a foreign award referred to in subsection (2)(d) contains decisions on matters not submitted to arbitration but those decisions can be separated from decisions on matters submitted to arbitration, the award may be enforced to the extent that it contains decisions on matters so submitted.

(4) In any proceedings in which the enforcement of a foreign award is sought by virtue of this Part, the court may refuse to enforce the award if it finds that —

(a) the subject-matter of the difference between the parties to the award is not capable of settlement by arbitration under the law of Singapore; or

(b) enforcement of the award would be contrary to the public policy of Singapore.

(5) Where, in any proceedings in which the enforcement of a foreign award is sought by virtue of this Part, the court is satisfied that an application for the setting aside or for the suspension of the award has been made to a competent authority of the country in which, or under the law of which, the award was made, the court may —

(a) if the court considers it proper to do so, adjourn the proceedings or, as the case may be, so much of the proceedings as relates to the award; and

(b) on the application of the party seeking to enforce the award, order the other party to give suitable security.

32 [Repealed by Act 26/2009 wef 01/01/2010]

33 Enforcement of awards under other provisions of law

(1) Nothing in this Part shall affect the right of any person to enforce an arbitral award otherwise than as is provided for in this Part.

(2) Notwithstanding section 3(5) of the Reciprocal Enforcement of Commonwealth Judgments Act (Cap. 264), where a foreign award is both enforceable under this Part and registrable as a judgment under that Act, proceedings to enforce the award under this Part may be commenced without any disentitlement to recover any costs of the proceedings, unless otherwise ordered by the court.

(d) 제3항의 규정에 따라 그 판정이 중재부탁의 내용에 예정되어 있지 아니하거나 그 범위에 속하지 아니하는 분쟁을 다루었거나 또는 중재부탁의 범위를 유월한 사항에 관한 결정을 포함하고 있다는 사실

(e) 중재기관의 구성 또는 중재절차가 당사자간의 합의에 따르지 아니하였거나 그러한 합의가 없는 경우에는 중재가 이루어진 국가의 법률에 따르지 아니하였다는 사실, 또는

(f) 중재판정이 당사자에게 아직 구속력을 갖지 아니하였거나, 중재판정이 내려진 국가의 권위 있는 기관이나 또는 그 국가의 법률에 의거하여 취소 또는 효력이 정지된 사실

(3) 제2항 제d호의 외국중재판정이 중재에 부탁되지 아니한 사항에 대한 결정을 포함한 경우, 이러한 부분을 중재에 부탁된 대상에 관한 부분으로부터 분리할 수 있는 경우에는 중재에 부탁된 대상에 관한 부분만 승인 또는 집행할 수 있다.

(4) 이 절의 규정에 의한 외국중재판정의 집행을 구하는 절차에서 법원이 다음의 사실을 인정하는 경우 중재판정의 승인과 집행은 거부할 수 있다.

(a) 판정 당사자간의 분쟁의 대상인 사항이 싱가포르 법률에 의하여 중재로 해결할 수 없다는 사실, 또는

(b) 판정의 집행이 싱가포르의 공서에 저촉되는 사실

(5) 이 절의 규정에 의한 외국중재판정의 집행을 구하는 절차에서, 중재판정의 취소 또는 효력정지 신청이 중재판정이 내려진 국가의 권위 있는 기관이나 또는 그 국가의 법률에 의거하여 제출되었다는 것을 법원이 인정하는 경우에 법원은

(a) 그것이 적절하다고 인정될 때에는 그 절차, 특히 경우에 따라서는 판정과 관련된 절차를 연기할 수 있다.

(b) 판정의 집행을 요구한 당사자의 신청에 따라 타방 당사자에 대하여 적당한 담보제공을 명할 수 있다.

제32조 [삭제, 2009년 법률 제26호, 2010년 1월 1일 시행]

제33조 다른 법령의 규정에 의한 중재판정의 집행

(1) 이 절의 어떠한 규정도 이 절에 규정된 이외의 방법으로 중재판정을 집행하는 자의 권리에 영향을 주어서는 아니된다.

(2) 「영연방 판결의 상호집행에 관한 법률」(제264장) 제3조 제5항의 규정에 불구하고, 외국중재판정이 이 절의 규정에 의거 집행되고, 동법의 규정에 의거 판결로 등록되는 절차는 법원이 달리 명령하지 아니하는 한 절차비용을 회수하는 권한을 박탈함이 없이 개시할 수 있다.

(3) Notwithstanding section 7 of the Reciprocal Enforcement of Foreign Judgments Act (Cap. 265), proceedings to enforce a foreign award under this Part may be commenced where the award is both enforceable under this Part and registrable as a judgment under that Act.

PART IV   GENERAL

34 Act to bind Government

This Act shall bind the Government.

35 Rules of Court

The Rules Committee constituted under section 80 of the Supreme Court of Judicature Act (Cap. 322) may make Rules of Court regulating the practice and procedure of any court in respect of any matter under this Act.

(3) 「외국판결의 상호집행에 관한 법률」(제265장) 제7조의 규정에 불구하고, 이 절의 규정에 의한 외국중재판정의 집행절차는 그 판정이 이 절의 규정에 의거 집행될 수 있고 관련 법률에 의거 판결로 등록될 수 있는 경우에 개시할 수 있다.

제 4 절   총 칙

제34조   싱가포르 정부에 대한 구속력

이 법률은 싱가포르 정부를 구속한다.

제35조   법원규칙

「최고재판소법」(제322장) 제80조의 규정에 의하여 선정된 규칙위원회는 이 법률의 제반 사항에 관한 법원의 실무 및 절차를 규정하는 「법원규칙」을 제정할 수 있다.

CANADA

05

ARBITRATION ACT
캐나다 중재법

ARBITRATION ACT

1 Definitions

In this Act:

"arbitral error" means an error that is made by an arbitrator in the course of an arbitration and that consists of one or more of the following:

    (a) corrupt or fraudulent conduct;

    (b) bias;

    (c) exceeding the arbitrator's powers;

    (d) failure to observe the rules of natural justice;

"arbitration" means a reference before an arbitrator to resolve a dispute under this Act or an arbitration agreement;

"arbitrator" means a person who, under this Act or an arbitration agreement, resolves a dispute that has been referred to the person, and includes an umpire;

"arbitration agreement" means a written or oral term of an agreement between 2 or more persons to submit present or future disputes between them to arbitration, whether or not an arbitrator is named, but does not include an agreement to which the International Commercial Arbitration Act applies;

"award" means the decision of an arbitrator on the dispute that was submitted to the arbitrator and includes

    (a) an interim award,

    (b) the reasons for the decision, and

    (c) any amendments made to the award under this Act;

"commercial agreement" means an agreement arising out of a commercial relationship and includes, but is not limited to, agreements respecting the following kinds of transactions:

    (a) a trade transaction for the supply or exchange of goods or services;

    (b) a distribution agreement;

    (c) a commercial representation or agency;

    (d) factoring;

    (e) leasing;

    (f) construction of works;

캐나다 중재법

제1조 정의규정

이 법에서 사용하는 용어의 뜻은 다음과 같다.

"중재과오"란 중재과정에서 중재인이 범한 과오로서 다음 중의 어느 하나 또는 둘 이상을 것에 해당하는 것을 의미한다.

   (a) 부패 또는 사기적 행위

   (b) 편견

   (c) 중재인의 권한남용

   (d) 자연적 정의의 원칙 위반

"중재"는 이 법 또는 중재합의에 따라 분쟁을 해결하기 위하여 중재인에게 회부하는 것을 의미한다.

"중재인"은 이 법 또는 중재합의에 따라 회부된 분쟁을 해결하는 사람을 의미하며 심판관을 포함한다.

"중재합의"는 중재인의 지명여부를 불문하고 둘 이상의 사람 사이에 현재 또는 장래의 분쟁을 중재절차로 회부하기로 한 서면 또는 구두의 합의를 의미하며, 국제상사중재법(International Commercial Arbitration Act)이 적용되는 합의는 포함하지 아니한다.

"중재판정"은 중재인에게 회부된 분쟁에 관하여 중재인이 내린 판정을 의미하며 다음을 포함한다.

   (a) 중간판정

   (b) 판정이유

   (c) 이 법에 따라 이루어진 중재판정의 정정판정

"상사계약"은 상사관계로부터 발생하는 계약을 의미하며 다음과 같은 종류의 거래에 관한 계약을 포함하되 그에 한하지 아니한다.

   (a) 물품 또는 용역의 공급 또는 교환을 위한 무역거래

   (b) 판매점계약

   (c) 상사대표 또는 상사대리

   (d) 팩토링

   (e) 임대차

   (f) 공장건설

(g) consulting;

(h) engineering;

(i) licensing;

(j) financing;

(k) banking;

(l) insurance;

(m) an exploitation agreement or concession;

(n) joint venture and other related forms of industrial or business cooperation;

(o) carriage of goods or passengers by air, sea, rail or road;

(p) investing;

"court" means the Supreme Court;

"dispute" includes a family law dispute;

"family law dispute" has the same meaning as in the Family Law Act.

2 Application of Act

(1) Subject to subsection (4), this Act applies to the following:

(a) an arbitration agreement in a commercial agreement;

(b) an arbitration under an enactment that refers to this Act, except insofar as this Act is inconsistent with the enactment regulating the arbitration, or with any rules or procedure authorized or recognized by that enactment;

(c) any other arbitration agreement.

(2) A provision of an arbitration agreement that removes the jurisdiction of a court under the Divorce Act (Canada) or the Family Law Act has no effect.

(2.1)   In relation to an arbitration respecting a family law dispute,

(a) in the event of a conflict between the Family Law Act and this Act, the Family Law Act prevails, and

(b) an arbitrator, in making an award that deals with a matter referred to in

(i) any of Divisions 1 to 5 of Part 4 of the Family Law Act, must consider the best interests of the child, as set out in section 37 of that Act only, and

(ii) Division 6 of Part 4 of the Family Law Act, must consider, in addition to section 37 of that Act, the factors set out in section 69 (4) (a) of that Act.

(3) If an arbitration agreement contains a reference to the Arbitration Act, R.S.B.C. 1979, c. 18, or the Commercial Arbitration Act, R.S.B.C. 1996, c. 55, that reference is deemed to be a reference to this Act.

(g) 컨설팅

(h) 엔지니어링

(i) 라이선싱

(j) 금융

(k) 은행

(l) 보험

(m) 개발계약 또는 양허

(n) 합작투자 및 기타 형태의 산업 또는 업무 협조

(o) 항공, 철도 또는 도로에 의한 물품 또는 여객의 운송

(p) 투자

"법원"은 대법원(Supreme Court)을 의미한다.

"분쟁"은 가족법상의 분쟁을 포함한다.

"가족법상 분쟁"은 가족법에 관한 법률(Family Law Act)상의 그것과 동일한 의미를 갖는다.

제2조   적용범위

(1) 제4항의 제한 하에 이 법은 다음 각 호에 적용된다.

    (a) 상사계약상 중재합의

    (b) 이 법에 위임하는 제정법률에 따른 중재, 다만 이 법이 중재를 규율하는 그 제정법률이나 그 제정법률에 의하여 허용되거나 인정되는 규칙 또는 절차에 반하는 한도 내에서는 그러하지 아니한다.

    (c) 기타 중재합의

(2) 이혼법(Divorce Act) 또는 가족법에 관한 법률(Family Law Act)에 따른 법원의 관할을 배제하는 중재합의 조항은 무효이다.

(2.1) 가족법상 분쟁에 관한 중재와 관련하여

    (a) 가족법에 관한 법률과 이 법 사이에 충돌이 있는 경우에 가족법에 관한 법률이 우선한다.

    (b) 중재인은 중재판정을 내림에 있어서

        (i) 가족법에 관한 법률 제4편 제1절 내지 제5절에서 규정하는 사항을 판정할 때에는 동법 제37조에서 규정된 대로 자녀의 이익을 최우선으로 고려하여야 한다. 그리고

        (ii) 가족법에 관한 법률 제4편 제6절에서 규정하는 사항을 판정할 때에는 동법 제37조와 더불어 동법 제69조 제4항 제a호에 규정된 요소를 고려하여야 한다.

(3) 중재합의에서 중재법(R.S.B.C. 1979, c. 18) 또는 상사중재법(R.S.B.C. 1996, c. 55)을 원용하는 문언을 포함하는 경우에 이는 이 법을 원용하는 것으로 본다.

(4) This Act does not apply to the following:

    (a) the Agreement on Internal Trade entered into by the governments of Canada, the provinces, Yukon and the Northwest Territories, or to amendments to that agreement;

    (b) the New West Partnership Trade Agreement entered into by the governments of British Columbia, Alberta and Saskatchewan on April 30, 2010, or to amendments to that agreement, except as provided in Article 31 of that agreement;

    (c) the Trade, Investment and Labour Mobility Agreement entered into by the governments of British Columbia and Alberta on April 28, 2006, or to amendments to that agreement, except as provided in Article 31 of that agreement.

2.1 Arbitration agreement respecting family law dispute

(1) Subject to subsection (2),

    (a) an arbitration agreement respecting a family law dispute may be made only after the dispute to be arbitrated has arisen, and

    (b) if the requirement under paragraph (a) is not met, the arbitration agreement and any arbitration award arising from it are not enforceable.

(2) Subsection (1) does not apply in relation to

    (a) an agreement described in section 6 (1) (b) of the Family Law Act,

    (b) an order under the Family Law Act, or

    (c) an award under this Act

that provides for arbitration of a future dispute respecting a matter provided for in the agreement, order or award.

(3) An arbitration agreement respecting a family law dispute, and an award arising from a family law dispute, may be set aside or replaced by the court under theFamily Law Act if the court is satisfied that one or more of the following circumstances existed when the parties entered into the agreement:

    (a) a party took improper advantage of the other party's vulnerability, including the other party's ignorance, need or distress;

    (b) a party did not understand the nature or consequences of the agreement;

    (c) other circumstances that would, under the common law, cause all or part of a contract to be voidable.

(4) A court may decline to act under subsection (3) if, on consideration of all of the evidence, the court would not replace the arbitration agreement with an order that is substantially different from the terms set out in the arbitration agreement.

(4) 이 법은 다음 각 호에 해당하는 경우에는 적용되지 않는다.

  (a) 캐나다 정부, 주, 유콘 및 노스웨스트 준주에 의해 체결된 국내무역에 관한 협정 (Agreement on Internal Trade) 또는 그 변경협정

  (b) 2010년 4월 10일에 브리티쉬 콜롬비아주, 알버타주, 서스캐처원주 정부 사이에 체결된 신서부 동반자무역협정(New West Partnership Trade Agreement) 또는 그 변경협정, 다만 동 협정 제31조에서 정하는 한도 내에서는 그러하지 아니하다.

  (c) 2006년 4월 28일에 브리티쉬 콜롬비아 주정부와 알버타 주정부 사이에 체결된 무역·투자·근로자이동성에 관한 협정 또는 그 변경협정, 다만 동 협정 제31조에서 정하는 한도 내에서는 그러하지 아니하다.

제2.1조 가족법상 분쟁에 관한 중재합의

(1) 제2항의 제한 하에,

  (a) 가족법상 분쟁에 관한 중재합의는 중재의 대상이 된 분쟁이 발생한 이후에만 할 수 있다. 그리고

  (b) 제a호의 요건이 충족되지 못한 경우에 중재합의는 강제력이 없고 그 중재합의에 따른 중재판정은 집행할 수 없다.

(2) 제1항은 다음 각 호의 합의, 명령 또는 중재판정에서 정하는 사항에 관한 장래의 분쟁을 중재에 회부하는 합의, 명령 또는 중재판정에 대하여 적용되지 아니한다.

  (a) 가족법에 관한 법률 제6조 제1항 제b호에 규정된 합의

  (b) 가족법에 관한 법률상의 명령

  (c) 이 법에 따른 중재판정

(3) 가족법상 분쟁에 관한 중재합의와 가족법상 분쟁에 대한 중재판정은 당사자가 중재합의를 할 당시에 다음 각 호의 사정 중 하나 또는 둘 이상의 사정이 존재하였다고 법원이 판단한 경우에는, 가족법에 관한 법률에 근거하여 법원에 의해 취소되거나 대체될 수 있다.

  (a) 일방 당사자가 상대방의 무지, 궁핍, 곤경 등 상대방의 약점을 부당하게 이용한 경우

  (b) 일방 당사자가 중재합의의 성격이나 결과를 이해하지 못한 경우

  (c) 보통법상 계약의 전부 또는 일부가 무효가 될 수 있는 기타 사정이 있는 경우

(4) 모든 증거를 참작하여 법원은 중재합의에서 정한 것과 실질적으로 다른 내용의 명령으로써 그 중재합의를 대체할 것이 아니라면 제3항에서 정하는 행위를 하지 아니할 수 있다.

3 Death of a party

(1) If a party to an arbitration agreement dies, the personal representatives of the deceased party are bound by, and are not by the death precluded from enforcing, the terms of the arbitration agreement.

(2) The authority of an arbitrator to hear and decide on the arbitration is not revoked by the death of the party who appointed the arbitrator.

(3) Subsections (1) and (2) are subject to an agreement by the parties to an arbitration agreement.

(4) This section does not affect a rule of law or an enactment under which the death of a person extinguishes a right of action.

4 Appointment of arbitrators

(1) If an arbitration agreement does not provide for the appointment of an arbitrator, an arbitration under that agreement is before a single arbitrator.

(2) If an arbitration agreement provides for the appointment of an even number of arbitrators, the arbitrators may appoint an additional person to act as an umpire.

(3) If arbitrators who have appointed an umpire cannot reach a majority decision on any matter before them, the umpire must decide the matter, and the umpire's decision is for all purposes the decision of the arbitrators.

5 Advance production of documents

(1) Before an arbitration hearing commences, the arbitrator may, on the application of a party, order another party to produce any documents that the arbitrator considers are relevant to the arbitration.

(2) A party who has been ordered to produce documents under subsection (1) must permit the party in whose favour the order was made to inspect those documents and take copies of them.

6 Examination and production of records and evidence

(1) All parties to an arbitration and any person claiming through them must

    (a) submit to being examined by the arbitrator under oath, when ordered by the arbitrator, and

    (b) produce all records that the arbitrator may require.

(2) In an arbitration, the arbitrator

    (a) must admit all evidence that would be admissible in a court,

    (b) may admit in addition other evidence that the arbitrator considers relevant to the issues in dispute, and

제3조 당사자의 사망

(1) 중재합의의 당사자가 사망한 경우 그 망자의 법적대리인이 중재합의에 구속되며 그 대리인은 동 사망으로 인하여 중재합의의 강제력으로부터 벗어나지 아니한다.

(2) 중재인이 중재에서 심리하고 결정할 권한은 그 중재인을 선정한 당사자의 사망에 의하여 취소되지 않는다.

(3) 제1항 및 제2항은 중재합의의 당사자 사이에 이루어진 합의에 열위한다.

(4) 본조는 사망으로 인하여 소송상의 권리를 소멸시키는 법규 또는 입법에 영향을 주지 아니한다.

제4조 중재인의 선정

(1) 중재합의에서 중재인의 선정에 관하여 정하고 있지 아니하는 경우, 그 합의에 따른 중재는 단독중재인에 의한다.

(2) 중재합의에서 짝수의 중재인을 정하는 경우에 중재인들은 심판관으로 행위할 자를 추가로 선정할 수 있다.

(3) 심판관을 선정한 중재인들이 결정을 요하는 사항에 대하여 다수결에 의한 결정을 내리지 못하는 경우에, 심판관은 그 사항에 대하여 결정을 내려야 하고, 심판관의 결정은 모든 점에서 중재인들의 결정이 된다.

제5조 문서의 사전제출

(1) 중재인은 중재심리개시 전에 일방당사자의 신청으로 상대방 당사자에게 중재와 관련이 있다고 판단되는 문서의 제출을 명할 수 있다.

(2) 제1항의 문서제출명령을 받은 당사자는 그 명령으로 이익을 받는 당사자로 하여금 당해 문서를 조사하고 복사하는 것을 허용하여야 한다.

제6조 기록과 증거의 조사 및 제출

(1) 중재의 모든 당사자 및 그러한 당사자를 통하여 주장을 하는 자는 다음 각 호의 행위를 하여야 한다.

    (a) 중재인의 명령이 있는 경우, 선서를 하고 중재인의 조사를 받도록 출석하여야 한다. 그리고

    (b) 중재인이 요구하는 모든 기록을 제출하여야 한다.

(2) 중재에서 중재인은

    (a) 법원에서 허용되는 모든 증거를 허용하여야 한다.

    (b) 중재인이 다툼이 있는 문제와 관련이 있다고 판단되는 그 밖의 증거를 추가로 허용할 수 있다. 그리고

(c) may determine, subject to the rules of natural justice, how evidence is to be admitted.

7 Subpoena to witness

(1) A party to an arbitration or to a reference from the court may issue a subpoena to a witness.

(2) No subpoena may be issued under subsection (1) for a document unless the witness could be compelled to produce the document in an action.

(3) The court may order that a subpoena be issued to compel a witness to attend an arbitration.

8 Oath

(1) An arbitrator may order that a witness at an arbitration testify under oath.

(2) If an arbitrator requires the testimony of a witness or a party to an arbitration to be given under oath, the arbitrator may administer the oath.

9 Interim award

During an arbitration, an arbitrator may make an interim award respecting any matter on which the arbitrator may make a final award.

10 Specific performance

An arbitrator has the same power as the court to make an order for specific performance of an agreement between the parties for the sale of goods.

11 Costs

(1) The costs of an arbitration are in the discretion of the arbitrator who, in making an order for costs, may specify any or all of the following:

(a) the persons entitled to costs;

(b) the persons who must pay the costs;

(c) the amount of the costs or how that amount is to be determined;

(d) how all or part of the costs must be paid.

(2) In specifying the amount of costs under subsection (1) (c), the arbitrator may specify that the costs include

(a) actual reasonable legal fees, and

(b) disbursements, including the arbitrator's fees, expert witness fees and the expenses incurred for holding the hearing.

(3) In specifying how costs are to be determined, the arbitrator may refer the matter to a registrar of the Supreme Court for assessment.

(c) 자연적 정의의 원칙의 제한 하에 증거수집방법에 관하여 결정할 수 있다.

제7조   증인에 대한 소환장

(1) 중재의 당사자 또는 법원으로부터 위임받은 당사자는 증인에 대한 소환장을 발부할 수 있다.

(2) 소송에서 증인에 대하여 서류제출이 강제되지 않는 한, 서류제출을 위한 제1항에 따른 어떠한 소환장도 발부될 수 없다.

(3) 법원은 증인을 중재에 출석하도록 강제하는 소환장을 발부하도록 명할 수 있다.

제8조   선서

(1) 중재인은 증인이 중재에서 선서를 하고서 증언하도록 명할 수 있다.

(2) 중재인이 선서를 하고 증인 또는 중재 당사자의 증언이 이루어지도록 요구하는 경우에 중재인은 그 선서를 집행할 수 있다.

제9조   중간판정

중재 중에 중재인은 종국판정을 내릴 수 있는 사안에 관하여 중간판정을 내릴 수 있다.

제10조   특정이행

중재인은 물품매매에 관한 당사자 사이의 계약에 대하여 특정이행을 명하는 데 있어서 법원과 동일한 권한을 갖는다.

제11조   비용

(1) 중재비용은 중재인의 재량에 속하며, 중재인은 비용에 관한 명령을 내리면서 다음 중의 어느 것 또는 모든 것을 명시할 수 있다.

(a) 해당 비용에 관한 권리자

(b) 해당 비용의 부담자

(c) 비용의 액수 또는 그 액수의 결정방법

(d) 비용의 전부 또는 일부의 지급방법

(2) 제1항 제c호의 액수를 명시함에 있어서, 중재인은 그 비용이 다음을 포함한다고 명시할 수 있다.

(a) 실제의 합리적인 법률비용, 그리고

(b) 심리 과정에서 발생하는 전문가증인의 보수, 중재인의 보수 및 심리개최경비를 포함하는 실비

(3) 비용의 결정방법을 명시함에 있어서, 비용산정에 관하여 대법원의 등기공무원에게 그 문제를 맡길 수 있다.

(4) The registrar is not to assess the costs referred under subsection (3) as though they were costs in a proceeding in the Supreme Court but must assess them in the manner specified by the arbitrator.

(5) If in an award the arbitrator makes no order as to costs, a party may apply to the arbitrator, within 30 days of being notified of the award, for an order respecting costs.

(6) If no application is made under subsection (5) or if, following an application under subsection (5), the arbitrator makes no order as to costs, the parties to the arbitration bear their own costs, and the fees and expenses referred to in section 26 (1) are to be borne equally among each of the parties to the arbitration.

12 Majority decision

(1) If there are more than 2 arbitrators in an arbitration, the award may be made by a majority of arbitrators.

(2) If there is no majority decision on any matter to be decided in an arbitration, the decision of the chair is the decision on that matter.

13 Time for arbitrator's decision

(1) If the parties have agreed to a time limit for the making of an award, the arbitrator or the court may extend the time limit, whether or not the time has expired and despite the agreement.

(2) Subsection (1) does not affect the power of the court to make an order under section 18 (1) (b).

14 Award binding

The award of the arbitrator is final and binding on all parties to the award.

15 Stay of proceedings

(1) If a party to an arbitration agreement commences legal proceedings in a court against another party to the agreement in respect of a matter agreed to be submitted to arbitration, a party to the legal proceedings may apply, before filing a response to civil claim or a response to family claim or taking any other step in the proceedings, to that court to stay the legal proceedings.

(2) In an application under subsection (1), the court must make an order staying the legal proceedings unless it determines that the arbitration agreement is void, inoperative or incapable of being performed.

(3) An arbitration may be commenced or continued and an arbitral award made even though an application has been brought under subsection (1) and the issue is pending before the court.

(4) It is not incompatible with an arbitration agreement for a party to request from the Supreme

(4) 등기공무원은 대법원의 절차의 비용처럼 제3항의 비용을 산정하는 것이 아니라 중재인이 명시한 방법으로 이를 산정하여야 한다.

(5) 중재인이 중재판정 내에서 비용에 관하여 명령을 하지 아니한 경우에, 당사자는 중재판정을 통지 받은 때로부터 30일 내에 중재인에게 비용에 관한 명령을 신청할 수 있다.

(6) 제5항의 신청이 이루어지지 아니한 경우나, 제5항의 신청에 대하여 중재인이 비용에 관한 명령을 내리지 아니하는 경우에, 중재의 당사자들은 각기 자신의 비용을 부담하고, 제26조 제1항에서 규정하는 보수와 경비는 당사자들이 각기 균분하여 부담한다.

제12조 다수결

(1) 중재에서 3인 이상의 중재인이 있는 경우에 중재판정은 중재인의 다수결에 의한다.

(2) 중재에서 결정되어야 하는 사항에 대하여 다수결을 할 수 없는 경우에 당해 사항은 의장중재인이 결정한다.

제13조 중재인의 판정시한

(1) 당사자들이 중재판정의 시한에 대하여 합의한 경우에 중재인 또는 법원은 그 시한의 만료여부를 불문하고 그러한 합의에도 불구하고 그 시한을 연장할 수 있다.

(2) 제1항은 제18조 제1항 제b호에 따라 명령을 할 수 있는 법원의 권한에 영향을 주지 아니한다.

제14조 중재판정의 구속력

중재인의 중재판정은 종국적이며 중재판정의 모든 당사자를 구속한다.

제15조 절차의 정지

(1) 중재합의의 당사자가 중재에 회부하기로 합의된 사안에 관하여 상대방 당사자를 상대로 법원에 소송을 개시한 경우에, 그 소송의 당사자는 민사상 청구에 대한 답변서 또는 가족법상 청구에 대한 답변서를 제출하거나 기타 소송상의 조치를 취하기 전에 그 소송을 정지하도록 그 법원에 신청할 수 있다.

(2) 제1항의 신청이 있는 경우에 중재합의가 무효이거나 이행불능이 아닌 한, 법원은 소송의 정지를 명하여야 한다.

(3) 제1항의 신청이 있고 그 쟁점이 법원에 계속 중이더라도 중재는 개시되거나 계속될 수 있고 중재판정을 내릴 수 있다.

(4) 당사자가 중재절차 전이나 계속 중 대법원에 대하여 임시적 보전처분을 청구하는 것이나 법원이 그러한 처분을 내리는 것은 중재합의에 반하지 아니한다.

Court, before or during arbitral proceedings, an interim measure of protection and for the court to grant that measure.

16 Revocation of arbitrator's authority

(1) Subject to an agreement referred to in section 3 (3), the parties may not revoke the authority of an arbitrator, except by leave of the court under subsection (2).

(2) A party to an arbitration may apply to the court for an order revoking the authority of an arbitrator.

(3) In considering whether to revoke the authority of an arbitrator, the court must consider the factors referred to in section 15 (3)(a) to (c), (i) and (j).

(4) If, after a dispute arises under an arbitration agreement that names a person as an arbitrator, a party to that agreement applies to the court

    (a) for an order revoking the authority of the arbitrator, or

    (b) for an order in any other proceeding whether the party seeks on grounds of apprehended bias, to revoke the arbitrator's authority or restrain the arbitration from proceeding,

the court must not refuse the order on the ground that the applicant knew or ought to have known that the arbitrator may not be capable of acting impartially because of the arbitrator's relationship to

    (c) another party to the arbitration agreement, or

    (d) the subject matter of the dispute.

17 Appointment of arbitrator by court

(1) If an arbitration agreement provides for

    (a) the appointment of a single arbitrator, and the parties, after a dispute has arisen, cannot concur in the appointment of the arbitrator, or

    (b) an arbitrator or another person to appoint an arbitrator, and the arbitrator or that person neglects or refuses to make the appointment,

a party may serve written notice on the other party, the arbitrator or the other person, as the case may be, to concur in the appointment of a single arbitrator or to appoint an arbitrator.

(2) If the appointment is not made within 7 days after the notice is served under subsection (1), the court must appoint an arbitrator, on application of the party who served the notice.

(3) On the application of any party the court may appoint an arbitrator if

    (a) an arbitrator refuses to act, is incapable of acting or dies, and

    (b) the arbitration agreement

        (i) does not provide a means of filling the vacancy that has occurred, or

        (ii) provides a means of filling the vacancy, but a qualified person has not filled the vacancy within the time provided for in the agreement, or if no time has been

제16조　중재인의 권한 회수

(1) 제3조 제3항에 규정된 합의의 제한 하에 당사자는 제2항에 의한 법원의 허가를 받은 경우를 제외하고 중재인의 권한을 회수할 수 없다.

(2) 중재의 당사자는 중재인의 권한을 회수하는 명령을 법원에 신청할 수 있다.

(3) 중재인의 권한의 회수여부를 판단함에 있어서 법원은 제15조 제3항 제a호 내지 제c호, 제i호 및 제j호에서 규정하는 요소를 고려하여야 한다.

(4) 중재인을 지명하는 중재합의 하에서 분쟁이 발생한 후에 그 중재합의의 당사자가 다음 각 호의 명령을 법원에 신청하는 경우에

(a) 중재인의 권한을 회수하는 명령

(b) 감지된 편견을 이유로 당사자가 중재인의 권한의 회수나 중재절차의 정지를 구하는 다른 절차상의 명령

법원은 다음 각 호와 중재인 사이의 관계로 인하여 중재인이 공평하게 행동할 수 없다는 사실을 신청인이 알았거나 알았어야 함을 이유로 명령을 거부하여서는 아니된다.

(c) 중재합의의 다른 당사자 또는

(d) 분쟁의 실체

제17조　법원에 의한 중재인 선정

(1) 다음 각 호의 경우에 당사자는 상대방, 중재인 또는 경우에 따라 제3자에게 단독중재인 선정에 관하여 동의하거나 중재인을 선임하는 서면통지를 보낼 수 있다.

(a) 중재합의에서 단독중재인의 선정에 관하여 규정하고 있고 분쟁발생 후 당사자들이 중재인 선정에 관하여 의견의 일치를 보지 못하는 경우

(b) 중재합의에서 중재인 또는 중재인을 선정할 제3자에 관하여 규정하고 있고 그러한 중재인 또는 제3자가 선정을 거부하는 경우

(2) 제1항의 통지 후 7일 내에 선정이 이루어지지 아니하는 경우에, 법원은 그러한 통지를 한 당사자의 신청에 따라 중재인을 선정하여야 한다.

(3) 다음 각 호의 경우에 당사자의 신청에 따라 법원은 중재인을 선정할 수 있다.

(a) 중재인이 임무수행을 거부하거나, 할 수 없거나 사망한 경우, 그리고

(b) 중재합의에서

(i) 보궐중재인의 선정방법을 규정하지 아니한 경우, 또는

(ii) 보궐중재인의 선정방법을 규정하였음에도 중재합의에서 정한 기간 내에 또는 그러한 기간이 규정되지 아니한 경우에는 합리적인 기간 내에 자격 있는 자로 그 보궐중재인이 충원되지 아니한 경우

provided for, within a reasonable time.

(4) An arbitrator appointed by the court under this section has the same powers and duties as though the arbitrator were appointed under the arbitration agreement.

18 Removal of arbitrator

(1) On the application of a party to an arbitration, the court may remove an arbitrator who

(a) commits an arbitral error, or

(b) unduly delays in proceeding with the arbitration or in making an award.

(2) The court may order that an arbitrator who is removed under subsection (1) on the grounds of corrupt or fraudulent conduct or undue delay in proceeding with the arbitration or in making an award

(a) receive no remuneration for the arbitrator's services, and

(b) pay all or part of the costs, as determined by the court, that the parties to the arbitration have incurred up to the date that the order removing the arbitrator was made.

(3) Subject to subsection (5), if the court removes an arbitrator under subsection (1), it may appoint another arbitrator to replace the one who was removed, unless the parties have agreed in the appointment of a replacement.

(4) An arbitrator appointed under subsection (3) has the same powers and duties as though the arbitrator were appointed under the arbitration agreement.

(5) An arbitration proceeding is stayed if

(a) the arbitration agreement includes a provision that names the arbitrator,

(b) that arbitrator is removed under subsection (1), and

(c) the parties to the arbitration agreement do not agree, within 30 days after the removal, on another arbitrator to replace the arbitrator.

(6) If an arbitration proceeding is stayed under subsection (5), the parties may take any other proceedings to resolve the dispute that they could have taken but for the arbitration agreement.

19 Scott vs. Avery clauses

(1) A term of an agreement providing that

(a) an action may not be commenced, or

(b) a defence to an action may not be raised or pleaded

until the matter that is the subject of the cause of action or defence has been adjudicated by arbitration under that, or some other, agreement has no effect except as provided in subsection (2).

(2) A term of an agreement referred to in subsection (1) (a) or (b) is deemed to be an arbitration agreement.

(4) 본조 하에서 법원에 의하여 선정된 중재인은 중재합의에 따라 선정된 중재인과 동일한 권한과 의무를 갖는다.

제18조　중재인의 해임

(1) 중재의 당사자의 신청에 따라, 법원은 다음의 중재인을 해임할 수 있다.

    (a) 중재과오를 저지르는 중재인, 또는

    (b) 중재절차의 진행 또는 중재판정을 지나치게 지체하는 중재인

(2) 법원은 부패하거나 또는 사기적인 행동 또는 중재절차의 진행 또는 중재판정의 지나친 지체를 이유로 제1항에 따라 해임된 중재인에 대하여 다음의 명령을 할 수 있다.

    (a) 직무수행에 대한 중재인의 보수를 지급받지 못하게 하는 명령

    (b) 중재인 해임명령이 내려진 일자까지 중재의 당사자들에게 발생한, 법원이 정하는 비용의 전부 혹은 일부를 지불하도록 하는 명령

(3) 제5항의 제한 하에, 법원이 제1항에 따라 중재인을 해임하는 경우, 그 법원은 당사자들이 그 보궐중재인의 선정에 관하여 합의하지 않은 한, 해임된 중재인을 대체하는 다른 중재인을 선정할 수 있다.

(4) 제3항에 따라 선정된 중재인은 중재합의에 따라 선정된 중재인과 동일한 권한과 의무를 갖는다.

(5) 다음의 경우에 중재절차는 정지된다.

    (a) 중재합의에 중재인의 선정에 관한 조항이 들어 있는 경우

    (b) 중재인이 제1항에 따라 해임된 경우

    (c) 중재합의의 당사자들이 해임일로부터 30일 내에 그 중재인을 대체하는 보궐중재인에 관하여 합의를 하지 못하는 경우

(6) 제5항에 따라 중재합의가 정지된 경우에, 당사자들은 중재합의 이외의 부분에서 분쟁해결을 위하여 당사자들이 취할 수 있었던 다른 절차를 취할 수 있다.

제19조　중재선행조항

(1) 소송 또는 방어의 원인이 된 사항이 당해 합의 또는 다른 어떤 합의에 따른 중재에 의하여 판정이 날 때까지 다음 각 호와 같은 행위를 금지하는 합의의 조항은 제2항에 규정된 경우를 제외하고는 효력이 없다.

    (a) 소송을 개시할 수 없다. 또는

    (b) 소송에 대하여 방어하거나 반소를 제기할 수 없다.

(2) 제1항 제a호 또는 제b호에 규정된 합의의 조항은 중재합의로 간주된다.

20 Extension of time limit

If the terms of an arbitration agreement provide that a claim to which the agreement applies is barred unless

(a) notice to appoint an arbitrator is given,

(b) an arbitrator is appointed, or

(c) some other step to commence the arbitration proceedings is taken,

within the time limited by the arbitration agreement, the court may, if it considers that undue hardship would otherwise result, extend the time on terms, if any, as the justice of the case requires.

21 Consolidation of arbitrations

Disputes that have arisen under 2 or more arbitration agreements may be heard in one arbitration if

(a) the disputes are similar, and

(b) all parties to those agreements agree on the appointment of the arbitrator and the steps to be taken to consolidate the disputes into the one arbitration.

22 International Commercial Arbitration Centre rules

(1) Unless the parties to an arbitration otherwise agree, the rules of the British Columbia International Commercial Arbitration Centre for the conduct of domestic commercial arbitrations apply to that arbitration.

(2) If the rules referred to in subsection (1) are inconsistent with or contrary to the provisions in an enactment governing an arbitration to which this Act applies, the provisions of that enactment prevail.

(3) If the rules referred to in subsection (1) are inconsistent with or contrary to this Act, this Act prevails.

23 Legal principles apply unless excluded

(1) An arbitrator must adjudicate the matter before the arbitrator by reference to law unless the parties, as a term of an agreement referred to in section 35, agree that the matter in dispute may be decided on equitable grounds, grounds of conscience or some other basis.

(2) Despite any agreement of the parties to a family law dispute, a provision of an award that is inconsistent with the Family Law Act is not enforceable.

24 Arbitrator may call own witness

(1) An arbitrator may call a witness on the arbitrator's own motion.

(2) A witness called by the arbitrator under subsection (1) may be cross-examined by all parties to the arbitration, and all parties may call evidence in rebuttal.

제20조　시한의 연장

중재합의의 조항에서 그 중재합의에서 정한 시한 내에 다음 각 호가 수행되지 아니한다면 그 중재합의의 적용대상이 되는 청구가 금지된다고 규정하는 경우에

  (a) 중재인을 선정하는 통지를 함
  (b) 중재인이 선정됨
  (c) 중재절차의 개시를 위한 그 밖의 조치를 취함

법원은 부당한 곤경이 초래될 것으로 판단되는 때에는 사안의 공정을 기하기 위하여 필요하다면 그러한 조항에서 정한 시한을 연장할 수 있다.

제21조　중재의 병합

둘 또는 그 이상의 중재합의 하에서 발생한 복수의 분쟁은 다음의 각 호의 경우에는 하나의 중재에서 심리될 수 있다.

  (a) 분쟁이 서로 유사한 경우
  (b) 그러한 복수의 중재합의의 모든 당사자가 그 중재인의 선정 및 분쟁들을 하나의 중재절차로 병합하기 위한 조치에 동의하는 경우

제22조　국제상사중재센터규칙

  (1) 중재의 당사자들이 달리 합의하지 않는 한, 브리티쉬 컬럼비아 국제상사중재센터의 국내상사중재인을 위한 행동 규칙은 그 중재에 적용된다.
  (2) 제1항에 지칭된 규칙이 이 법이 적용되는 중재를 규율하는 제정법률상의 규정과 모순 또는 저촉되는 경우에 그 제정법률의 규정이 우선한다.
  (3) 제1항에 지칭된 규칙이 이 법과 모순 또는 저촉되는 경우에는 이 법이 우선한다.

제23조　배제되지 아니한 한도 내에서 적용되는 법원칙

  (1) 중재인은 자신에게 회부된 사항에 대하여 법에 근거하여 판정을 내려야 하되, 다만 당사자들이 제35조 소정의 합의의 조항으로써 분쟁의 대상인 사항을 형평법상의 근거, 양심상의 근거 또는 그 밖의 다른 기준에 따라 판정할 수 있다고 합의한 때에는 그러하지 아니하다.
  (2) 가족법상의 분쟁에 있어서는 당사자들의 합의에도 불구하고 가족법에 관한 법률에 저촉되는 중재판정의 내용은 집행될 수 없다.

제24조　중재인의 증인 소환

  (1) 중재인은 직권으로 증인을 소환할 수 있다.
  (2) 제1항에 따라 중재인에 의해 소환된 증인은 중재의 모든 당사자에 의해 반대신문을 받을 수 있으며, 모든 당사자는 반박을 위한 증거를 요구할 수 있다.

25 Arbitrator's decision

An award must be in writing and must be signed by the arbitrator.

26 Arbitrator's fees

(1) The fees and expenses of an arbitrator or of a clerk, secretary or reporter assisting in the arbitration must not exceed the fair value of the services performed together with necessary and reasonable expenses incurred.

(2) If an arbitrator has delivered the arbitrator's account for fees and expenses, any party to the arbitration or the arbitrator may apply to the district registrar or other reviewing officer of the court for an appointment to review the account.

(3) The applicant for the review must deliver a copy of the appointment to the arbitrator or the parties, as the case may be.

(4) A party may review an arbitrator's account even though the account has been paid.

(5) Section 70 of the Legal Profession Act applies to the procedure at a review under subsection (2).

(6) A term of an arbitration agreement prohibiting the review of an arbitrator's fees and expenses has no effect.

(7) A party to a review under subsection (2) may appeal the review to the court within

   (a) 14 days of after the date of the reviewing officer's certificate,

   (b) a period allowed by the court, or

   (c) a period specified by the reviewing officer in the certificate.

(8) The court may make any order it considers just in the appeal, including an order that the reviewing officer amend the certificate.

(9) If an account has been reviewed under subsection (2), the certificate of the reviewing officer or district registrar may be filed in the registry of the court and, on the expiry of the time specified in subsection (7), the certificate may be enforced as though it were a judgment of the court.

27 Amendments to the award

(1) On the application of a party or on the arbitrator's own initiative, an arbitrator may amend an award to correct

   (a) a clerical or typographical error,

   (b) an accidental error, slip, omission or other similar mistake, or

   (c) an arithmetical error made in a computation.

(2) An application by a party under subsection (1) must be made within 15 days after the party is notified of the award.

(3) An amendment under subsection (1) must not, without the consent of all parties, be made

제25조　중재인의 결정

중재판정은 서면으로 작성되어야 하며 중재인의 서명이 있어야 한다.

제26조　중재인의 보수

(1) 중재인 또는 중재를 지원하는 서기, 비서, 속기사의 수수료와 경비는 수행된 서비스의 적정가치 및 소요된 필요적·합리적 경비의 합계를 초과하여서는 아니 된다.

(2) 중재인이 자신의 보수와 경비의 내역서를 전달한 경우, 중재의 당사자 또는 그 중재인은 해당 지역의 등록담당직원이나 법원의 다른 검토전담직원에게 그 내역서의 검토를 신청할 수 있다.

(3) 그러한 검토신청자는 당해 임명장의 사본을 그 중재인이나 당사자들에게 사본을 전달하여야 한다.

(4) 당사자는 그 내역서 대로 중재인에게 지급된 후에도 그 중재인의 내역서를 검토할 수 있다.

(5) 법조인법(Legal Profession Act) 제70조는 제2항의 검토절차에 적용된다.

(6) 중재의의 보수와 비용에 대한 검토를 금지하는 중재합의상의 조항은 효력이 없다.

(7) 제2항의 검토의 당사자는 다음의 기간 내에 법원에 그 검토에 대하여 항고할 수 있다.

  (a) 검토전담직원의 증명서 일자로부터 14일

  (b) 법원이 허용하는 기간

  (c) 검토전담직원이 증명서에 명시한 기간

(8) 항고를 받은 법원은 동 증명서를 변경하도록 하는 명령을 포함하여 정당하다고 판단되는 명령을 내릴 수 있다.

(9) 제2항에 따라 내역서가 검토된 때에는, 그 검토전담직원이나 그 지역 등록담당직원의 증명서는 법원의 등록소에 등록되고, 제7항에서 정하는 기간이 만료된 후에는 그 증명서는 마치 법원의 판결과 같이 집행될 수 있다.

제27조　중재판정의 정정

(1) 당사자의 신청에 따라 또는 중재인 자신의 직권으로 중재인은 다음 각 호 중 어느 하나에 해당하는 경우 중재판정을 올바르게 정정할 수 있다.

  (a) 오기 또는 인쇄상의 오류

  (b) 우연한 실수, 탈루, 누락, 기타 유사한 오류

  (c) 오산

(2) 제1항에 따른 당사자의 신청은 중재판정이 그 당사자에게 통지된 후 15일 내에 하여야 한다.

(3) 제1항의 정정은 모든 당사자의 동의가 없으면 모든 당사자에게 중재판정이 통지된 때

more than 30 days after all parties have been notified of the award.

(4) Within 15 days after being notified of the award, a party may apply to the arbitrator for clarification of the award.

(5) On an application under subsection (4), the arbitrator may amend the award if the arbitrator considers that the amendment will clarify it.

(6) Within 30 days after receiving the award, a party may apply to the arbitrator to make an additional award with respect to claims presented in the proceedings but omitted from the award, unless otherwise agreed by the parties.

28 Interest

For the purposes of the Court Order Interest Act and the Interest Act (Canada), a sum directed to be paid by an award is a pecuniary judgment of the court.

29 Enforcement of an award

(1) With leave of the court, an award may be enforced in the same manner as a judgment or order of the court to the same effect, and judgment may be entered in the terms of the award.

(2) Despite subsection (1), leave of the court is not required if the award is in respect of a family law dispute.

30 Court may set aside award

(1) If an award has been improperly procured or an arbitrator has committed an arbitral error, the court may
  (a) set aside the award, or
  (b) remit the award to the arbitrator for reconsideration.

(2) The court may refuse to set aside an award on the grounds of arbitral error if
  (a) the error consists of a defect in form or a technical irregularity, and
  (b) the refusal would not constitute a substantial wrong or miscarriage of justice.

(3) Except as provided in section 31, the court must not set aside or remit an award on the grounds of an error of fact or law on the face of the award.

(4) Nothing in this section restricts or prevents a court from changing, suspending or terminating all or part of an award, in respect of a family law dispute, for any reason for which an order could be changed, suspended or terminated under the Family Law Act.

31 Appeal to the court

(1) A party to an arbitration, other than an arbitration in respect of a family law dispute, may appeal to the court on any question of law arising out of the award if

로부터 30일이 지난 후에는 할 수 없다.

(4) 중재판정을 통지받은 후 15일 내에 당사자는 중재인에게 중재판정의 설명을 신청할 수 있다.

(5) 제4항의 신청이 있는 경우에, 중재인은 중재판정을 정정하는 것이 그 중재판정을 명확하게 할 것이라고 판단되는 때에는 그 중재판정을 정정할 수 있다.

(6) 당사자들이 달리 합의하지 않은 한, 중재판정을 받은 후 30일 내에 당사자는 절차진행 중에 주장되었으나 중재판정에서 누락된 청구에 관하여 중재인에게 추가판정을 신청할 수 있다.

제28조   이자

법원명령이자법(Court Order Interest Act) 및 캐나다 이자법(Interest Act)의 적용상 중재판정에 의하여 지급되어야 하는 총액은 법원의 금전지급 판결(pecuniary judgment)에 의한 것으로 본다.

제29조   중재판정의 집행

(1) 법원의 허가가 있는 때에는 중재판정은 법원의 판결이나 명령과 같은 방법으로 동일한 효력으로 집행될 수 있으며 판결은 중재판정의 일부로 기입될 수 있다.

(2) 제1항에도 불구하고 중재판정이 가족법상 분쟁에 관한 것이면 법원의 허가가 필요하지 아니하다.

제30조   법원에 의한 중재판정의 취소

(1) 중재판정이 부적절하게 획득되었거나 중재인이 중재과오를 범한 경우에 법원은

(a) 중재판정을 취소할 수 있다. 또는

(b) 재심을 위하여 중재판정을 중재인에게 반송할 수 있다.

(2) 법원은 다음의 경우에 중재과오를 이유로 중재판정의 취소를 거부할 수 있다.

(a) 중재과오가 형식상 흠결 또는 기술적 반칙에 해당하는 경우

(b) 그 거부가 실질적인 부당이나 사법적(司法的) 오심에 해당하지 아니하는 경우

(3) 제31조에 규정된 바를 제외하고, 법원은 중재판정상의 사실이나 법률에 관한 오류를 이유로 중재판정을 취소하거나 반송하여서는 아니된다.

(4) 본조의 어떠한 규정도 가족법상 분쟁에 관하여 가족법에 관한 법률상 명령을 변경, 정지 또는 종료시킬 수 있는 사유를 이유로 법원이 중재판정의 전부 또는 일부를 변경, 정지 또는 종료시키는 것을 제한하거나 금하지 아니한다.

제31조   법원에 대한 상소

(1) 가족법상 분쟁에 관한 중재가 아닌 중재의 당사자는 다음의 경우에 그 중재판정으로부

(a) all of the parties to the arbitration consent, or

(b) the court grants leave to appeal.

(2) In an application for leave under subsection (1)(b), the court may grant leave if it determines that

(a) the importance of the result of the arbitration to the parties justifies the intervention of the court and the determination of the point of law may prevent a miscarriage of justice,

(b) the point of law is of importance to some class or body of persons of which the applicant is a member, or

(c) the point of law is of general or public importance.

(3) If the court grants leave to appeal under subsection (2), it may attach conditions to the order granting leave that it considers just.

(3.1) A party to an arbitration in respect of a family law dispute may appeal to the court on any question of law, or on any question of mixed law and fact, arising out of the award.

(4) On an appeal to the court, the court may

(a) confirm, amend or set aside the award, or

(b) remit the award to the arbitrator together with the court's opinion on the question of law that was the subject of the appeal.

32 Extent of judicial intervention

Arbitral proceedings of an arbitrator and any order, ruling or arbitral award made by an arbitrator must not be questioned, reviewed or restrained by a proceeding under the Judicial Review Procedure Act or otherwise except to the extent provided in this Act.

33 Application for reasoned award

(1) A party to an arbitration may apply to the court for an order that the arbitrator give more detailed reasons for an award.

(2) On an application under subsection (1), the court may order that the arbitrator state the reasons for the award in detail that is sufficient to consider any question of law that arises out of the award, were an appeal to be brought under section 31.

(3) The court must not make an order under this section unless written notice is given to the arbitrator before the award is made that a reasoned award would be required or a good reason is shown why no such written notice was given.

터 발생하는 법률문제에 관하여 법원에 상소할 수 있다.

(a) 중재의 모든 당사자가 동의하는 경우

(b) 법원이 상소를 허가하는 경우

(2) 제1항 제b호의 허가의 신청이 있는 경우에, 법원은 다음과 같이 판단하는 때에는 허가를 할 수 있다.

    (a) 당사자에 대한 중재의 결과의 중요성이 법원의 관여를 정당화하고 법률문제에 대하여 결정을 하는 것이 오심을 방지하는 경우

    (b) 당해 법률문제가 신청인과 같은 부류의 사람들이나 신청인 그 구성원으로 속해 있는 단체에 중요한 경우

    (c) 그 법률문제가 일반적으로 또는 공적으로 중요한 경우

(3) 법원은 제2항의 상소를 허가하는 경우에 그러한 허가를 부여하는 명령에 정당하다고 판단되는 조건을 붙일 수 있다.

(3.1) 가족법상 분쟁에 관한 중재의 당사자는 중재판정으로부터 발생하는 법률문제 또는 법률의 문제와 사실의 문제가 복합된 문제에 관하여 법원에 상소할 수 있다.

(4) 법원에 상소가 있는 경우에, 법원은

    (a) 중재판정을 확인, 변경 또는 취소할 수 있다. 또는

    (b) 상소의 대상이 된 법률문제에 관한 법원의 견해와 함께 중재인에게 중재판정을 반송할 수 있다.

제32조   법원의 관여 범위

중재인의 중재절차 및 중재인이 내린 명령, 결정 또는 중재판정은 이 법에 규정된 바를 제외하고 법원상소절차법(Judicial Review Procedure Act) 등에 따른 절차에 의해 이의제기, 재심사 또는 제한되지 아니한다.

제33조   중재판정 이유기재 신청

(1) 중재의 당사자는 중재판정의 보다 상세한 이유를 기재하도록 중재인에게 명할 것을 법원에 신청할 수 있다.

(2) 제1항의 신청에 따라 법원은 중재인에게, 만약 제31조에 따른 상소가 제기된다면, 중재판정으로부터 발생하는 법률문제를 판단하기에 충분한 정도로 상세히 중재판정 이유를 기재하도록 명할 수 있다.

(3) 이유가 기재된 중재판정이 요구된다는 사실이 중재판정이 내려지기 전에 중재인에게 서면으로 통지되지 아니하였거나 그러한 서면통지를 하지 아니한 충분한 이유가 제시되지 아니하는 한, 법원은 본조의 명령을 내려서는 아니된다.

34 Application to court to determine question of law

(1) On the application of a party, the court may determine any question of law that arises during the course of an arbitration if that party obtains the consent of either the arbitrator or of the other parties to the arbitration.

(2) The court must not make a determination on the question submitted unless it is satisfied that substantial savings in costs of the arbitration would result.

(3) A determination made under this section may be appealed to the Court of Appeal.

35 Exclusion agreements

(1) If, after an arbitration has commenced, the parties to it agree in writing to exclude the jurisdiction of the court under sections 31, 33 and 34, the court has no jurisdiction to make an order under those sections except in accordance with the agreement, but otherwise an agreement to exclude the jurisdiction of the court under those sections has no effect.

(2) Despite subsection (1), an agreement to exclude the jurisdiction of the court under section 31, 33 or 34 by the parties to an arbitration in respect of a family law dispute has no effect.

36 Reference by court order

The court may order at any time that the whole matter, or a question of fact arising in a proceeding, other than a criminal proceeding, be tried before an arbitrator agreed on by the parties if

(a) all parties interested, and not under disability, consent,

(b) the proceeding requires a prolonged examination of documents, or a scientific or local investigation that cannot, in the opinion of the court, conveniently be made before a jury or conducted by the court through its other ordinary officers, or

(c) the question in dispute consists wholly or partly of matters of account.

37 Powers on reference

(1) In a reference by the court to an arbitrator, the arbitrator is an officer of the court and has the authority and must conduct the reference in the manner prescribed by rules of court and as the court may direct.

(2) Unless set aside by the court, the report or award of an arbitrator on a reference is equivalent to the verdict of a jury.

38 Remuneration

The court may determine the remuneration to be paid to an arbitrator on a reference by the court.

제34조 법률문제의 결정을 위한 법원에 대한 신청

(1) 당사자의 신청에 따라, 법원은 그 당사자가 중재인 또는 중재의 상대방의 동의를 얻는 때에는, 중재과정에서 발생하는 법률문제를 결정할 수 있다.

(2) 법원은 중재비용을 상당히 절감할 수 있다고 판단하지 아니하는 때에는 제기된 문제에 관한 결정을 내려서는 아니된다.

(3) 본조에 따라 내려진 결정은 항소법원에 불복할 수 있다.

제35조 배제합의

(1) 중재가 개시된 후에 중재의 당사자들이 제31조, 제33조, 제34조에 의한 법원의 관할을 배제하기로 서면으로 합의하는 경우에, 법원은 그러한 합의에 따르는 것을 제외하고는 위 조항들에 따른 명령을 할 권한을 갖지 아니하되, 그 밖의 경우에는 위 조항들에 따른 법원의 관할을 배제하는 합의의 효력이 없다.

(2) 제1항에도 불구하고 가족법상 분쟁에 관하여 중재의 당사자들이 제31조, 제33조, 제34조에 따른 법원의 관할을 배제하는 합의는 효력이 없다.

제36조 법원의 명령에 의한 중재회부

법원은 다음의 각 호의 경우에는 형사소송 이외의 절차에서 발생하는 전체 문제 또는 사실의 문제를 당사자들이 합의하는 중재인에 의하여 판정을 받을 수 있도록 언제든지 명할 수 있다.

(a) 무능력자가 아닌 이해관계를 갖는 모든 당사자들이 동의한 경우

(b) 당해 절차가 장기간의 서류조사를 요구하는 경우 또는 법원이 보기에 배심원 앞에서 편리하게 수행될 수 없거나 다른 상근직원(ordinary officers)을 통해서 법원이 수행할 수 없는 과학적 조사 혹은 현장조사를 요구하는 경우

(c) 다툼이 있는 문제가 전부 또는 일부 회계문제인 경우

제37조 회부권한

(1) 법원에 의해 중재인에게 회부된 경우에, 그 중재인은 법원의 직원이 되고 그 권한을 가지며, 법원의 규칙에서 정하는 방법으로 그리고 법원이 지시한 대로 그 직무를 수행하여야 한다.

(2) 법원에 의하여 취소되지 않는 한, 회부된 사항에 대한 중재인의 보고 또는 중재판정은 배심원의 평결과 동일하다.

제38조 보수

법원은 중재회부를 함에 있어서 중재인에게 지급될 보수를 정할 수 있다.

39 Court powers

The court and the Court of Appeal have, for references, the powers that are conferred on the court in references out of court.

40 Attendance of prisoner

The court may order the attendance of a prisoner for examination before an arbitrator.

41 Costs

An order under this Act may be made on terms, as to costs or otherwise, that the authority making the order thinks just.

42 Applications to the court

(1) Applications to the court under this Act must be made by a petition proceeding or, if Rule 17-1 of the Supreme Court Civil Rules applies, a requisition proceeding.

(2) An application under section 30 or 31 must be made within 60 days after the parties have been notified of the award and its terms.

43 Extension of time limit

The court may extend any time limit provided for in this Act even if the application for the extension or the order granting the extension is made after time has expired.

44 Application of provisions

Sections 4 to 6, 8 to 12, 14, 25 and 26 (1) apply to every arbitration agreement except in so far as the parties have agreed otherwise.

제39조 법원의 권한

당해 법원 및 항소법원은, 중재회부에 관하여, 법원으로부터의 중재회부시 법원에 부여되는 권한을 갖는다.

제40조 수감자의 출석

법원은 중재인 면전에서 조사를 받도록 수감자의 출석을 명할 수 있다.

제41조 비용

이 법에 따른 명령은 비용이나 그 밖의 사항에 관하여 그 명령을 내리는 당국이 정당하다고 판단하는 내용으로 할 수 있다.

제42조 법원에 대한 신청

(1) 이 법에 따른 법원에 대한 신청은 신청절차(petition proceeding)에 의하여 또는 대법원 민사규칙 제17-1조가 적용되는 경우에는 요청절차(requisition proceeding)에 의하여 이루어져야 한다.

(2) 제30조 또는 제31조에 따른 신청은 중재판정의 사실 및 그 내용에 관하여 당사자가 통지를 수령한 후 60일 내에 이루어져야 한다.

제43조 시한의 연장

법원은 이 법에서 정하는 시한을 연장할 수 있으며, 이는 그 연장신청이나 연장을 허용하는 명령을 구하는 신청이 그러한 시한의 만료 후에 이루어진 때에도 같다.

제44조 준용 규정

제4조 내지 제6조, 제8조 내지 제12조, 제14조, 제25조 그리고 제26조 제1항은 당사자들이 달리 합의하지 아니한 한도 내에서 모든 중재합의에 적용된다.

AUSTRALIA

| 세 | 계 | 중 | 재 | 법 | 령 |

International Arbitration Act 1974

호주 중재법

06

International Arbitration Act 1974

An Act relating to the recognition and enforcement of foreign arbitral awards, and the conduct of international commercial arbitrations, in Australia, and for related purposes

Part I — Preliminary

1 Short title of Principal Act

This Act may be cited as the International Arbitration Act 1974.

2 Commencement

(1) Sections 1, 2 and 3 shall come into operation on the day on which this Act receives the Royal Assent.

(2) The remaining provisions of this Act shall come into operation on a date to be fixed by Proclamation, being a date not earlier than the date on which the Convention enters into force for Australia.

2A Territories

This Act extends to all external Territories.

2B Crown to be bound

This Act binds the Crown in right of the Commonwealth, of each of the States, of the Northern Territory and of Norfolk Island.

2C Carriage of goods by sea

Nothing in this Act affects:

(a) the continued operation of section 9 of the Sea-Carriage of Goods Act 1924 under subsection 20(2) of the Carriage of Goods by Sea Act 1991; or

(b) the operation of section 11 or 16 of the Carriage of Goods by Sea Act 1991.

2D Objects of this Act

The objects of this Act are:

(a) to facilitate international trade and commerce by encouraging the use of arbitration as a

1974년 호주 중재법

이 법은 외국중재판정의 승인 및 집행과 호주에서 수행되는 국제상사중재의 진행에 관한 사항을 규정하는 것을 목적으로 한다.

제1편 모두조항

제1조 이 법의 약칭

이 법은 1974년 국제중재법으로 약칭될 수 있다.

제2조 시행

(1) 제1조, 제2조 및 제3조는 국왕이 재가하는 날에 시행된다.

(2) 이 법의 나머지 규정들은 공포 시 시행일이 정해지되, 당해 시행일은 협약이 호주에 대해 효력을 발휘하는 날 이후의 일자이여야 한다.

제2A조 적용지역

이 법은 모든 외부 속령에도 적용된다.

제2B조 (영연방) 정부에 대한 구속력

이 법은 영연방 정부, 각 주 및 노던 테리토리(Northern Territory)와 노퍽섬(Norfolk Island)에 구속력을 가진다.

제2C조 해상물품운송

이 법은 아래 법률 조항의 효력에 대해 아무런 영향을 미치지 아니한다.

(a) Carriage of Goods by Sea Act (1991년 해상물품운송법) 제20조 제2항에 따라 유지되는 Sea-Carriage of Goods Act (1924년 해상물품운송법) 제9조의 효력, 또는

(b) Carriage of Goods by Sea Act (1991년 해상물품운송법) 제11조 또는 제16조의 효력

제2D조 이 법의 목적

이 법의 목적은 다음과 같다.

(a) 분쟁해결절차로 중재의 이용을 장려함으로써 국제거래 및 통상을 촉진한다. 그리고

method of resolving disputes; and

(b) to facilitate the use of arbitration agreements made in relation to international trade and commerce; and

(c) to facilitate the recognition and enforcement of arbitral awards made in relation to international trade and commerce; and

(d) to give effect to Australia's obligations under the Convention on the Recognition and Enforcement of Foreign Arbitral Awards adopted in 1958 by the United Nations Conference on International Commercial Arbitration at its twenty-fourth meeting; and

(e) to give effect to the UNCITRAL Model Law on International Commercial Arbitration adopted by the United Nations Commission on International Trade Law on 21 June 1985 and amended by the United Nations Commission on International Trade Law on 7 July 2006; and

(f) to give effect to the Convention on the Settlement of Investment Disputes between States and Nationals of Other States signed by Australia on 24 March 1975.

Part II   Enforcement of foreign awards

3 Interpretation

(1) In this Part, unless the contrary intention appears:

agreement in writing has the same meaning as in the Convention.

arbitral award has the same meaning as in the Convention.

arbitration agreement means an agreement in writing of the kind referred to in sub-article 1 of Article II of the Convention.

Australia includes the Territories.

Convention means the Convention on the Recognition and Enforcement of Foreign Arbitral Awards adopted in 1958 by the United Nations Conference on International Commercial Arbitration at its twenty-fourth meeting, a copy of the English text of which is set out in Schedule 1.

Convention country means a country (other than Australia) that is a Contracting State within the meaning of the Convention.

court means any court in Australia, including, but not limited to, the Federal Court of Australia and a court of a State or Territory.

data message means information generated, sent, received or stored by electronic, magnetic, optical or similar means, including, but not limited to, electronic data interchange (EDI), email, telegram, telex or telecopy.

(b) 국제거래 및 통상과 관련된 중재합의 이용을 촉진한다. 그리고

(c) 국제거래 및 통상과 관련된 중재판정의 승인 및 집행을 촉진한다. 그리고

(d) 1958년 국제상사중재에 관한 UN의 제24차 회의에서 채택된 「외국중재판정의 승인 및 집행에 관한 협약」상의 호주의 의무에 효력을 부여한다. 그리고

(e) 국제거래법위원회에 의해 1985년 6월 21일 채택되고 2006년 7월 7일에 개정된 「UNCITRAL 모델국제상사중재법」에 효력을 부여한다. 그리고

(f) 1975년 3월 24일 호주가 서명한 국가와 타방국가 국민간의 투자분쟁의 해결에 관한 협약에 효력을 부여한다.

제2편   외국중재판정의 집행

제3조   해석

(1) 이 편에서 모순되는 취지가 나타나지 않는 한 아래 용어의 정의는 다음과 같다:

서면합의는 협약에서의 정의와 동일하다.

중재판정은 협약에서의 정의와 동일하다.

중재합의는 협약 제2조 제1항에서 언급한 유형의 서면합의를 의미한다.

호주에는 속령들이 포함된다.

협약은 1958년 국제상사중재에 대한 UN의 제24차 회의에서 채택된 외국중재판정의 승인 및 집행에 관한 협약을 의미하며, 당해 협약의 영어 버전은 부속서 1에 첨부되어 있다.

협약국은 협약에 서명한 (호주 외의) 체약 국가를 의미한다.

법원은 호주 연방법원, 주 법원 및 속령 법원 등을 포함한 호주 내 모든 법원을 의미한다.

데이터 메시지는 전자문서교환(EDI), 이메일, 전보, telex 또는 telecopy 등의 전자적, 자기적, 광학적, 또는 그 외의 방법으로 생성, 전송, 수신 또는 저장되는 정보를 의미한다.

electronic communication means any communication made by means of data messages.

Foreign Affairs Department means the Department administered by the Minister administering the Diplomatic Privileges and Immunities Act 1967.

foreign award means an arbitral award made, in pursuance of an arbitration agreement, in a country other than Australia, being an arbitral award in relation to which the Convention applies.

(2) In this Part, where the context so admits, **enforcement**, in relation to a foreign award, includes the recognition of the award as binding for any purpose, and **enforce** and **enforced** have corresponding meanings.

(3) For the purposes of this Part, a body corporate shall be taken to be ordinarily resident in a country if, and only if, it is incorporated or has its principal place of business in that country.

(4) For the avoidance of doubt and without limiting subsection (1), an agreement is in writing if:

(a) its content is recorded in any form whether or not the agreement or the contract to which it relates has been concluded orally, by conduct, or by other means; or

(b) it is contained in an electronic communication and the information in that communication is accessible so as to be usable for subsequent reference; or

(c) it is contained in an exchange of statements of claim and defence in which the existence of an agreement is alleged by one party and not denied by the other.

(5) For the avoidance of doubt and without limiting subsection (1), a reference in a contract to any document containing an arbitration clause is an arbitration agreement, provided that the reference is such as to make the clause part of the contract.

7 Enforcement of foreign arbitration agreements

(1) Where:

(a) the procedure in relation to arbitration under an arbitration agreement is governed, whether by virtue of the express terms of the agreement or otherwise, by the law of a Convention country;

(b) the procedure in relation to arbitration under an arbitration agreement is governed, whether by virtue of the express terms of the agreement or otherwise, by the law of a country not being Australia or a Convention country, and a party to the agreement is Australia or a State or a person who was, at the time when the agreement was made, domiciled or ordinarily resident in Australia;

(c) a party to an arbitration agreement is the Government of a Convention country or of part of a Convention country or the Government of a territory of a Convention country, being a territory to which the Convention extends; or

(d) a party to an arbitration agreement is a person who was, at the time when the agreement

전자통신은 데이터 메시지로 이루어지는 통신을 의미한다.

외무부는 「1967년 외교특권 및 면제법」을 주관하는 장관이 담당하는 행정기관을 의미한다.

외국중재판정은 중재합의에 따라 호주 외의 국가에서 이루어진 중재판정으로서 협약이 적용되는 중재판정을 의미한다.

(2) 이 편에서 문맥이 허용하는 한, 외국중재판정과 관련하여 **집행**은 당해 중재판정이 어떠한 내용으로든 구속력을 가진다고 인정하는 것을 포함하며, **"집행한다"** 및 **"집행된다"** 는 이에 상응하는 의미를 가진다.

(3) 이 편의 적용에 있어 법인은 특정 국가의 법률에 의해 설립되고 당해 국가에 주된 사무소가 존재하는 경우에만 당해 국가에 통상적으로 거주하는 법인으로 인정된다.

(4) 위 제1항을 제한함이 없이, 혼란을 피하기 위하여 다음 중 하나에 해당하는 경우 합의는 서면으로 이루어진 것으로 한다.

   (a) 합의 또는 계약이 구두, 행위, 또는 그 외의 수단으로 이루어졌는지 여부와 무관하게 당해 합의의 내용이 어떠한 형태로든 기록된 경우 또는

   (b) 합의가 전자통신수단 내에 포함되어 있고 당해 통신수단 내의 정보가 추후에 참조할 수 있도록 접근이 가능한 경우 또는

   (c) 합의가 상호 교환된 청구서 및 답변서에 포함되어 있다고 일방 당사자가 주장하고 다른 당사자가 이를 부정하지 않는 경우.

(5) 위 1항을 제한함이 없이, 혼란을 피하기 위하여 중재조항을 포함하는 문서를 계약에서 언급하고 그 언급이 계약의 일부가 되는 경우에는 중재합의가 성립된 것으로 한다.

제7조　외국중재합의의 강제력

(1) 다음 중 하나에 해당하는 경우

   (a) 중재합의 하에서의 중재에 대한 절차가 당해 합의의 명시적 표현 여부와 무관하게 협약 국가의 법률에 의해 규율되는 경우

   (b) 중재합의 하에서의 중재에 대한 절차가 당해 합의의 명시적 표현 여부와 무관하게 호주 또는 협약국이 아닌 국가의 법률에 의해 규정되고, 합의의 일방 당사자가 호주, 호주의 주, 또는 합의 당시 호주 내에 주소가 있거나 통상적으로 거주하고 있던 자인 경우

   (c) 중재합의의 일방 당사자가 협약 국가의 정부이거나, 협약 국가의 자치단체 정부이거나, 협약 국가의 속령으로서 협약이 적용되는 속령의 정부인 경우 또는

   (d) 중재합의의 일방 당사자가 합의 당시 협약 국가 내에 주소가 있거나 통상적으로 거주하고 있던 자인 경우

was made, domiciled or ordinarily resident in a country that is a Convention country;

this section applies to the agreement.

(2) Subject to this Part, where:

 (a) proceedings instituted by a party to an arbitration agreement to which this section applies against another party to the agreement are pending in a court; and

 (b) the proceedings involve the determination of a matter that, in pursuance of the agreement, is capable of settlement by arbitration;

on the application of a party to the agreement, the court shall, by order, upon such conditions (if any) as it thinks fit, stay the proceedings or so much of the proceedings as involves the determination of that matter, as the case may be, and refer the parties to arbitration in respect of that matter.

(3) Where a court makes an order under subsection (2), it may, for the purpose of preserving the rights of the parties, make such interim or supplementary orders as it thinks fit in relation to any property that is the subject of the matter to which the first-mentioned order relates.

(4) For the purposes of subsections (2) and (3), a reference to a party includes a reference to a person claiming through or under a party.

(5) A court shall not make an order under subsection (2) if the court finds that the arbitration agreement is null and void, inoperative or incapable of being performed.

8 Recognition of foreign awards

(1) Subject to this Part, a foreign award is binding by virtue of this Act for all purposes on the parties to the arbitration agreement in pursuance of which it was made.

(2) Subject to this Part, a foreign award may be enforced in a court of a State or Territory as if the award were a judgment or order of that court.

(3) Subject to this Part, a foreign award may be enforced in the Federal Court of Australia as if the award were a judgment or order of that court.

(3A) The court may only refuse to enforce the foreign award in the circumstances mentioned in subsections (5) and (7).

(4) Where:

 (a) at any time, a person seeks the enforcement of a foreign award by virtue of this Part; and

 (b) the country in which the award was made is not, at that time, a Convention country;

this section does not have effect in relation to the award unless that person is, at that time, domiciled or ordinarily resident in Australia or in a Convention country.

(5) Subject to subsection (6), in any proceedings in which the enforcement of a foreign award by virtue of this Part is sought, the court may, at the request of the party against whom it is invoked, refuse to enforce the award if that party proves to the satisfaction of the court that:

본조는 당해 합의에 적용된다.

(2) 이 편의 규정에 따라

  (a) 본조가 적용되는 중재합의의 일방 당사자가 중재합의의 다른 당사자에 대해 제기한 절차가 법원에 계류 중인 경우 그리고

  (b) 당해 절차가 당해 합의에 따라 중재에 의해 해결될 수 있는 사안과 관련되는 경우; 당해 합의의 일방 당사자가 신청하는 바에 따라, 법원은, 명령에 의해, 적절하다고 판단되는 조건이 있으면 이러한 조건 하에서, 사안에 따라 당해 절차, 또는 절차의 일부로서 당해 사안과 관련되는 부분을 보류하고 당해 사안에 대해 당사자들을 중재에 회부하여야 한다.

(3) 위 제2항에 따른 명령에 있어, 법원은 당사자의 권리를 보호하기 위하여 위에서 언급한 명령과 관련된 사안에서 다루고 있는 재산권과 관련하여 임시적 혹은 보전 명령을 할 수 있다.

(4) 위 제2항 및 제3항의 적용에 있어, 일방당사자에는 당해 당사자를 통해, 또는 당해 당사자의 감독 하에 청구를 하는 자가 포함된다.

(5) 만약 법원이 중재합의를 무효, 집행 불가 또는 이행 불가로 판단하는 경우, 당해 법원은 제2항에 따른 명령을 할 수 없다.

제8조 외국중재판정의 승인

(1) 이 편에 따라, 외국중재판정은 이 법에 의해 모든 사안에 있어 당해 판정의 근거가 된 중재합의의 당사자들을 구속한다.

(2) 이 편에 따라, 외국중재판정은 주 또는 속령의 법원에 의한 판결 혹은 명령과 동일하게 주 또는 속령의 법원에 의해 집행될 수 있다.

(3) 이 편에 따라, 외국중재판정은 연방법원의 판결 또는 명령과 동일하게 호주연방법원에 의해 집행될 수 있다.

(3A) 법원은 제5항 및 제7항이 규정하는 경우에만 외국중재판정의 집행을 거부할 수 있다.

(4) 다음 각 호의 경우에, 즉

  (a) 언제든지 특정인이 이 편에 의해 외국중재판정의 집행을 구하는 경우 그리고

  (b) 당해 중재판정이 이루어진 국가가 중재판정 당시 협약 국가가 아닌 경우

  본조는 당해 중재판정과 관련하여 효력을 갖지 못하되, 당해 특정인이 중재판정 당시 호주 또는 협약 국가 내에 주소를 가지고 있거나 통상적으로 거주하는 경우에는 그러지 아니 한다.

(5) 제6항에 따라, 이 편을 근거로 외국중재판정의 집행을 구하는 절차에서, 법원은 절차의 상대방 당사자가 다음 사항 중 하나를 입증하고 법원이 이를 인정하는 경우, 법원은 당해 중재판정의 집행을 거부할 수 있다.

(a) that party, being a party to the arbitration agreement in pursuance of which the award was made, was, under the law applicable to him or her, under some incapacity at the time when the agreement was made;

(b) the arbitration agreement is not valid under the law expressed in the agreement to be applicable to it or, where no law is so expressed to be applicable, under the law of the country where the award was made;

(c) that party was not given proper notice of the appointment of the arbitrator or of the arbitration proceedings or was otherwise unable to present his or her case in the arbitration proceedings;

(d) the award deals with a difference not contemplated by, or not falling within the terms of, the submission to arbitration, or contains a decision on a matter beyond the scope of the submission to arbitration;

(e) the composition of the arbitral authority or the arbitral procedure was not in accordance with the agreement of the parties or, failing such agreement, was not in accordance with the law of the country where the arbitration took place; or

(f) the award has not yet become binding on the parties to the arbitration agreement or has been set aside or suspended by a competent authority of the country in which, or under the law of which, the award was made.

(6) Where an award to which paragraph (5)(d) applies contains decisions on matters submitted to arbitration and those decisions can be separated from decisions on matters not so submitted, that part of the award which contains decisions on matters so submitted may be enforced.

(7) In any proceedings in which the enforcement of a foreign award by virtue of this Part is sought, the court may refuse to enforce the award if it finds that:

(a) the subject matter of the difference between the parties to the award is not capable of settlement by arbitration under the laws in force in the State or Territory in which the court is sitting; or

(b) to enforce the award would be contrary to public policy.

(7A) To avoid doubt and without limiting paragraph (7)(b), the enforcement of a foreign award would be contrary to public policy if:

(a) the making of the award was induced or affected by fraud or corruption; or

(b) a breach of the rules of natural justice occurred in connection with the making of the award.

(8) Where, in any proceedings in which the enforcement of a foreign award by virtue of this Part is sought, the court is satisfied that an application for the setting aside or suspension of the award has been made to a competent authority of the country in which, or under the law

(a) 중재판정의 근거가 된 중재합의의 당사자인 당해 상대방 당사자가, 자신에게 적용되는 법률에 의할 때, 중재합의 당시 무능력자였다는 사실

(b) 중재합의에 적용 법률로 명시된 법률에 근거할 때 당해 중재합의가 무효인 사실, 또는 적용 법률로 명시된 법률이 없는 경우에는 당해 중재판정이 이루어진 국가의 법률에 근거할 때 당해 중재합의가 무효인 사실

(c) 당해 상대방 당사자가 중재인 지명에 대한 적법한 통지나 중재절차에 대한 적절한 통지를 받지 못했거나, 그 외에 당해 중재절차에서 변론을 할 수 없었다는 사실

(d) 당해 중재판정이 중재절차에서 다루어지지 않은 분쟁 또는 당해 중재절차의 대상이 아닌 분쟁에 대한 판정이라는 사실, 또는 당해 중재판정이 당해 중재의 적용범위 외의 사안에 대한 결정을 포함하고 있다는 사실

(e) 중재인의 구성 또는 중재절차가 당사자들의 합의를 위반했다는 사실, 또는 그러한 합의가 이루어지지 않은 경우에는 중재가 이루어진 국가의 법률을 위반했다는 사실 또는

(f) 중재판정이 중재합의의 당사자들에 대해 아직 구속력을 발휘하지 못하고 있다는 사실, 또는 중재판정이 이루어진 국가의 관할기관 또는 관련 법률에 의해 당해 중재판정이 취소되었거나 보류되었다는 사실

(6) 제5항 제d호가 적용되는 중재판정이 중재에 회부된 사안들에 대한 결정을 포함하고 당해 사안들이 회부되지 않은 다른 사안들과 분리될 수 있는 경우, 중재에 회부된 사안들에 대한 결정을 포함하는 중재판정 부분은 집행이 가능하다.

(7) 이 편에 의해 외국중재판정의 집행이 구해지는 절차에서 법원은 다음 중 하나의 경우에는 당해 중재판정의 집행을 거부할 수 있다.

(a) 중재판정 당사자들 사이의 분쟁 대상이 법원이 속하는 주 또는 속령에서 시행 중인 법률 하에서 중재에 의해 해결될 수 없는 경우, 또는

(b) 중재판정의 집행이 공서에 위배되는 경우.

(7A) 의문을 피하기 위하여 그리고 제6호를 제한함이 없이, 외국중재판정의 집행은 다음 중 하나에 해당하는 경우에는 공서에 반한다.

(a) 중재판정의 과정이 사기 혹은 부패에 의해 도출되었거나 영향을 받은 경우 또는

(b) 중재판정의 과정에서 발생하는 자연적 정의의 법칙에 대한 위반이 있는 경우.

(8) 이 편에 의해 외국중재판정의 집행이 구하여지는 절차에서, 법원이 당해 중재판정의 취소 또는 보류에 대한 신청이 당해 중재판정이 이루어진 국가의 관할기관에 대해, 또는 관련 법률에 따라 이루어졌다고 인정하는 경우, 그 법원은 사안에 따라 적절하다고 인정하는 바에 따라 당해 절차, 또는 당해 절차의 일부 관련 부분을 중지하고, 이 경우에 중재판정의 집행을 요구하는 당사자의 신청이 있는 때에는 다른 당사자에 대해 적절한

of which, the award was made, the court may, if it considers it proper to do so, adjourn the proceedings, or so much of the proceedings as relates to the award, as the case may be, and may also, on the application of the party claiming enforcement of the award, order the other party to give suitable security.

(9) A court may, if satisfied of any of the matters mentioned in subsection (10), make an order for one or more of the following:

(a) for proceedings that have been adjourned, or that part of the proceedings that has been adjourned, under subsection (8) to be resumed;

(b) for costs against the person who made the application for the setting aside or suspension of the foreign award;

(c) for any other order appropriate in the circumstances.

(10) The matters are:

(a) the application for the setting aside or suspension of the award is not being pursued in good faith; and

(b) the application for the setting aside or suspension of the award is not being pursued with reasonable diligence; and

(c) the application for the setting aside or suspension of the award has been withdrawn or dismissed; and

(d) the continued adjournment of the proceedings is, for any reason, not justified.

(11) An order under subsection (9) may only be made on the application of a party to the proceedings that have, or a part of which has, been adjourned.

9 Evidence of awards and arbitration agreements

(1) In any proceedings in which a person seeks the enforcement of a foreign award by virtue of this Part, he or she shall produce to the court:

(a) the duly authenticated original award or a duly certified copy;

and

(b) the original arbitration agreement under which the award purports to have been made or a duly certified copy.

(2) For the purposes of subsection (1), an award shall be deemed to have been duly authenticated, and a copy of an award or agreement shall be deemed to have been duly certified, if:

(a) it purports to have been authenticated or certified, as the case may be, by the arbitrator or, where the arbitrator is a tribunal, by an officer of that tribunal, and it has not been shown to the court that it was not in fact so authenticated or certified; or

(b) it has been otherwise authenticated or certified to the satisfaction of the court.

담보를 제공하도록 명할 수 있다.

(9) 법원은 제10항에 규정된 사항을 인정하는 경우 다음의 전부 또는 일부에 대한 명령을 내릴 수 있다.

    (a) 제8항에 따라 중지된 절차 또는 중지된 일부 절차의 재개

    (b) 외국중재판정의 취소 또는 정지를 신청한 자에 대한 비용 부과

    (c) 기타 상황에 따라 적절한 그 외의 명령.

(10) 제9항의 사항은 다음의 경우를 말한다.

    (a) 중재판정의 취소 또는 정지 신청이 신의칙에 따라 이루어지지 않은 경우 그리고

    (b) 중재판정의 취소 또는 정지 신청이 상당한 주의를 기울여 이루어지지 않은 경우 그리고

    (c) 중재판정의 취소 또는 정지 신청이 철회되거나 기각된 경우, 그리고

    (d) 절차의 중지를 지속하는 것이 어떠한 이유로든 정당하지 않은 경우.

(11) 제9항에 따른 명령은 중지된 절차 또는 중지된 일부 절차의 당사자가 신청하는 경우에만 이루어질 수 있다.

제9조 중재판정과 중재합의의 증거

(1) 이 편에 의해 특정인이 외국중재판정의 집행을 구하는 절차에서 당해 특정인은 법원에 아래 서류를 제출하여야 한다.

    (a) 정당하게 인증된 중재판정 원본 혹은 정당하게 인증된 중재판정 사본 그리고

    (b) 중재판정의 근거가 된 것으로 주장되는 중재합의의 원본 또는 정당하게 인증된 사본.

(2) 제1항의 적용에 있어, 다음 중 하나에 해당하는 경우 중재판정은 정당하게 인증된 것으로 간주되며, 중재판정이나 중재합의의 사본은 정당하게 인증된 것으로 본다.

    (a) 사안에 따라, 당해 판정이나 사본이 중재인에 의해, 또는 중재판정부의 담당 직원에 의해 입증 혹은 인증된 것으로 주장되고, 그러한 주장이 사실이 아니라는 것이 법원에 의해 증명되지 못한 경우, 또는

    (b) 그 외 법원이 입증 혹은 인증 사실을 인정한 경우.

(3) If a document or part of a document produced under subsection (1) is written in a language other than English, there shall be produced with the document a translation, in the English language, of the document or that part, as the case may be, certified to be a correct translation.

(4) For the purposes of subsection (3), a translation shall be certified by a diplomatic or consular agent in Australia of the country in which the award was made or otherwise to the satisfaction of the court.

(5) A document produced to a court in accordance with this section is, upon mere production, receivable by the court as prima facie evidence of the matters to which it relates.

10 Evidence relating to Convention

(1) For the purposes of this Part, a certificate purporting to be signed by the Secretary of the Foreign Affairs Department and stating that a country specified in the certificate is, or was at a time so specified, a Convention country is, upon mere production, receivable in any proceedings as prima facie evidence of that fact.

(2) For the purposes of this Part, a copy of the Gazette containing a Proclamation fixing a date under subsection 2(2) is, upon mere production, receivable in any proceedings as prima facie evidence of:

(a) the fact that Australia has acceded to the Convention; and

(b) the fact that the Convention entered into force for Australia on or before the date so fixed.

10A Delegation by Secretary of the Foreign Affairs Department

(1) The Secretary may, either generally or as otherwise provided by the instrument of delegation, in writing, delegate to the person occupying a specified office in the Foreign Affairs Department and Trade all or any of the Secretary's powers under subsection 10(1).

(2) A power delegated under subsection (1) shall, when exercised by the delegate, be deemed to have been exercised by the Secretary.

(3) The delegate is, in the exercise of a power delegated under subsection (1), subject to the directions of the Secretary.

(4) The delegation of a power under subsection (1) does not prevent the exercise of the power by the Secretary.

(5) In this section, Secretary means the Secretary of the Foreign Affairs Department and Trade.

12 Effect of this Part on other laws

(1) This Part applies to the exclusion of any provisions made by a law of a State or Territory with respect to the recognition of arbitration agreements and the enforcement of foreign awards, being provisions that operate in whole or in part by reference to the Convention.

(3) 제1항에 따라 제출된 문서 혹은 문서의 일부가 영어 외의 언어로 작성된 경우, 당해 문서와 함께, 당해 문서 또는 문서 일부를 영어로 번역하여 제출하여야 하며, 경우에 따라서는, 당해 번역이 정확하다는 사실이 인증된 번역본을 함께 제출하여야 한다.

(4) 제3항의 적용에 있어 번역본은 중재판정이 이루어진 국가의 호주 대사관 혹은 영사관에서 인증되거나, 기타 법원이 이를 인정할 만한 방법으로 인증되어야 한다.

(5) 본조에 따라 법원에 제출된 문서는 관련 사실에 대한 일응의 증거로 법원에 의해 인정될 것이다.

제10조　협약과 관련된 증거

(1) 이 편의 적용에 있어, 외무부장관에 의해 서명된 것이라는 취지의 인증서로서 당해 인증서에 기재된 국가가 협약 국가이거나, 기재 당시 협약 국가였다고 주장하는 인증서는 어떠한 절차에서도 당해 사실에 대한 일응의 증거로 인정될 것이다.

(2) 이 편의 적용에 있어, 제2조 제2항에 따라 일자를 정한 공포문을 포함하는 관보의 사본은 어떠한 절차에서도 아래 사실에 대한 일응의 증거로 인정될 것이다.
  (a) 호주가 협약에 가입했다는 사실, 그리고
  (b) 협약이 공포문에 정해진 일자 이전에 호주에서 발효하였다는 사실.

제10A조　외무부장관에 의한 위임

(1) 외무부장관은 서면을 통해 일반적으로 혹은 위임장의 교부로서 제10조 제1항이 규정하는 자신의 권한에 대한 전부 또는 일부를 외무부의 담당 직원에게 위임할 수 있다.

(2) 제1항에 따라 위임된 권한은 수임인이 이를 행사할 때 장관에 의해 행사된 것으로 간주된다.

(3) 수임인은 제1항에 의해 위임된 권한의 행사에 있어 장관의 지시에 따른다.

(4) 제1항에 의한 권한의 위임은 장관의 권한 행사를 방해하지 아니한다.

(5) 본조에서 장관은 외무부장관을 의미한다.

제12조　다른 법률에 대한 이 편의 효력

(1) 이 편은 중재합의의 승인 및 외국중재판정의 집행과 관련하여 주 또는 속령의 법률이 전체적으로 혹은 부분적으로 협약을 언급한 경우를 제외하고 적용된다.

(2) Except as provided in subsection (1), nothing in this Part affects the right of any person to the enforcement of a foreign award otherwise than in pursuance of this Act.

13 Judiciary Act

A matter arising under this Part, including a question of interpretation of the Convention for the purposes of this Act, shall, for the purposes of section 38 of the Judiciary Act 1903-1973, be deemed not to be a matter arising directly under a treaty.

14 Application of Part

The application of this Part extends to agreements and awards made before the date fixed under subsection 2(2), including agreements and awards made before the day referred to in subsection 2(1).

Part III   International Commercial Arbitration

Division 1 Preliminary

15 Interpretation

(1) In this Part:

confidential information, in relation to arbitral proceedings, means information that relates to the proceedings or to an award made in the proceedings and includes:

(a) the statement of claim, statement of defence, and all other pleadings, submissions, statements, or other information supplied to the arbitral tribunal by a party to the proceedings; and

(b) any evidence (whether documentary or other) supplied to the arbitral tribunal; and

(c) any notes made by the arbitral tribunal of oral evidence or submissions given before the arbitral tribunal; and

(d) any transcript of oral evidence or submissions given before the arbitral tribunal; and

(e) any rulings of the arbitral tribunal; and

(f) any award of the arbitral tribunal.

disclose, in relation to confidential information, includes giving or communicating the confidential information in any way.

Model Law means the UNCITRAL Model Law on International Commercial Arbitration adopted by the United Nations Commission on International Trade Law on 21 June 1985 and amended by the United Nations Commission on International Trade Law on 7 July 2006, the English text of which is set out in Schedule 2.

(2) 제1항에 규정된 경우를 제외하고, 이 편의 어떤 조항도 이 법에 따라 외국중재판정의
집행을 요구할 수 있는 특정인의 권리에 영향을 미치지 아니한다.

제13조 법원조직법

이 법의 취지에 대한 협약의 해석과 관련된 문제를 포함하여, 이 편 하에서 제기되는 문제
는, 법원조직법(1903년-1973년) 제38조의 취지상 조약에 따라 직접적으로 제기된 문제는
아닌 것으로 간주된다.

제14조 이 편의 적용

이 편은 제2조 제1항에 언급된 일자 이전에 이루어진 합의 및 중재판정을 포함하여, 제2조
제2항에 따른 발효일 이전에 이루어진 합의 및 중재판정에 대해서도 효력을 미친다.

제3편 국제상사중재

제1장 모두 조항

제15조 해석

(1) 이 편에서,

비밀정보는 중재절차와 관련된, 또는 중재절차에 의한 중재판정과 관련된 정보로서 다
음 사항을 포함한다.

(a) 청구서, 답변서, 기타 모든 변론서, 주장서면, 진술서, 또는 당해 절차에서 당사자가
중재판정부에 제출한 그 외의 정보 그리고

(b) (서면 여부와 관계없이) 중재판정부에 제출된 모든 증거 그리고

(c) 중재판정부에 제공된 구두 증거 혹은 진술들에 대해 중재판정부가 기록한 사항 그
리고

(d) 중재판정부에 제공된 구두 증거 혹은 진술들을 기재한 의사록 그리고

(e) 중재판정부의 모든 결정 그리고

(f) 중재판정부의 모든 판정

고지는 비밀정보와 관련하여 당해 비밀정보를 어떤 방식으로든 제공 또는 전달하는 것
을 포함한다.

모델법은 UN 국제거래법위원회에 의해 1985년 6월 21일 채택되고 2006년 7월 7일에
개정된 「UNCITRAL 모델국제상사중재법」을 의미하며, 그 영문본은 부속서 2와 같다.

(2) Except so far as the contrary intention appears, a word or expression that is used both in this Part and in the Model Law (whether or not a particular meaning is given to it by the Model Law) has, in this Part, the same meaning as it has in the Model Law.

Division 2 Model Law

16 Model Law to have force of law

(1) Subject to this Part, the Model Law has the force of law in Australia.

(2) In the Model Law:

arbitration agreement has the meaning given in Option 1 of Article 7 of the Model Law.

State means Australia (including the external Territories) and any foreign country.

this State means Australia (including the external Territories).

17 Interpretation of Model Law—use of extrinsic material

(1) For the purposes of interpreting the Model Law, reference may be made to the documents of:

(a) the United Nations Commission on International Trade Law; and

(b) its working group for the preparation of the Model Law; relating to the Model Law.

(2) Subsection (1) does not affect the application of section 15AB of the Acts Interpretation Act 1901 for the purposes of interpreting this Part.

18 Court or authority taken to have been specified in Article 6 of the Model Law

(1) A court or authority prescribed for the purposes of this subsection is taken to have been specified in Article 6 of the Model Law as a court or authority competent to perform the functions referred to in Article 11(3) of the Model Law.

(2) A court or authority prescribed for the purposes of this subsection is taken to have been specified in Article 6 of the Model Law as a court or authority competent to perform the functions referred to in Article 11(4) of the Model Law.

(3) The following courts are taken to have been specified in Article 6 of the Model Law as courts competent to perform the functions referred to in Articles 13(3), 14, 16(3) and 34(2) of the Model Law:

(a) if the place of arbitration is, or is to be, in a State—the Supreme Court of that State;

(b) if the place of arbitration is, or is to be, in a Territory:

(i) the Supreme Court of that Territory; or

(ii) if there is no Supreme Court established in that Territory—the Supreme Court of the

(2) 반대의 취지가 나타나 있지 않는 한, 이 편 및 모델법에서 사용되는 단어나 표현(모델법이 당해 단어나 표현에 특별한 의미를 부여하는지 여부와 무관하게)은 이 편에 있어 모델법과 동일한 의미를 갖는다.

제2장   모델법

제16조   모델법의 법적 효력

(1) 이 편에 의거하여 모델법은 호주 내에서 법률의 효력을 가진다.

(2) 모델법에서,

중재합의는 모델법 제7조 제1항에 기재된 의미를 갖는다.

국가는 호주(외부 속령 포함)와 기타 외국 국가를 의미한다.

이 국가는 호주를 의미한다(외부 속령 포함).

제17조   모델법의 해석 – 외부 자료의 사용

(1) 모델법을 해석하기 위하여 모델법과 관련된 아래 기관들의 문서를 참조할 수 있다.

(a) UN 국제거래법위원회, 그리고

(b) 모델법 제정을 위한 실무위원회

(2) 제1항은 이 편의 해석에 있어 「1901년 법률해석법」 제15 AB조의 적용에 영향을 미치지 아니 한다.

제18조   모델법 제6조에서 특정한 것으로 간주되는 법원 또는 기관

(1) 이 항의 적용을 위하여 규정된 법원 또는 기관은 모델법 제6조가 모델법 제11조 제3항에 규정된 권한을 행사할 수 있는 법원 또는 기관으로 특정한 법원 또는 기관으로 간주된다.

(2) 이 항의 적용을 위하여 규정된 법원 또는 기관은 모델법 제6조가 모델법 제11조 제4항에 규정된 권한을 행사할 수 있는 법원 또는 기관으로 특정한 법원 또는 기관으로 간주된다.

(3) 아래 법원들은 모델법 제6조가 모델법 제13조 제3항, 제14조, 제16조 제3항 및 제34조 제2항에 규정된 권한을 행사할 수 있는 법원 또는 기관으로 특정한 법원으로 간주된다.

(a) 중재가 특정 주에서 이루어지고 있거나 이루어질 예정인 경우, 당해 주의 대법원.

(b) 중재가 속령에서 이루어지고 있거나 이루어질 예정인 경우,

(i) 당해 속령의 대법원, 또는

(ii) 당해 속령에 대법원이 설치되지 않은 경우는 당해 속령에 대해 관할권을 가진 주 혹은 속령의 대법원.

State or Territory that has jurisdiction in relation to that Territory;

(c) in any case—the Federal Court of Australia.

18A Article 12—justifiable doubts as to the impartiality or independence of an arbitrator

(1) For the purposes of Article 12(1) of the Model Law, there are justifiable doubts as to the impartiality or independence of a person approached in connection with a possible appointment as arbitrator only if there is a real danger of bias on the part of that person in conducting the arbitration.

(2) For the purposes of Article 12(2) of the Model Law, there are justifiable doubts as to the impartiality or independence of an arbitrator only if there is a real danger of bias on the part of the arbitrator in conducting the arbitration.

18B Article 17B—preliminary orders

Despite Article 17B of the Model Law:

(a) no party to an arbitration agreement may make an application for a preliminary order directing another party not to frustrate the purpose of an interim measure requested; and

(b) no arbitral tribunal may grant such a preliminary order.

18C Article 18—reasonable opportunity to present case

For the purposes of Article 18 of the Model Law, a party to arbitral proceedings is taken to have been given a full opportunity to present the party's case if the party is given a reasonable opportunity to present the party's case.

19 Articles 17I, 34 and 36 of Model Law—public policy

Without limiting the generality of Articles 17I(1)(b)(ii), 34(2)(b)(ii) and 36(1)(b)(ii) of the Model Law, it is declared, for the avoidance of any doubt, that, for the purposes of those Articles, an interim measure or award is in conflict with, or is contrary to, the public policy of Australia if:

(a) the making of the interim measure or award was induced or affected by fraud or corruption; or

(b) a breach of the rules of natural justice occurred in connection with the making of the interim measure or award.

20 Chapter VIII of Model Law not to apply in certain cases

Where, but for this section, both Chapter VIII of the Model Law and Part II of this Act would apply in relation to an award, Chapter VIII of the Model Law does not apply in relation to the award.

(c) 상황을 불문하고, 호주 연방법원.

제18A조   제12조 - 중재인의 공정성 또는 독립성에 대한 정당한 의심

(1) 모델법 제12조 제1항의 적용에 있어, 중재인으로 선정될 가능성이 있는 자가 중재에 있어 특정인에게 편견을 가질 실제적 위험이 있는 경우에만, 당해 중재인으로 선정될 가능성이 있는 자에 대한 공정성 또는 독립성에 대해 정당한 의심이 존재하는 것으로 본다.

(2) 모델법 제12조 제2항의 적용에 있어, 중재인이 중재에 있어 특정인에게 편견을 가질 실제적 위험이 있는 경우에만, 당해 중재인에 대한 공정성 또는 독립성에 대해 정당한 의심이 존재하는 것으로 본다.

제18B조   제17 B조 - 사전명령

모델법 제17 B조의 규정에도 불구하고

(a) 중재합의의 어느 당사자도 타방당사자가 신청된 임시적 처분의 목적을 방해하지 못하도록 지시하는 사전명령 신청은 할 수 없다. 그리고

(b) 어느 중재판정부도 이러한 사전 명령을 허용할 수 없다.

제18C조   제18조 - 합리적 변론 기회

모델법 제18조의 적용에 있어 중재절차의 당사자는 변론에 대한 합리적 기회를 제공받은 경우 변론에 대한 완전한 기회를 제공받은 것으로 간주된다.

제19조   제17 I조의, 모델법 제34조 및 제36조 - 공서

모델법 제17 I조의 제1항 제b호 제ii목, 제34조 제2항 제b호 제ii목 및 제36조 제1항 제b호 제ii목의 일반적 효력을 제한하지 않고 어떠한 의심도 피하기 위하여, 이 규정들을 적용함에 있어, 다음의 경우 중 하나에 해당하는 경우, 임시적 처분 혹은 중재판정은 호주의 공서에 저촉 또는 위배되는 것이 된다:

(a) 임시적 처분 혹은 중재판정이 사기 혹은 부패에 의해 도출되거나 영향 받은 경우 또는

(b) 임시적 처분 혹은 중재판정과 관련하여 자연적 정의의 법칙에 대한 위반이 있는 경우.

제20조   모델법 제8장의 적용 배제

본조를 제외하고, 모델법 제8장 및 이 법 제2편이 동시에 중재판정과 관련하여 적용되는 경우, 모델법 제8장은 당해 중재판정에 적용되지 아니 한다.

21 Model Law covers the field

If the Model Law applies to an arbitration, the law of a State or Territory relating to arbitration does not apply to that arbitration.

Division 3 Additional provisions

22 Application of additional provisions

Application to arbitration under Model Law

(1) This Division applies to any arbitration to which the Model Law applies.

Application of sections 23, 23A, 23B, 23J, 23K, 25, 26 and 27

(2) Each of the following sections applies to arbitral proceedings commenced in reliance on an arbitration agreement unless the parties to the agreement agree (whether in the agreement or otherwise in writing) that it will not apply:

(a) section 23;

(b) section 23A;

(c) section 23B;

(d) section 23J;

(e) section 23K;

(f) section 25;

(g) section 26;

(h) section 27.

Application of sections 23C, 23D, 23E, 23F and 23G

(3) The following sections apply to arbitral proceedings commenced in reliance on an arbitration agreement if the parties to the agreement agree (whether in the agreement or otherwise in writing) that they will apply:

(a) section 23C;

(b) section 23D;

(c) section 23E;

(d) section 23F;

(e) section 23G.

Application of section 23H

(4) Section 23H applies on the death of a party to an arbitration agreement unless the parties to the agreement agree (whether in the agreement or otherwise in writing) that it will not apply.

Application of section 24

제21조   모델법의 적용범위

모델법이 중재에 적용되는 경우 주 또는 속령의 중재 관련 법률은 당해 중재에 적용되지 아니한다.

제3장   추가규정

제22조   추가규정의 적용

모델법 하에서 중재에 대한 적용

(1) 이 장은 모델법이 적용되는 모든 중재에 적용된다.

제23조, 제23A조, 제23B조, 제23J조, 제23K조, 제25조, 제26조 및 제27조의 적용

(2) 다음의 조항은 중재합의의 당사자가 적용하지 않기로 합의(당해 중재합의 또는 별도의 서면에 의해)하지 않는 한, 중재합의에 따라 개시된 중재절차에 적용된다.

   (a) 제23조

   (b) 제23A조

   (c) 제23B조

   (d) 제23J조

   (e) 제23K조

   (f) 제25조

   (g) 제26조

   (h) 제27조

제23C조, 제23D조, 제23E조, 제23F조, 및 제23G조의 적용

(3) 다음 조항은 중재합의의 당사자가 (당해 중재합의 또는 별도의 서면에 의해) 적용하기로 합의한 경우, 중재합의에 따라 개시된 중재절차에 적용된다.

   (a) 제23C조

   (b) 제23D조

   (c) 제23E조

   (d) 제23F조

   (e) 제23G조

제23H조의 적용

(4) 제23H조는 중재합의의 당사자가 (당해 중재합 또는 별도의 서면에 의해) 적용하지 않기로 합의하지 않는 한, 중재합의의 당사자가 사망하는 경우에 적용된다.

제24조의 적용

(5) Section 24 applies to arbitral proceedings commenced in reliance on an arbitration agreement if the parties to the agreement agree (whether in the agreement or otherwise in writing) that it will apply.

22A Interpretation

In this Division:

court means:

    (a) in relation to arbitral proceedings that are, or are to be, conducted in a State—the Supreme Court of that State; and

    (b) in relation to arbitral proceedings that are, or are to be, conducted in a Territory:

        (i) the Supreme Court of the Territory; or

        (ii) if there is no Supreme Court established in that Territory—the Supreme Court of the State or Territory that has jurisdiction in relation to that Territory; and

    (c) in any case—the Federal Court of Australia.

23 Parties may obtain subpoenas

(1) A party to arbitral proceedings commenced in reliance on an arbitration agreement may apply to a court to issue a subpoena under subsection (3).

(2) However, this may only be done with the permission of the arbitral tribunal conducting the arbitral proceedings.

(3) The court may, for the purposes of the arbitral proceedings, issue a subpoena requiring a person to do either or both of the following:

    (a) to attend for examination before the arbitral tribunal;

    (b) to produce to the arbitral tribunal the documents specified in the subpoena.

(4) A person must not be compelled under a subpoena issued under subsection (3) to answer any question or produce any document which that person could not be compelled to answer or produce in a proceeding before that court.

(5) The court must not issue a subpoena under subsection (3) to a person who is not a party to the arbitral proceedings unless the court is satisfied that it is reasonable in all the circumstances to issue it to the person.

(6) Nothing in this section limits Article 27 of the Model Law.

23A Failure to assist arbitral tribunal

(1) A party to arbitral proceedings commenced in reliance on an arbitration agreement may apply to a court for an order under subsection (3) if a person:

    (a) refuses or fails to attend before the arbitral tribunal conducting the arbitral proceedings for examination when required to do so under a subpoena issued under subsection 23(3); or

(5) 제24조는 중재합의의 당사자가 (당해 중재합의 또는 별도의 서면에 의해) 적용하기로 합의한 경우, 중재합의에 따라 개시된 중재절차에 적용된다.

제22A조 해석

이 장에서,

법원은 아래 법원들을 의미한다.

(a) 중재절차가 특정 주에서 이루어지고 있거나 이루어질 예정인 경우, 당해 주의 대법원, 그리고

(b) 중재절차가 속령에서 이루어지고 있거나 이루어질 예정인 경우

(i) 당해 속령의 대법원, 또는

(ii) 당해 속령에 대법원이 설치되지 않은 경우는 당해 속령에 대해 관할권을 가진 주 혹은 속령의 대법원, 그리고

(c) 상황을 불문하고, 호주 연방법원.

제23조 당사자의 소환장 획득

(1) 중재합의에 의해 개시된 중재절차의 당사자는 법원에 제3항에 따른 소환장 발부를 신청할 수 있다.

(2) 그러나 이러한 신청은 중재절차를 주재하고 있는 중재판정부의 허가에 의해서만 이루어질 수 있다.

(3) 법원은 중재절차의 진행을 위하여 특정인으로 하여금 다음 사항 중 하나 혹은 둘 모두를 요구하는 소환장을 발부할 수 있다.

(a) 중재판정부의 심리에 출석하는 것.

(b) 소환장에 명시된 서류를 중재판정부에 제출하는 것.

(4) 누구든지 법원의 절차에서 질문에 답하거나 문서를 제출할 의무를 부담하지 않는 경우에는 제3항에 따라 발부된 소환장에 의해 질문에 답하거나 문서를 제출할 의무를 부담하지 아니한다.

(5) 법원은, 모든 사정을 고려해 볼 때 합리적이라고 판단되는 경우가 아니라면, 중재절차의 당사자가 아닌 자에게 제3항이 규정하는 소환장을 발부하여서는 아니 된다.

(6) 본조는 모델법 제27조의 효력을 제한하지 아니한다.

제23A조 중재판정부에 대한 협조 불이행

(1) 중재합의에 따라 개시된 중재절차의 일방당사자는 제3조 하에서 아래의 행위를 하는 자에 대해 다음과 같이 법원의 명령을 신청할 수 있다.

(a) 제23조 제3항에 따라 발부된 소환장에 따라 심리를 진행하는 중재판정부에 출석하도록 요구받은 자가 출석을 거절하거나 출석하지 않는 경우 또는

(b) refuses or fails to attend before the arbitral tribunal when required to do so by the arbitral tribunal; or

(c) refuses or fails to produce a document that the person is required to produce under a subpoena issued under subsection 23(3); or

(d) refuses or fails to produce a document that the person is required to produce by the arbitral tribunal; or

(e) appearing as a witness before the arbitral tribunal:

    (i) refuses or fails to take an oath or to make an affirmation or affidavit when required by the arbitral tribunal to do so; or

    (ii) refuses or fails to answer a question that the witness is required by the arbitral tribunal to answer; or

(f) refuses or fails to do any other thing which the arbitral tribunal may require to assist the arbitral tribunal in the performance of its functions.

(2) However, an application may only be made under paragraph (1)(b), (d), (e) or (f) with the permission of the arbitral tribunal.

(3) The court may, for the purposes of the arbitral proceedings, order:

(a) the person to attend before the court for examination or to produce to the court the relevant document or to do the relevant thing; and

(b) the person, or any other person, to transmit to the arbitral tribunal one or more of the following:

    (i) a record of any evidence given in compliance with the order;

    (ii) any document produced in compliance with the order, or a copy of the document;

    (iii) particulars of any other thing done in compliance with the order.

(4) A person must not be compelled under an order made under subsection (3) to answer any question or produce any document which that person could not be compelled to answer or produce in a proceeding before that court.

(5) The court must not make an order under subsection (3) in relation to a person who is not a party to the arbitral proceedings unless:

(a) before the order is made, the person is given an opportunity to make representations to the court; and

(b) the court is satisfied that it is reasonable in all the circumstances to make the order in relation to the person.

(6) Nothing in this section limits Article 27 of the Model Law.

(b) 중재판정부에 의해 중재판정부에 출석하도록 요구받은 자가 출석을 거절하거나 출석하지 않는 경우 또는

(c) 제23조 제3항에 따라 발부된 소환장에 따라 문서를 제출하도록 요구받은 자가 그러한 제출을 거절하거나 이행하지 않는 경우 또는

(d) 중재판정부에 의해 문서를 제출하도록 요구받은 자가 그러한 제출을 거부하거나 제출하지 않는 경우 또는

(e) 중재판정부에 증인으로 출석한 자로서

  (i) 중재판정부에 의해 선서하거나, 무선서 증언하거나, 선서 진술서를 제출하도록 요구받은 자가 이를 거부하거나 이행하지 않는 경우 또는

  (ii) 중재판정부에 의해 질문에 답변하도록 요구 받은 자가 이를 거부하거나 답변하지 않는 경우 또는

(f) 중재판정부의 업무 수행에 도움이 되도록 중재판정부에 의해 요구받은 그 외의 일을 거부하거나 이행하지 않는 경우.

(2) 그러나 제1항 제b호, 제d호, 제e호 또는 제f호에 의한 신청은 중재판정부의 허가를 받아야 한다.

(3) 법원은 중재절차의 진행을 위하여 다음과 같은 명령을 할 수 있다.

  (a) 특정인에게 조사를 위하여 법원에 출석하거나 관련 문서를 법원에 제출하거나 관련 지시사항을 수행하도록 하는 명령 그리고

  (b) 특정인, 또는 그 외의 자에게 다음 중 하나 혹은 그 이상을 중재판정부에 제출하도록 하는 명령

  (i) 명령에 따라 제공된 증거에 대한 기록

  (ii) 명령에 따라 작성된 문서 또는 당해 문서의 사본

  (iii) 명령에 따라 수행된 일의 세부사항

(4) 누구든지 법원의 절차에서 질문에 답하거나 문서를 제출할 의무를 부담하지 않는 경우에는 제3항에 따라 발급된 명령에 의해 질문에 답하거나 문서를 제출할 의무를 부담하지 아니 한다.

(5) 법원은 다음의 경우 외에는 중재절차의 당사자가 아닌 자에게 제3항의 명령을 발급할 수 없다.

  (a) 명령이 발급되기 전, 당해 특정인에 대해 법원에 진술할 기회가 주어진 경우; 그리고

  (b) 법원이 모든 사정을 고려할 때 당해 특정인에게 명령을 발급하는 것이 합리적이라고 인정하는 경우.

(6) 본조는 모델법 제27조의 효력을 제한하지 아니 한다.

23B Default by party to an arbitration agreement

(1) This section applies if a party to arbitral proceedings commenced in reliance on an arbitration agreement:

(a) refuses or fails to attend before an arbitral tribunal for examination when required to do so under a subpoena issued under subsection 23(3) (regardless of whether an application is made for an order under subsection 23A(3)); or

(b) refuses or fails to produce a document to an arbitral tribunal when required to do so under a subpoena issued under subsection 23(3) (regardless of whether an application is made for an order under subsection 23A(3)); or

(c) refuses or fails to comply with an order made by a court under subsection 23A(3); or

(d) fails within the time specified by an arbitral tribunal, or if no time is specified within a reasonable time, to comply with any other requirement made by the arbitral tribunal to assist it in the performance of its functions.

(2) The arbitral tribunal may continue with the arbitration proceedings in default of appearance or of the other act and make an award on the evidence before it.

(3) Nothing in this provision affects any other power which the arbitral tribunal or a court may have in relation to the refusal or failure.

23C Disclosure of confidential information

(1) The parties to arbitral proceedings commenced in reliance on an arbitration agreement must not disclose confidential information in relation to the arbitral proceedings unless:

(a) the disclosure is allowed under section 23D; or

(b) the disclosure is allowed under an order made under section 23E and no order is in force under section 23F prohibiting that disclosure; or

(c) the disclosure is allowed under an order made under section 23G.

(2) An arbitral tribunal must not disclose confidential information in relation to arbitral proceedings commenced in reliance on an arbitration agreement unless:

(a) the disclosure is allowed under section 23D; or

(b) the disclosure is allowed under an order made under section 23E and no order is in force under section 23F prohibiting that disclosure; or

(c) the disclosure is allowed under an order made under section 23G.

23D Circumstances in which confidential information may be disclosed

(1) This section sets out the circumstances in which confidential information in relation to arbitral proceedings may be disclosed by:

(a) a party to the arbitral proceedings; or

(b) an arbitral tribunal.

제23B조 중재합의 당사자의 의무불이행

(1) 본조는 중재합의에 의해 개시된 중재절차에서 당사자가 다음의 행위를 하는 경우 적용된다.

  (a) 제23조 제3항에 따라 발급된 소환장에서 중재판정부의 조사 절차에 참석하도록 요구받았음에도 불구하고 이를 거부하거나 이행하지 않는 경우(제23A조 제3항에 따라 명령 발급의 신청이 있는지 여부와 무관) 또는

  (b) 제23조 제3항에 따라 발급된 소환장에서 중재판정부에 문서를 제출하도록 요구받았음에도 불구하고 이를 거부하거나 이행하지 않는 경우(제23 A조 제3항에 따라 명령 발급의 신청이 있는지 여부와 무관) 또는

  (c) 제23A조 제3항에 따른 법원의 명령을 거부하거나 준수하지 않는 경우, 또는

  (d) 중재판정부의 업무 수행에 도움이 되도록 중재판정부가 요구한 기타 사항들을 중재판정부가 정한 기한 내에 이행하지 않거나, 기한을 정하지 않은 경우는 상당한 기간 내에 이행하지 않는 경우.

(2) 중재판정부는 당사자가 출석하지 않거나 기타 행위를 하지 않음에도 불구하고 중재절차를 속행하여 판정부에 제출된 증거에 따라 중재판정을 내릴 수 있다.

(3) 이 규정은 당사자 등이 위에 규정된 사항을 거부하거나 이행하지 않는 경우에 대해 중재판정부 또는 법원이 행사할 수 있는 다른 권한에 영향을 미치지 아니 한다.

제23C조 비밀정보의 공개

(1) 중재합의에 의해 개시된 중재절차의 당사자들은 다음의 경우 외에는 중재절차와 관련된 비밀정보를 공개할 수 없다.

  (a) 당해 비밀정보의 공개가 제23D조에 따라 허용되는 경우 또는

  (b) 당해 비밀정보의 공개가 제23E조에 따라 허용되고, 제23F조에 따라 이러한 공개를 금지하는 명령이 발급되지 않은 경우 또는

  (c) 당해 비밀정보의 공개가 제23G조에 따라 허용되는 경우.

(2) 중재판정부는 다음의 경우 외에는 중재합의에 의해 개시된 중재절차와 관련된 비밀정보를 공개할 수 없다.

  (a) 그 비밀정보의 공개가 제23D조에 따라 허용되는 경우 또는

  (b) 그 비밀정보의 공개가 제23E조에 따라 허용되고, 제23F조에 따라 이러한 공개를 금지하는 명령이 발급되지 않은 경우 또는

  (c) 그 비밀정보의 공개가 제23G조에 따라 허용되는 경우.

제23D조 비밀정보가 공개될 수 있는 경우

(1) 이 조는 중재절차와 관련된 비밀정보를 (a) 중재절차의 당사자 또는 (b) 중재판정부에

(2) The information may be disclosed with the consent of all of the parties to the arbitral proceedings.

(3) The information may be disclosed to a professional or other adviser of any of the parties to the arbitral proceedings.

(4) The information may be disclosed if it is necessary to ensure that a party to the arbitral proceedings has a full opportunity to present the party's case and the disclosure is no more than reasonable for that purpose.

(5) The information may be disclosed if it is necessary for the establishment or protection of the legal rights of a party to the arbitral proceedings in relation to a third party and the disclosure is no more than reasonable for that purpose.

(6) The information may be disclosed if it is necessary for the purpose of enforcing an arbitral award and the disclosure is no more than reasonable for that purpose.

(7) The information may be disclosed if it is necessary for the purposes of this Act, or the Model Law as in force under subsection 16(1) of this Act, and the disclosure is no more than reasonable for that purpose.

(8) The information may be disclosed if the disclosure is in accordance with an order made or a subpoena issued by a court.

(9) The information may be disclosed if the disclosure is authorised or required by another relevant law, or required by a competent regulatory body, and the person making the disclosure gives written details of the disclosure including an explanation of reasons for the disclosure to:

(a) if the person is a party to the arbitral proceedings—the other parties to the proceedings and the arbitral tribunal; and

(b) if the arbitral tribunal is making the disclosure—all the parties to the proceedings.

(10) In subsection (9):

another relevant law means:

(a) a law of the Commonwealth, other than this Act; and

(b) a law of a State or Territory; and

(c) a law of a foreign country, or of a part of a foreign country:

(i) in which a party to the arbitration agreement has its principal place of business; or

(ii) in which a substantial part of the obligations of the commercial relationship are to be performed; or

(iii) to which the subject matter of the dispute is most commonly connected.

23E Arbitral tribunal may allow disclosure in certain circumstances

(1) An arbitral tribunal may make an order allowing a party to arbitral proceedings to disclose confidential information in relation to the proceedings in circumstances other than those

의해 공개될 수 있는 경우를 규정한다.

(2) 비밀정보는 중재절차와 관련된 당사자 전원의 동의에 따라 공개될 수 있다.

(3) 비밀정보는 중재절차와 관련된 당사자의 변호사 또는 기타 조언자에게 공개될 수 있다.

(4) 비밀정보는 중재절차의 당사자가 완전한 변론의 기회를 가질 수 있도록 하기 위하여 공개될 수 있으며, 이러한 경우 당해 공개는 그러한 목적을 위하여 합리적으로 필요한 한도에서 이루어져야 한다.

(5) 비밀정보는 제3자와 관련하여 중재절차의 당사자가 가지는 법적 권리를 확보 또는 보호하기 위하여 공개될 수 있으며, 이러한 경우 당해 공개는 그러한 목적을 위하여 합리적으로 필요한 한도에서 이루어져야 한다.

(6) 비밀정보는 중재판정을 집행하기 위하여 공개될 수 있으며, 이러한 경우 당해 공개는 그러한 목적을 위하여 합리적으로 필요한 한도에서 이루어져야 한다.

(7) 비밀정보는 이 법의 목적을 위하여, 또는 이 법 제16조 제1항에 따라 효력을 가지는 모델법의 목적을 위하여 공개될 수 있으며, 이러한 경우 당해 공개는 그러한 목적을 위하여 합리적으로 필요한 한도에서 이루어져야 한다.

(8) 비밀정보는 법원의 명령 또는 소환장에 따라 공개될 수 있다.

(9) 비밀정보는 다른 관련 법률 또는 권한 있는 기관이 공개를 허가하거나 요구하는 경우에 공개될 수 있으며, 만약 중재절차의 당사자가 공개하는 경우에는 중재절차의 다른 당사자 및 중재판정부에게, 그리고 중재판정부가 공개하는 경우에는 중재절차의 모든 당사자들에게 공개 이유를 포함하여 공개에 대한 세부사항을 서면으로 제공하여야 한다.

(a) 그 당사자가 중재절차의 일방당사자인 경우에는 다른 당사자들과 중재판정부 그리고

(b) 중재판정부가 공개를 결정하는 경우에는 절차의 모든 당사자들.

(10) 제9항에 있어

다른 관련 법률은 아래의 법률을 의미한다.

(a) 이 법을 제외한 영연방의 법률, 그리고

(b) 주 또는 속령의 법률, 그리고

(c) 다음의 경우에 있어 외국의 법률 또는 외국 법률의 일부

(i) 중재합의의 당사자가 당해 외국에 주사무소를 가지는 경우 또는

(ii) 상업적 거래에 있어 의무의 실질적인 부분이 당해 외국에서 이행되어야 하는 경우 또는

(iii) 분쟁의 주요 사안이 당해 외국과 가장 보통으로 관련된 경우.

제23E조 중재판정부에 의한 비밀정보 공개 허용

(1) 중재판정부는 중재절차의 당사자가 중재절차와 관련하여 제23D조가 규정하는 경우 외의 상황에서 비밀정보를 공개하도록 허용하는 명령을 내릴 수 있다.

mentioned in section 23D.

(2) An order under subsection (1) may only be made at the request of one of the parties to the arbitral proceedings and after giving each of the parties to the arbitral proceedings the opportunity to be heard.

23F Court may prohibit disclosure in certain circumstances

(1) A court may make an order prohibiting a party to arbitral proceedings from disclosing confidential information in relation to the arbitral proceedings if:

(a) the court is satisfied in the circumstances of the particular case that the public interest in preserving the confidentiality of arbitral proceedings is not outweighed by other considerations that render it desirable in the public interest for the information to be disclosed; or

(b) the disclosure is more than is reasonable for that purpose.

(2) An order under subsection (1) may only be made on the application of a party to the arbitral proceedings and after giving each of the parties to the arbitral proceedings the opportunity to be heard.

(3) A party to arbitral proceedings may only apply for an order under subsection (1) if the arbitral tribunal has made an order under subsection 23E(1) allowing the disclosure of the information.

(4) The court may order that the confidential information not be disclosed pending the outcome of the application under subsection (2).

(5) An order under this section is final.

23G Court may allow disclosure in certain circumstances

(1) A court may make an order allowing a party to arbitral proceedings to disclose confidential information in relation to the arbitral proceedings in circumstances other than those mentioned in section 23D if:

(a) the court is satisfied, in the circumstances of the particular case, that the public interest in preserving the confidentiality of arbitral proceedings is outweighed by other considerations that render it desirable in the public interest for the information to be disclosed; and

(b) the disclosure is not more than is reasonable for that purpose.

(2) An order under subsection (1) may only be made on the application of a person who is or was a party to the arbitral proceedings and after giving each person who is or was a party to the arbitral proceedings the opportunity to be heard.

(3) A party to arbitral proceedings may only apply for an order under subsection (1) if:

(a) the mandate of the arbitral tribunal has been terminated under Article 32 of the Model

(2) 제1항에 따른 명령은 중재절차의 당사자가 요청하는 경우에만 내릴 수 있으며, 이러한 명령의 발급 전에 중재절차의 각 당사자들에게 의견을 제출할 기회가 제공되어야 한다.

제23F조   법원에 의한 비밀정보 공개 금지

(1) 법원은 다음의 경우 중재절차의 당사자에게 중재절차와 관련된 비밀정보의 공개를 금지하는 명령을 내릴 수 있다.

    (a) 법원이 특정 사안에서 중재절차의 비밀성 유지에 대한 공공의 이익이 정보를 공개함으로써 얻는 공공의 이익보다 크다고 인정하는 경우, 또는

    (b) 비밀정보 공개가 필요한 한도를 넘는 경우.

(2) 제1항에 따른 명령은 중재절차의 당사자가 신청하는 경우에만 내릴 수 있으며, 이러한 명령의 발급 전에 중재절차의 각 당사자들에게 의견을 제출할 기회가 제공되어야 한다.

(3) 중재절차의 당사자는 중재판정부가 제23E조 제1항에 따라 비밀정보 공개를 허용하는 명령을 발급한 경우에만 제1항에 따른 명령을 신청할 수 있다.

(4) 법원은 제2조의 신청에 대한 결정이 내려질 때까지 비밀정보의 공개를 금지하도록 명령할 수 있다.

(5) 본조에 따른 명령에 대해서는 불복할 수 없다.

제23G조   법원에 의한 비밀정보 공개 허용

(1) 법원은 다음의 경우 중재절차의 당사자가 중재절차와 관련하여 제23D조가 규정하는 경우 외의 상황에서 비밀정보를 공개하도록 허용하는 명령을 내릴 수 있다.

    (a) 법원이 특정 사안에서 정보를 공개함으로써 얻는 공공의 이익이 중재절차의 비밀성 유지에 대한 공공의 이익보다 크다고 인정하는 경우, 그리고

    (b) 비밀정보 공개가 필요한 한도를 넘지 않는 경우.

(2) 제1항에 따른 명령은 중재절차의 당사자이거나 당사자였던 자의 신청에 의해서만 내려질 수 있으며, 이러한 명령이 내려지기 전에 중재절차의 각 당사자인 자 또는 각 당사자였던 자에게 의견을 제출할 기회가 제공되어야 한다.

(3) 중재절차의 당사자는 다음의 경우에만 제1항에 따른 명령을 신청할 수 있다.

    (a) 모델법 제32조에 따라 중재판정부의 권한이 소멸한 경우, 또는

Law; or

(b) a request by the party to the arbitral tribunal to make an order under subsection 23E(1) allowing the disclosure has been refused.

(4) An order under this section is final.

23H Death of a party to an arbitration agreement

(1) If a party to an arbitration agreement dies:

(a) the agreement is not discharged (either in respect of the deceased or any other party); and

(b) the authority of an arbitral tribunal is not revoked; and

(c) the arbitration agreement is enforceable by or against the personal representative of the deceased.

(2) Nothing in subsection (1) is taken to affect the operation of any enactment or rule of law by virtue of which a right of action is extinguished by the death of a person.

23J Evidence

(1) An arbitral tribunal may, at any time before the award is issued by which a dispute that is arbitrated by the tribunal is finally decided, make an order:

(a) allowing the tribunal or a person specified in the order to inspect, photograph, observe or conduct experiments on evidence that is in the possession of a party to the arbitral proceedings and that may be relevant to those proceedings (the **relevant evidence**); and

(b) allowing a sample of the relevant evidence to be taken by the tribunal or a person specified in the order.

(2) The tribunal may only specify a person in the order if the person is:

(a) a party to the proceedings; or

(b) an expert appointed by the tribunal under Article 26 of the
Model Law; or

(c) an expert appointed by a party to the proceedings with the permission of the tribunal.

(3) The provisions of the Model Law apply in relation to an order under this section in the same way as they would apply to an interim measure under the Model Law.

23K Security for costs

(1) An arbitral tribunal may, at any time before the award is issued by which a dispute that is arbitrated by the tribunal is finally decided, order a party to the arbitral proceedings to pay security for costs.

(2) However, the tribunal must not make such an order solely on the basis that:

(a) the party is not ordinarily resident in Australia; or

(b) the party is a corporation incorporated or an association formed under the law of a

(b) 중재판정부에 대해 제23E조 제1항에 따른 비밀정보 공개 명령을 당사자가 요청하였으나, 이 요청이 거부된 경우.

(4) 본조에 따른 명령은 최종적이다.

제23H조   중재합의 당사자의 사망

(1) 중재합의의 당사자가 사망한 경우

    (a) 중재합의는 취소되지 아니 한다(사망한 자나 그 외의 자에 대해) 그리고

    (b) 중재판정부의 권한은 소멸되지 아니한다 그리고

    (c) 중재합의는 사망한 자의 유언 집행인에 대해 강제력을 갖는다.

(2) 제1항은 사망에 의해 제소권이 소멸되도록 규정한 법률의 강제력이나 적용에 영향을 미치지 아니 한다.

제23J조   증거

(1) 중재판정부는 분쟁을 최종적으로 해결하는 중재판정이 이루어지기 전 언제라도 다음과 같은 명령을 발급할 수 있다.

    (a) 중재판정부 또는 당해 명령에서 특정한 자가 중재절차의 당사자가 보유하고 있는 증거로서 중재절차와 관련이 있는 증거(관련 증거)에 대해 조사, 촬영, 관찰 또는 실험할 수 있도록 허용하는 명령, 그리고

    (b) 중재판정부 또는 당해 명령에서 특정된 자가 관련 증거의 샘플을 채취할 수 있도록 허용하는 명령.

(2) 중재판정부는 아래에 명시된 자의 경우에만 명령에서 이를 특정할 수 있다.

    (a) 중재절차의 당사자, 또는

    (b) 모델법 제26조에 따라 중재판정부가 선정한 전문가, 또는

    (c) 중재판정부의 허가에 따라 중재절차의 당사자가 선정한 전문가.

(3) 모델법의 규정들은 모델법 하의 임시적 처분에 대해 적용되는 것과 동일하게 이 조에 따른 명령과 관련하여 적용된다.

제23K조   비용의 담보

(1) 중재판정부는 분쟁을 최종적으로 해결하는 중재판정이 내려지기 전 언제라도 중재절차의 당사자에게 비용에 대한 담보를 제공하도록 명령할 수 있다.

(2) 그러나 중재판정부는 당해 명령을 아래 사항을 근거로 발급하여야 한다.

    (a) 당사자가 호주 내에 통상적으로 거주하지 않는 경우 또는

    (b) 당사자가 외국 법률에 의해 설립된 법인이거나 단체인 경우 또는

foreign country; or

    (c) the party is a corporation or association the central management or control of which is exercised in a foreign country.

(3) The provisions of the Model Law apply in relation to an order under this section in the same way as they would apply to an interim measure under the Model Law.

24 Consolidation of arbitral proceedings

(1) A party to arbitral proceedings before an arbitral tribunal may apply to the tribunal for an order under this section in relation to those proceedings and other arbitral proceedings (whether before that tribunal or another tribunal or other tribunals) on the ground that:

    (a) a common question of law or fact arises in all those proceedings;

    (b) the rights to relief claimed in all those proceedings are in respect of, or arise out of, the same transaction or series of transactions; or

    (c) for some other reason specified in the application, it is desirable that an order be made under this section.

(2) The following orders may be made under this section in relation to 2 or more arbitral proceedings:

    (a) that the proceedings be consolidated on terms specified in the order;

    (b) that the proceedings be heard at the same time or in a sequence specified in the order;

    (c) that any of the proceedings be stayed pending the determination of any other of the proceedings.

(3) Where an application has been made under subsection (1) in relation to 2 or more arbitral proceedings (in this section called the **related proceedings**), the following provisions have effect.

(4) If all the related proceedings are being heard by the same tribunal, the tribunal may make such order under this section as it thinks fit in relation to those proceedings and, if such an order is made, the proceedings shall be dealt with in accordance with the order.

(5) If 2 or more arbitral tribunals are hearing the related proceedings:

    (a) the tribunal that received the application shall communicate the substance of the application to the other tribunals concerned; and

    (b) the tribunals shall, as soon as practicable, deliberate jointly on the application.

(6) Where the tribunals agree, after deliberation on the application, that a particular order under this section should be made in relation to the related proceedings:

    (a) the tribunals shall jointly make the order;

    (b) the related proceedings shall be dealt with in accordance with the order; and

    (c) if the order is that the related proceedings be consolidated— the arbitrator or arbitrators for the purposes of the consolidated proceedings shall be appointed, in accordance with

(c) 당사자가 외국의 핵심 경영진이 통제하는 법인이거나 단체인 경우.

(3) 모델법의 규정들은 모델법 하의 임시적 처분에 대해 적용되는 것과 동일하게 본조에 따른 명령과 관련하여 적용된다.

제24조 중재절차의 병합

(1) 중재절차의 당사자는 중재판정부에 대해 아래 사항을 근거로 당해 중재절차 및 다른 중재절차와 관련하여 본조에 따른 명령을 신청(관련 중재판정부 중 어느 곳에도 가능)할 수 있다.

    (a) 모든 중재절차들에 있어 공통의 법적 또는 사실 문제가 제기되는 경우.

    (b) 모든 중재절차들에서 행사되는 권리들이 동일한 거래 혹은 동일한 일련의 거래들과 관련되어 있는 경우, 또는

    (c) 신청서에 명시된 그 외의 이유들 때문에 이 조에 따른 명령이 내려지는 것이 바람직한 경우.

(2) 다음의 명령들은 본조에 따라 2개 이상의 중재절차와 관련하여 발급될 수 있다.

    (a) 명령에 기재된 조건 하에 당해 절차들을 병합하는 명령

    (b) 당해 절차들의 변론이 동시에 혹은 명령에 기재된 순서에 따라 이루어지도록 하는 명령

    (c) 다른 중재절차의 판정이 이루어질 때까지 특정 중재절차를 중지시키는 명령

(3) 2개 이상의 중재절차들과 관련하여 제1항에 따른 신청이 있는 경우(본조에서 관련 중재절차라고 불리는), 아래 규정이 적용된다.

(4) 모든 관련 절차가 동일한 중재판정부에 의해 진행되고 있는 경우, 중재판정부는 적당하다고 판단하는 바에 따라 당해 절차들과 관련하여 이 조의 명령을 내릴 수 있으며, 이러한 명령을 내리는 경우, 당해 절차들은 명령에 따라 진행된다.

(5) 관련 중재절차가 2개 이상의 중재판정부에서 진행되고 있는 경우,

    (a) 신청을 받은 중재판정부는 신청 내용을 다른 관련 중재판정부에 전달한다. 그리고

    (b) 중재판정부들은 최대한 신속하게 당해 신청에 대해 공동으로 심의한다.

(6) 중재판정부들이 공동으로 심의한 후, 관련 중재절차들과 관련하여 이 조에 따라 특정 명령이 내려져야 한다고 합의하는 경우,

    (a) 중재판정부들은 공동으로 당해 명령을 내린다.

    (b) 관련 중재절차들은 당해 명령에 따라 진행된다. 그리고

    (c) 관련 중재절차들이 병합되어야 한다는 명령이 내려진 경우, 모델법 제10조 및 제11조에 따라 중재판정부의 구성원 중에서 병합된 중재절차를 진행하기 위한 중재인 또는 중재인단이 선정되어야 한다.

Articles 10 and 11 of the Model Law, from the members of the tribunals.

(7) If the tribunals are unable to make an order under subsection (6), the related proceedings shall proceed as if no application has been made under subsection (1).

(8) This section does not prevent the parties to related proceedings from agreeing to consolidate them and taking such steps as are necessary to effect that consolidation.

25 Interest up to making of award

(1) Where an arbitral tribunal determines to make an award for the payment of money (whether on a claim for a liquidated or an unliquidated amount), the tribunal may, subject to subsection (2), include in the sum for which the award is made interest, at such reasonable rate as the tribunal determines on the whole or any part of the money, for the whole or any part of the period between the date on which the cause of action arose and the date on which the award is made.

(2) Subsection (1) does not:

(a) authorise the awarding of interest upon interest;

(b) apply in relation to any amount upon which interest is payable as of right whether by virtue of an agreement or otherwise; or

(c) affect the damages recoverable for the dishonour of a bill of exchange.

26 Interest on debt under award

(1) This section applies if:

(a) an arbitral tribunal makes an award for the payment of an amount of money; and

(b) under the award, the amount is to be paid by a particular day (the **due date**).

(2) The arbitral tribunal may direct that interest, including compound interest, is payable if the amount is not paid on or before the due date.

(3) The arbitral tribunal may set a reasonable rate of interest.

(4) The interest is payable:

(a) from the day immediately following the due date; and

(b) on so much of the amount as remains unpaid.

(5) The direction is taken to form part of the award.

27 Costs

(1) The costs of an arbitration (including the fees and expenses of the arbitrator or arbitrators) shall be in the discretion of the arbitral tribunal.

(2) An arbitral tribunal may in making an award:

(a) direct to whom, by whom, and in what manner, the whole or any part of the costs that it awards shall be paid;

(b) tax or settle the amount of costs to be so paid or any part of those costs; and

(7) 중재판정부가 제6조에 따른 명령을 내릴 수 없는 경우, 관련 중재절차들은 제1항에 따른 신청이 없었던 것처럼 진행한다.

(8) 본조는 관련 중재절차의 당사자들이 병합에 합의하고 병합을 위하여 필요한 절차를 밟는 것을 방해하지 아니 한다.

제25조　중재판정일까지의 이자

(1) (본래의 청구가 금전청구인지 여부를 불문하고) 중재판정부가 금전지급을 명하는 중재판정을 하는 경우, 중재판정부는 제2항에 따라 당해 금전에 대한 이자를 포함시킬 수 있되, 중재 신청일로부터 중재판정일까지에 해당하는 기간의 전부 혹은 그 일부에 대해 합리적인 이율로 이자를 정하여야 한다.

(2) 제1항은

(a) 복리를 허용하지 아니 한다.

(b) 합의에 의해서든 그 외의 사유에 의해서든 당해 금액에 대해 이자가 지급되는 경우에는 적용되지 아니 한다. 또는

(c) 환어음의 부도를 이유로 하는 회복 가능한 손해에 대해서는 적용되지 아니 한다.

제26조　중재판정에 따른 채무에 대한 이자

(1) 본조는 다음의 경우에 적용된다.

(a) 중재판정부가 금전 지급을 명하는 판정 그리고

(b) 중재판정에 따라 금전이 특정 기일(만기일)까지 지급되어야 하는 경우.

(2) 중재판정부는 당해 금전이 만기일까지 지급되지 않는 경우 복리 이자를 포함한 이자를 지급하도록 명할 수 있다.

(3) 중재판정부는 합리적인 이율을 정할 수 있다.

(4) 이자는 다음과 같이 지급한다.

(a) 만기일의 익일로부터 그리고

(b) 미지급 금액에 대해.

(5) 이자 지급 명령은 중재판정의 일부가 된다.

제27조　비용

(1) 중재비용(중재인에 대한 보수 및 비용 포함)은 중재판정부가 재량으로 정한다.

(2) 중재판정에 있어 중재판정부는

(a) 중재비용을 누가, 누구에게, 어떤 방법으로, 얼마나 지급해야 하는지를 결정할 수 있다.

(b) 당해 비용 또는 비용의 일부에 대해 세금을 부과하거나 정산할 수 있다. 그리고

(c) award costs to be taxed or settled as between party and party or as between solicitor and client; and

(d) limit the amount of costs that a party is to pay to a specified amount.

(2A) An arbitral tribunal must, if it intends to make a direction under paragraph (2)(d), give the parties to the arbitration agreement notice of that intention sufficiently in advance of the incurring of costs to which it relates, or the taking of any steps in the arbitral proceedings which may be affected by it, for the limit to be taken into account.

(3) Any costs of an arbitration (other than the fees or expenses of an arbitrator) that are directed to be paid by an award are, to the extent that they have not been taxed or settled by the arbitral tribunal, taxable in the Court having jurisdiction under Article 34 of the Model Law to hear applications for setting aside the award.

(4) If no provision is made by an award with respect to the costs of the arbitration, a party to the arbitration agreement may, within 14 days after receiving the award, apply to the arbitral tribunal for directions as to the payment of those costs, and thereupon the tribunal shall, after hearing any party who wishes to be heard, amend the award by adding to it such directions as the tribunal thinks proper with respect to the payment of the costs of the arbitration.

Division 4 Miscellaneous

28 Immunity

(1) An arbitrator is not liable for anything done or omitted to be done by the arbitrator in good faith in his or her capacity as arbitrator.

(2) An entity that appoints, or fails or refuses to appoint, a person as arbitrator is not liable in relation to the appointment, failure or refusal if it was done in good faith.

29 Representation in proceedings

(1) Where, in accordance with the Model Law, with the agreement of the parties or at the request of a party, as the case may be, the arbitral tribunal holds oral hearings for the presentation of evidence or for oral argument, or conducts proceedings on the basis of documents or other materials, the following provisions shall, without prejudice to the Model Law, apply.

(2) A party may appear in person before an arbitral tribunal and may be represented:
(a) by himself or herself;
(b) by a duly qualified legal practitioner from any legal jurisdiction of that party's choice; or
(c) by any other person of that party's choice.

(3) A legal practitioner or a person, referred to in paragraphs (2)(b) or (c) respectively, while

(c) 당사자 사이에서 또는 변호사와 당사자 사이에서 세금이 부과되거나 정산된 비용 에 대한 부담을 정할 수 있다. 그리고

(d) 당사자가 지급할 비용을 특정 금액으로 제한할 수 있다.

(2A) 중재판정부는 제2항 제d호에 따른 제한을 하려는 경우 관련 비용이 발생하기 전에, 또는 당해 제한이 고려되는 경우에 이에 의해 영향 받을 수 있는 중재절차를 진행하기 전에, 충분한 시간을 두고 중재합의의 당사자들에게 당해 한도에 대해 고려해 볼 수 있도록 통지를 하여야 한다.

(3) (중재인에 대한 보수 또는 비용 외에) 중재판정에 의해 지급명령이 내려진 중재비용들 은 중재판정부에 의해 과세되거나 정산되지 않은 범위에서 모델법 제34조에 따라 중재 판정의 취소를 심사할 수 있는 관할 법원에 의해 과세될 수 있다.

(4) 중재판정에서 중재비용에 대해 아무런 판단도 하지 않은 경우, 중재합의의 당사자는 중 재판정이 내려진 날로부터 14일 이내에 중재판정부에 중재비용에 대한 판단을 신청할 수 있으며, 이에 따라 당해 중재판정부는 의견 제출을 원하는 당사자로부터의 의견을 들은 후 적절하다고 생각하는 중재비용에 대한 판단을 추가하여 본래의 중재판정을 변 경하여야 한다.

제4장　기타

제28조　면책

(1) 중재인은 중재인으로서 자신의 능력에 따라 선의의 작위 또는 부작위에 대해 어떠한 책 임도 지지 아니 한다.

(2) 중재인을 선정하거나, 선정에 실패하거나, 선정하기를 거부하는 주체는, 중재인으로서 의 특정인은 당해 선정, 선정 실패 또는 선정 거부가 선의로 이루어진 경우, 이와 관련 하여 어떠한 책임도 지지 아니 한다.

제29조　중재절차의 대리

(1) 모델법에 의거하여, 사안에 따라 당사자의 동의 또는 당사자의 요청으로 중재판정부가 증거의 제출 또는 구술 주장을 위하여 구술심리를 진행하는 경우, 서면 또는 기타 자료 에 의한 절차를 진행하는 경우, 모델법에 저촉되지 않는 한 다음 규정들이 적용된다.

(2) 당사자는 중재판정부에 직접 출석하거나,

(a) 스스로 변론하거나,

(b) 적법한 자격을 갖춘 변호사를 대리인으로 출석시키거나, 또는

(c) 당사자가 선택한 기타의 자를 대리인으로 출석시킬 수 있다.

(3) 제2조 제b호 또는 제c호 각각에서 규정하는 변호사 또는 기타의 자는 이 편이 적용되

acting on behalf of a party to an arbitral proceeding to which Part III applies, including appearing before an arbitral tribunal, shall not thereby be taken to have breached any law regulating admission to, or the practice of, the profession of the law within the legal jurisdiction in which the arbitral proceedings are conducted.

(4) Where, subject to the agreement of the parties, an arbitral tribunal conducts proceedings on the basis of documents and other materials, such documents and materials may be prepared and submitted by any legal practitioner or person who would, under subsection (2), be entitled to appear before the tribunal, and, in such a case, subsection (3) shall apply with the same force and effect to such a legal practitioner or person.

30 Application of Part

This Part does not apply in relation to an international commercial arbitration between parties to an arbitration agreement that was concluded before the commencement of this Part unless the parties have (whether in the agreement or in any other document in writing) otherwise agreed.

30A Severability

Without limiting its effect apart from this section, this Part also has the effect it would have if it were confined, by express provision, to arbitrations involving:

(a) places, persons, matters or things external to Australia; or

(b) disputes arising in the course of trade or commerce with another country, or between the States; or

(c) disputes between parties at least one of which is a corporation to which paragraph 51(xx) of the Constitution applies; or

(d) disputes arising in the course of trade or commerce in a Territory.

Part IV **Application of the Convention on the Settlement of Investment Disputes between States and Nationals of Other States**

Division 1 Preliminary

31 Interpretation

(1) In this Part:

award includes:

(a) an interpretation of an award under Article 50; and

(b) a revision of an award under Article 51; and

(c) an annulment of an award under Article 52.

는 중재절차에서 중재판정부에 대한 출석을 포함하여 당사자를 대리하여 행동할 수 있으나, 이에 있어 중재절차가 수행되는 법적 관할 내의 법률 업무의 허가 또는 시행 등을 규제하는 어떠한 법률도 위반해서는 아니 된다.

(4) 당사자 간 합의에 따라, 중재판정부가 서면 및 기타 자료에 기초하여 절차를 진행하는 경우, 그러한 서면 및 자료들은 제2조에 따라 중재판정부에 출석할 자격을 가진 변호사 또는 기타의 자가 작성 및 제출할 수 있고, 이러한 경우 제3조는 이러한 변호사 또는 기타의 자에 대해 동일한 효력을 가진다.

제30조 이 편의 적용

이 편이 시행되기 전에 이루어진 중재합의의 경우 당사자들 사이의 국제상사중재와 관련하여서는 이 편은 적용되지 아니 하되, 당사자들이 다르게 합의(당해 중재합의 또는 기타의 서면으로)한 경우는 그러하지 아니 한다.

제30A조 분리가능성

본조를 제외하고 이 편의 효력을 제한함이 없이, 이 편은 다음 사항과 관련된 사항에 대해서는 명시적으로 그 적용을 명하는 규정이 없더라도 명시적 규정이 있는 경우와 동일하게 적용된다.

(a) 호주 영토 외의 장소, 사람, 사안 또는 물건 또는

(b) 다른 국가와의 거래나 통상, 또는 주 사이의 거래나 통상 과정에서 발생한 분쟁 또는

(c) 헌법 제51조(xx)가 적용되는 법인이 적어도 한 당사자인 분쟁 또는

(d) 속령 내에서의 거래 혹은 통상 과정에서 발생한 분쟁.

제4편 **국가와 타방국가 국민간의 투자분쟁의 해결에 관한 협약의 적용**

제1장 모두규정

제31조 해석

(1) 이 편에서

중재판정에는 다음 사항이 포함된다.

(a) 제50조에 따른 중재판정의 해석 그리고

(b) 제51조에 따른 중재판정의 정정 그리고

(c) 제52조에 따른 중재판정의 취소.

Department means the Department of the Commonwealth primarily responsible for matters relating to foreign affairs.

Investment Convention means the Convention on the Settlement of Investment Disputes between States and Nationals of Other States signed by Australia on 24 March 1975, the English text of which is set out in Schedule 3.

Secretary means the Secretary of the Department.

(2) Except so far as the contrary intention appears, a word or expression used in this Part and in the Investment Convention (whether or not a particular meaning is given to it in the Investment Convention) has, in this Part, the same meaning as it has in the Investment Convention.

(3) A reference in this Part to a numbered Article is a reference to the Article so numbered in the Investment Convention.

Division 2 Investment Convention

32 Application of Investment Convention to Australia

Subject to this Part, Chapters II to VII (inclusive) of the Investment Convention have the force of law in Australia.

33 Award is binding

(1) An award is binding on a party to the investment dispute to which the award relates.

(2) An award is not subject to any appeal or to any other remedy, otherwise than in accordance with the Investment Convention.

34 Investment Convention awards to prevail over other laws

Other laws relating to the recognition and enforcement of arbitral awards, including the provisions of Parts II and III, do not apply to:

(a) a dispute within the jurisdiction of the Centre; or

(b) an award under this Part.

35 Recognition of awards

(1) The Supreme Court of each State and Territory is designated for the purposes of Article 54.

(2) An award may be enforced in the Supreme Court of a State or Territory with the leave of that court as if the award were a judgment or order of that court.

(3) The Federal Court of Australia is designated for the purposes of Article 54.

(4) An award may be enforced in the Federal Court of Australia with the leave of that court as if the award were a judgment or order of that court.

주무부서는 외교와 관련된 문제를 주로 담당하는 영연방의 부서들을 의미한다.

투자협약은 1975년 3월 24일 호주가 서명한 국가와 타방국가 국민간의 투자분쟁의 해결에 관한 협약으로서, 이에 대한 영문본은 부속서 3에 기재되어 있다.

장관은 주무부서의 장관을 의미한다.

(2) 반대의 취지가 나타나지 않는 한, 이 편 및 투자협약 모두에서 사용되는 단어나 표현(투자협약이 당해 단어나 표현에 특별한 의미를 부여하는지 여부와 무관하게)은 이 편에 있어 투자협약에서와 동일한 의미를 갖는다.

(3) 이 편에서 특정 숫자의 조항을 지칭하는 경우 당해 조항은 투자협약에 표시된 숫자의 조항을 지칭하는 것이다.

제2장   투자협약

제32조   호주에 대한 투자협약 적용

이 편에 의거하여 투자협약 제2장에서 제7장까지의 규정은 호주에서 법률의 효력을 갖는다.

제33조   중재판정의 구속력

(1) 중재판정은 당해 판정과 관련된 투자분쟁의 당사자들에게 구속력을 갖는다.

(2) 중재판정은 투자협약에 의하는 경우 외에는 불복이나 구제조치의 대상이 되지 아니 한다.

제34조   다른 법률에 우선하는 투자협약 중재판정의 효력

제2편 및 제3편의 규정을 포함하여 중재판정의 승인 및 집행과 관련된 다른 법률들은 다음 사항에는 적용되지 아니 한다.

(a) 센터가 관할하는 분쟁 또는

(b) 이 편에 의거한 중재판정.

제35조   중재판정의 승인

(1) 각 주 및 속령의 대법원은 제54조가 규정하는 바에 따라 지정된다.

(2) 주 또는 속령의 대법원이 중재판정을 허가하는 경우 당해 중재판정은 당해 대법원의 판결 혹은 명령과 동일하게 당해 대법원에 의해 집행될 수 있다.

(3) 호주 연방법원은 제54조가 규정하는 바에 따라 지정된다.

(4) 연방법원이 중재판정을 허가하는 경우 당해 중재판정은 당해 연방법원의 판결 혹은 명령과 동일하게 당해 연방법원에 의해 집행될 수 있다.

Division 3 Miscellaneous

36 Evidence relating to Investment Convention

(1) A certificate purporting to be signed by the Secretary and stating that a country specified in the certificate is, or was at a time so specified, a Contracting State is, upon mere production, receivable in any proceedings as prima facie evidence of that fact.

(2) The Secretary may, by signed instrument, delegate the power to sign a certificate under subsection (1) to the holder of a specified office in the Department.

37 Representation in proceedings

(1) A party appearing in conciliation or arbitration proceedings may appear in person and may be represented:

(a) by himself or herself; or

(b) by a duly qualified legal practitioner from any legal jurisdiction of the partyîs choice; or

(c) by any other person of the partyîs choice.

(2) A legal practitioner or a person referred to in paragraph (1)(b) or (c) respectively, while acting on behalf of a party to conciliation or arbitration proceedings, is not thereby to be taken to have breached any law regulating admission to, or the practice of, the profession of the law within the legal jurisdiction in which the proceedings are being conducted.

(3) Where conciliation or arbitration proceedings are conducted on the basis of documents and other materials, the documents and materials may be prepared and submitted by any legal practitioner or person who would, under subsection (1), be entitled to appear in those proceedings, and, in such a case, subsection (2) applies with the same force and effect to such a legal practitioner or person.

38 Judiciary Act

A matter arising under this Part, including a question of interpretation of the Investment Convention for the purposes of this Part, is not taken to be a matter arising directly under a treaty for the purposes of section 38 of the Judiciary Act 1903.

Part V   General matters

39 Matters to which court must have regard

(1) This section applies where:

(a) a court is considering:

제3장 기타

제36조 투자협약과 관련된 증거

(1) 장관에 의해 서명된 것이라는 취지의 인증서로서 당해 인증서에 기재된 국가가 체약 국가이거나, 기재 당시 체약 국가였다고 주장하는 인증서는 어떠한 절차에서도 당해 사실에 대한 일응의 증거로 인정될 것이다.

(2) 장관은 서명한 서면을 통해 제1항이 규정하는 인증서에 서명할 권한을 주무부서의 담당 직원에게 위임할 수 있다.

제37조 절차에서의 대리

(1) 일방당사자는 조정 혹은 중재절차에 직접 출석하거나

    (a) 스스로 변론하거나 또는

    (b) 적법한 자격을 갖춘 변호사를 대리인으로 출석시키거나 또는

    (c) 당사자의 선택으로 기타의 자를 대리인으로 출석시킬 수 있다.

(2) 제1조 제b호 또는 제c호 각각에서 규정하는 변호사 또는 기타의 자는 이 편이 적용되는 중재절차에서 중재판정부에 대한 출석을 포함하여 당사자를 대리하여 행동할 수 있으나, 이에 있어 중재절차가 수행되는 법적 관할 내의 법률 업무의 허가 또는 시행 등을 규제하는 어떠한 법률도 위반해서는 아니 된다.

(3) 조정 혹은 중재절차가 서면 및 기타 자료에 기초하여 절차를 진행하는 경우, 그러한 서면 및 자료들은 제1조에 따라 중재판정부에 출석할 자격을 가진 변호사 또는 기타의 자가 작성 및 제출할 수 있고, 이러한 경우 제2조는 이러한 변호사 또는 기타의 자에 대해 동일한 효력을 가진다.

제38조 법원조직법

이 법의 취지에 대한 협약의 해석과 관련된 문제를 포함하여, 이 편 하에서 제기되는 문제는, 법원조직법(1903년~1973년) 제38조의 취지상 조약에 따라 직접적으로 제기된 문제는 아닌 것으로 간주된다.

제5편 일반사항들

제39조 법원이 관련되는 사안들

(1) 본조는 다음 사항에 적용된다.

    (a) 법원이 다음 사항을 고려하는 경우

(i)   exercising a power under section 8 to enforce a foreign award; or

(ii) exercising the power under section 8 to refuse to enforce a foreign award, including a refusal because the enforcement of the award would be contrary to public policy; or

(iii) exercising a power under Article 35 of the Model Law, as in force under subsection 16(1) of this Act, to recognise or enforce an arbitral award; or

(iv) exercising a power under Article 36 of the Model Law, as in force under subsection 16(1) of this Act, to refuse to recognise or enforce an arbitral award, including a refusal under Article 36(1)(b)(ii) because the recognition or enforcement of the arbitral award would be contrary to the public policy of Australia; or

(v)   if, under section 18, the court is taken to have been specified in Article 6 of the Model Law as a court competent to perform the functions referred to in that article—performing one or more of those functions; or

(vi) performing any other functions or exercising any other powers under this Act, or the Model Law as in force under subsection 16(1) of this Act; or

(vii) performing any function or exercising any power under an agreement or award to which this Act applies; or

(b) a court is interpreting this Act, or the Model Law as in force under subsection 16(1) of this Act; or

(c) a court is interpreting an agreement or award to which this Act applies; or

(d) if, under section 18, an authority is taken to have been specified in Article 6 of the Model Law as an authority competent to perform the functions referred to in Articles 11(3) or 11(4) of the Model Law—the authority is considering performing one or more of those functions.

(2) The court or authority must, in doing so, have regard to:

(a) the objects of the Act; and

(b) the fact that:

(i)   arbitration is an efficient, impartial, enforceable and timely method by which to resolve commercial disputes; and

(ii) awards are intended to provide certainty and finality.

(3) In this section:

arbitral award has the same meaning as in the Model Law.

foreign award has the same meaning as in Part II.

Model Law has the same meaning as in Part III.

(i) 외국중재판정을 집행하기 위하여 제8조에 따른 권한을 행사할지 여부 또는

(ii) 외국중재판정의 집행을 거부하기 위하여 제8조에 따른 권한을 행사할지 여부 (이에는 중재판정의 집행이 공서에 위배된다는 이유로 거절하는 것이 포함된다) 또는

(iii) 중재판정의 승인 또는 집행을 위하여 이 법 제16조 제1항에 따라 효력을 가지는 모델법의 제35조에 의거한 권한을 행사할지 여부 또는

(iv) 중재판정의 승인 또는 집행을 거부하기 위하여 이 법 제16조 제1항에 따라 효력을 가지는 모델법의 제35조에 의거한 권한을 행사할지 여부(이에는 제36조 제1항 제b호 제ii목에 따라 중재판정의 집행이 호주의 공서에 위배된다는 이유로 거절하는 것이 포함된다) 또는

(v) 제18조에 하에서 당해 법원이 모델법 제6조에 따라 당해 조항에 기재된 권한을 전부 혹은 일부 행사할 수 있는 법원으로 간주되는지 여부 또는

(vi) 이 법 또는 이 법 제16조 제1항에 따라 효력을 가지는 모델법이 규정한 다른 기능을 수행하거나, 다른 권한을 행사할지 여부 또는

(vii) 이 법이 적용되는 합의 또는 중재판정에 따른 기능을 수행하거나, 다른 권한을 행사할지 여부 또는

(b) 법원이 이 법 또는 이 법 제16조 제1항에 따라 효력을 가지는 모델법을 해석하는 경우 또는

(c) 법원이 이 법이 적용되는 합의 또는 중재판정을 해석하는 경우 또는

(d) 제18조에 하에서 특정 기관이 모델법 제6조에 따라 제11조 제3항 또는 제11조 제4항에 기재된 권한을 전부 혹은 일부 행사할 수 있는 기관으로 간주되는 상황에서, 당해 기관이 그러한 권한을 전부 혹은 일부 행사하는 경우.

(2) 법원 혹은 기관이 그러한 기능을 수행하거나 권한을 행사하는 때에는 아래 사항을 고려하여야 한다.

(a) 법률의 목적 그리고

(b) 다음과 같은 사실

(i) 중재는 상사분쟁을 해결하기 위한 효율적이고, 공정하며, 집행 가능하고, 신속한 방법이다. 그리고

(ii) 중재판정은 확실성과 최종성을 제공하기 위한 것이다.

(3) 이 편에서,

중재판정은 모델법에서와 동일한 의미를 가진다.

외국중재판정은 제2편에서와 동일한 의미를 가진다.

모델법은 제3편에서와 동일한 의미를 가진다.

40 Regulations

The Governor-General may make regulations prescribing matters:

(a) required or permitted by this Act to be prescribed; or

(b) necessary or convenient to be prescribed for carrying out or giving effect to this Act.

제40조   규정

총독은 아래 사항을 정하는 규정을 제정할 수 있다.

(a) 이 법이 정하도록 요구하거나 허용하는 사항 또는

(b) 이 법의 시행 혹은 효력에 있어 필요하거나 편리한 사항

| 감수자 |

오원석

【학력】

1968. 3.~1973. 2. 성균관대학교 통계학과
1979. 8.~1980. 12. 미국 Thunderbird 대학원 국제경영학 석사
1981. 3.~1986. 2. 성균관대학교 대학원 무역경영전공 경제학박사

【경력】

1995~현 성균관대학교 교수
2009. 11.~현 대한상사중재원 중재인 겸 이사
2007~2008 성균관대학교 경영대학장 겸 경영전문대학원장
1994~2005 한국무역상무학회장 (제1대~제6대)
1998~2000 성균관대학교 무역연구소장
1981~1995 동아대학교 교수

허해관

【학력】

1987. 3.~1994. 2. 서울대학교 법과대학 법학사
1996. 2.~1998. 2. 성균관대학교 대학원 무역학과 경제학석사
1998. 3.~2003. 8. 성균관대학교 대학원 무역학과 경영학박사

【경력】

2012. 3.~현 숭실대학교 글로벌통상학과 조교수
2013. 3.~현 법무부 중재법 개정 특별분과위원회 위원
2013. 1.~현 한국중재학회 이사 및 중재연구 편집위원
2009. 1.~현 대한상사중재원 국제금융위원회 위원
2003. 3.~2012. 2. 성균관대학교 경영학부 및 대학원 무역학과 강사

| 편자 법무부 중재법개정자료발간팀 |

장준호 고려대학교 법과대학 졸업
　　　　고려대학교 법과대학원 석사과정 수료
　　　　법무부 법무심의관실 검사

임수민 서울대학교 법과대학 졸업
　　　　서울대학교 법과대학원 박사과정 수료
　　　　법무부 법무자문위원회 연구위원

세계중재법규총서 **1**

세계중재법규 제2권

2014년 11월 20일 초판 1쇄 인쇄
2014년 11월 25일 초판 1쇄 발행

발행　　**법무부**
　　　　황교안 법무부장관
　　　　주소: 경기도 과천시 관문로 47 정부과천청사
　　　　전화: 02-2110-3268
　　　　팩스: 02-2110-0325
　　　　홈페이지: http://www.moj.go.kr
기획　　장준호 법무부 법무심의관실 검사

출판·판매　(주) **박영사**
　　　　출판등록: 제300-1959-1호(倫)
　　　　주소: 서울특별시 종로구 새문안로3길 36, 1601
　　　　전화: 02) 733-6771
　　　　팩스: 02) 736-4818
　　　　홈페이지: www.pybook.co.kr

정가 23,000원　　　　ISBN 979-11-86140-03-1
　　　　　　　　　　　　　979-11-86140-01-7(세트)